2023

长三角城市发展报告

长三角中小城市活力研究·创新篇

主　编　褚　敏

副主编　逯　改　梅　燃　高　昉
　　　　王桂林　兰晓敏

上海财经大学出版社
SHANGHAI UNIVERSITY OF FINANCE & ECONOMICS PRESS

图书在版编目(CIP)数据

2023长三角城市发展报告:长三角中小城市活力研究·创新篇/褚敏主编. —上海:上海财经大学出版社,2023.9

ISBN 978-7-5642-4230-5/F.4230

Ⅰ.①2… Ⅱ.①褚… Ⅲ.①长江三角洲-中小城市-经济发展-研究报告-2023 Ⅳ.①F299.275

中国国家版本馆CIP数据核字(2023)第149096号

□ 责任编辑 李成军
□ 封面设计 贺加贝

2023长三角城市发展报告

长三角中小城市活力研究·创新篇

主 编 褚 敏
副主编 逯 改 梅 燃 高 昉
　　　　王桂林 兰晓敏

上海财经大学出版社出版发行

(上海市中山北一路369号 邮编200083)

网　　址:http://www.sufep.com
电子邮箱:webmaster@sufep.com
全国新华书店经销
江苏凤凰数码印务有限公司印刷装订
2023年9月第1版 2023年9月第1次印刷

710mm×1000mm 1/16 12.75印张(插页:2) 229千字
定价:78.00元

序

创新是一个民族进步的灵魂，是国家兴旺发达的不竭动力。党的二十大报告创新性地将科教兴国、人才强国、创新驱动三大战略并列提出，用"三个第一"强调了科技、人才、创新的极端重要性，既坚持了教育、科技、人才在全面建设社会主义现代化国家的基础性、战略性支撑作用，又突出了三者之间的有机联系，通过三者协同融合、集成共生，开辟高质量发展的新领域、新赛道，共同塑造发展的新动能、新优势。长三角作为中国经济发展最活跃、开放程度最高、创新能力最强的区域之一，自"长三角一体化发展"上升为国家战略5年来，率先推进高质量发展，日益成为全国发展强劲活跃增长极、高质量发展样板区、率先基本实现现代化的引领区、区域一体化发展的示范区和改革开放新高地。而在其中，科技创新的支撑和贡献作用无疑是重中之重。随着全球科技迅猛发展，科技创新已经成为各国竞争的新焦点。正如习近平总书记在2021年世界经济论坛"达沃斯议程"对话会上的特别致辞中强调，科技创新是人类社会发展的重要引擎，是应对许多全球性挑战的有力武器，也是中国构建新发展格局、实现高质量发展的必由之路。纵观全球，我们也可以看到城市创新已成为城市经济增长和地方政府治理改革的新动力，以创新驱动经济发展已成为创新城市发展的核心目标。抓创新就是抓发展，谋创新就是谋未来。

中小城市作为长三角地区的重要组成部分，其创新活力的释放和发挥对于推动整个区域的创新发展和现代化具有举足轻重的意义。作为长三角一体化发展研究和实践的积极力量，上海城建职业学院城市发展研究中心致力于长三角城市发展研究，连续多年每年出版《长三角城市发展报告》蓝皮书。2020年以来，课题组把研究聚焦于长三角中小城市活力，构建了包含人才、文化、创新、生态和品牌五个维度的城市发展活力模型，每年针对一个维度进行专题研究、五年开展一次综合研究。今年，课题组根据我国经济社会发展的需求和国内外形势政策的变化，以长三角中小城市创新活力为专题。这项研究具有很强的针对性和现实意义。

本书从创新能力与创新活力的比较分析与转化入手，创造性地提出了"创新能力—创新活力"价值链;基于长三角地区 60 个中小城市 16 项指标数据,构建了包括创新环境、创新资源、创新成果、创新效益四大指标在内的创新活力评价指标体系;通过系统调查和客观数据,多维度对长三角中小城市的创新活力进行评测和排名,并对其中具有典型特色的城市进行案例分析。本书旨在深入探究长三角中小城市在创新发展方面的成就、面临的机遇和挑战,并提出对策与建议,以激发中小城市的创新活力,推动长三角地区实现高质量一体化发展。

本书的研究成果为长三角中小城市创新活力发展状况提供了直观的晴雨表,也进一步丰富了城市创新活力及相关研究,可为各级政府和各类企事业单位提供有益的借鉴与参考,并为从事城市相关学科、特别是创新研究的同行提供可资参考的案例、观点和方法。

最后,我们真诚希望各方专家、广大读者不吝赐教,以不断提高本报告的科学性和实用性,共同为长三角一体化和世界级城市群建设做出更大贡献。

目录 | Contents

总报告

分项报告

典型案例

总报告

第一章

长三角中小城市创新活力研究概述

一、长三角中小城市创新活力的研究意义

(一)"三大战略"与长三角中小城市创新活力

党的二十大报告所提出的科教兴国战略、人才强国战略和创新驱动发展战略,与长三角中小城市的创新发展息息相关。目前,正值长三角中小城市经济转型升级的关键时期,亟须加强科技创新,提升城市创新驱动力与竞争力。实施科教兴国战略,有利于为长三角中小城市带来更多的创新动力和支持。人才作为创新的核心要素,人才强国战略对于长三角中小城市的发展具有重要意义。为了提高城市的创新驱动力和竞争力,中小城市应加大人才引进与培养力度。创新是推动经济发展的重要引擎,长三角中小城市必须加强创新驱动发展,推动经济结构的优化升级,实现区域经济高质量发展与城市可持续发展。

1. 科教兴国战略与长三角中小城市创新活力:推动区域经济高质量发展

党的二十大报告提出的科教兴国战略强调了科技创新在国家发展中的核心地位。首先,科教兴国战略旨在通过提高科技创新能力和培养高素质人才,为经济社会发展提供源源不断的动力。长三角地区作为中国经济发展的重要引擎,中小城市需要通过加强科技创新和人才培养来推动产业升级和转型发展。因此,科教兴国战略的落地和实施,可以为长三角中小城市提供更多的创新动力和支持。

其次,科教兴国战略强调了产学研合作的重要性。产学研合作是实现科教兴国战略的关键途径之一,企业、高校和研究机构之间的紧密合作可以促进科技成果的转化和应用,提高企业的竞争力和市场地位。长三角地区拥有众多高等院校和科研机构,科教兴国战略也鼓励企业与高校、科研机构合作,促进科技成果的应用和产业化,推动城市的经济转型和创新发展。

最后,科教兴国战略还可以为长三角中小城市提供更多的政策支持和管理经验。借鉴科教兴国战略中的政策和管理模式,长三角中小城市可以制定更加

科学合理的政策和管理方案,促进城市的可持续发展。

2. 人才强国战略与长三角中小城市创新活力:"双轮驱动"引领高质量发展

人才强国战略是实现国家现代化和科技创新的关键之一,旨在加强人才培养和引进,吸引更多的高素质人才参与城市建设,促进城市的创新活力和竞争力的提升。党的二十大报告提出的人才强国战略,体现了以"双轮驱动"引领高质量发展的路线,也即通过人才强国战略和中小城市创新活力的相互促进来推动经济的高质量发展。

一方面,人才强国战略注重人才的引进和培养。在当今世界,科技竞争已经成为国家竞争力的重要标志之一,这一战略的实施对于长三角中小城市吸引和培养高素质人才具有积极的意义,不仅可以提高城市的创新驱动力和竞争力,也可以提升城市的国际影响力和形象。另一方面,长三角中小城市在实施人才强国战略中也具有重要作用。由于其相对较低的生活成本、优厚的政策支持和积极营造的创新氛围,长三角中小城市可以成为吸引国内外优秀人才的重要目的地。同时,长三角中小城市也可以通过自身的创新能力和特色产业,为周边地区乃至全国的经济发展做出贡献。

3. 创新驱动发展战略与长三角中小城市创新活力:探索经济发展新动能

党的二十大报告提出的创新驱动发展战略,旨在推动我国经济实现高质量发展。在这一战略中,创新被视为发展的第一动力,对于提高经济增长质量、增强经济竞争力具有关键作用。在这一背景下,长三角中小城市作为我国创新体系的重要组成部分,发挥着越来越重要的作用。其通过激发创新活力、吸引和培养人才以及与企业的合作,为我国经济实现高质量发展提供了有力支撑。

创新驱动发展战略强调科技创新在城市发展中的核心地位。通过推动科技创新,长三角中小城市可以形成新的产业和就业机会,提高城市经济的附加值和竞争力。同时,创新驱动发展战略也鼓励城市进行制度创新、管理创新和文化创新,营造有利于创新创业的环境,吸引各类创新人才,从而提升城市的创新活力。

此外,相较于长三角各都市圈的中心城市,广大长三角中小城市具有灵活性、敏捷性和适应性等特点,有利于推动创新活动的发生和扩散。中小城市的管理和运营成本较低,政府干预程度相对较小,这为创新创业提供了更加宽松的环境。此外,中小城市相对于大城市更加接近基层和生产现场,能够更快地获取并反馈市场需求信息,从而更好地满足消费者需求。

(二)新发展理念与长三角中小城市创新活力

党的二十大报告提出,要深入贯彻新发展理念,加快构建新发展格局,着力推动高质量发展。这些举措是实现我国经济高质量发展的重要途径。为促进中小城市积极探索符合自身特点的发展模式,我国需要面对许多独特的问题和挑战,如资源短缺、人才流失等。因此,中小城市通过创新来提高自身的竞争力和可持续发展能力,至关重要。

首先,新发展理念提出了以创新、协调、绿色、开放、共享为主要特征的新发展理念,这为中小城市提供了更加广阔的发展空间和机遇。在创新方面,中小城市可以通过加强科技创新、推进产业升级等方面的努力来提高自身的竞争力和市场份额。

其次,高质量发展推进长三角中小城市以发挥创新活力为核心,构建城市核心竞争力。高质量发展要求中小城市需要加强技术创新、产业升级等方面的努力,提高自身竞争力。同时,高质量发展也强调要推动长三角地区城乡一体化发展,这为中小城市提供了更多的发展机遇和动力。因此,长三角中小城市需要积极探索符合自身特点的高质量发展模式,并通过创新来提高自身的核心竞争力。

再次,新发展理念为长三角中小城市提供更为广阔的发展空间和机遇。新发展格局强调以国内大循环为主体。这意味着众多长三角中小城市可以在本地市场发挥更大的作用,同时也可以依托国内市场优势加强与国际市场的联系,拓展出口贸易和投资合作。

最后,对于广大长三角中小城市而言,贯彻新发展理念,加快构建新发展格局将进一步促进区域经济的协同发展。长三角地区拥有丰富的人力、物力和财力资源,但同时也面临着一些共同的问题和挑战,如产业结构不合理、交通拥堵等。通过加快构建新发展格局,长三角中小城市和中心城市可以实现优势互补和协同发展,并推动长三角地区的经济持续健康发展。

(三)长三角中小城市创新活力研究与城市学学科建设

长三角中小城市创新活力研究对于推动城市学学科建设和发展具有极其重要的意义。这项研究将有助于丰富城市学的理论体系、案例库和研究方法,提高城市学的实践指导价值和人才培养水平。其具体体现在以下几个方面:

第一,有助于培育新的城市发展理念。通过长三角中小城市创新活力研究,我们可以发现城市发展的新特点、新模式和新趋势,为城市学学科提供新的理论视角。这有助于培育新的城市发展理念,推动城市学学科向更高层次发展。

第二,有助于探索城市间协同发展模式。长三角中小城市创新活力研究,可以揭示长三角中小城市间协同发展的路径和机制,这对于城市学在探究区域发展、城市群发展等方面的研究具有重要意义。

第三,有助于促进城市学跨学科交流与融合。长三角地区中小城市创新活力研究涉及多个学科领域,如经济学、社会学、环境科学等,这有助于促进城市学与其他学科的交流与融合,丰富城市学的研究内容和方法。

第四,有助于提升城市学的实践指导价值,丰富城市学案例库。长三角中小城市创新活力研究,有助于挖掘城市发展过程中的成功经验和教训。这些经验和教训可为其他城市提供参考,提高城市学在实践中的指导价值。此外,还能为城市学提供丰富的实证案例,这些案例可以为城市学学科的研究提供有益的借鉴和启示,有助于城市学理论的完善和发展。

第五,有助于培养城市学人才。长三角中小城市创新活力研究,为培养具有创新能力和实践能力的城市学人才提供了良好的实践平台,这有助于提高城市学人才培养的质量,为城市发展提供有力的人才支持。

二、城市创新活力的理论溯源

(一)创新理论研究

作为现代创新理论之父,熊彼特于1912年在其代表作《经济发展理论》中开创性地提出了创新理论,将创新定义为在经济生活领域"以不同方式做事",从而得到资源的"新组合",并提出了五种不同类型的创新:新产品或新质量的产品、新的生产方法、新市场、原材料和中间产品的新供应来源,以及企业的新组织(Schumpeter,1939;熊彼特,2015)。[1][2]

随着创新理论的不断发展,以20世纪80年代作为分界线,20世纪80年代之前的创新理论可以划分为以卡曼、施瓦茨为代表的技术创新学派和以诺斯、戴维斯为代表的制度创新学派(陈齐芳,2015;黄文浩,2018;李雪伟和方浩,2020;史歌和郭俊华,2020)。[3][4][5][6] 技术创新学派包括技术创新论和市场结构论,侧重于技术工艺、产品设计和产品创新,而制度创新学派则包括制度创新论和诱致性制度变迁理论,侧重于制度演化、制度变革和制度创新(杨朝辉,2016;殷存毅和何晓装,2018)[7][8],制度创新是对技术创新的补充(Perez,1983;Ven and

① Schumpeter J. Business Cycles[M]. New York:McGraw-Hill,1939:80.
② 熊彼特.经济发展理论[M].郭武军,吕阳译.北京:华夏出版社,2015:6—7.
③ 陈齐芳.经济新常态下中国式管理创新发展趋势[J].企业经济,2015,34(10):75—78.
④ 黄文浩.地方政府政策创新的实现方式与能力建设[J].行政管理改革,2018(9):58—62.
⑤ 李雪伟,方浩.社会资本驱动城市创新发展[J].区域经济评论,2020,43(1):125—133.
⑥ 史歌,郭俊华.创新对经济增长贡献的理论与实证研究——基于创新效应和能源效应的双重视角[J].经济问题探索,2020(7):28—36.
⑦ 杨朝辉.企业创新机制的理论与实证分析——以通用电气公司为例[J].科技管理研究,2016,36(6):151—158.
⑧ 殷存毅,何晓装.大学对科技园技术创新作用的再认识[J].自然辩证法通讯,2018,40(6):78—85.

Andrew,1986)。①② 20 世纪 80 年代之后,受经济进化论的影响,创新理论出现了融合发展,同经济地理和区域科学学科相结合,形成了国家创新和区域创新系统理论,随后继续演进发展为微观、宏观和综合三大学派(谭志敏,2021)。③

(二)城市创新理论研究

查尔斯·兰德利(Charles Landry,2012)在其代表作《创意城市》里提出了城市创新的概念。他认为城市创新是将创造力文化植耕于城市利益运作模式当中。④ 在全球范围内,城市创新已成为城市经济增长和地方政府治理改革的新动力(杨爱平和区展玲,2016)。⑤

城市创新理论是对现代创新理论的继承和发展(张树静和张秀峰,2018)⑥,可以基于不同的创新理论视角来理解城市创新。首先,从技术创新学派的角度来看,城市创新是指包括企业和科研院所在内的所有城市单位,将新技术的构想经过技术开发和组合,投入市场运用,实现经济效益和社会效益的市场化过程,而这一过程则需要通过学习、模仿和竞争来实现(李雪伟和方浩,2020;张宏远等,2020;郑烨和秦可馨,2021)。⑦⑧⑨ 其次,从制度创新学派角度来看,城市创新需要有政府的制度安排以及个人和资源的配合,城市经济的增长也离不开制度安排和制度创新(朱仁显和刘建义,2014;陈潇潇和安同良,2016)。⑩⑪ 最后,从区域创新系统理论角度来看,城市作为区域发展的核心区域,城市创新资源是区域创新能力的基础,同时,区域创新系统也会影响城市创新能力提升和经济增长

---

① Perez C. Structural Change and the Assimilation of New Technologies in the Economic and Social System[J]. Futures,1983,15(5):357—375.

② Ven V D, Andrew H. Central Problems in the Management of Innovation[J]. Management Science,1986,32(5):590—607.

③ 谭志敏. 创新能力内涵的多维阐释[J]. 广东社会科学,2021(2):81—86.

④ Charles Landry. The Creative City:A Toolkit for Urban Innovators (English Edition)[M]. Second Edition. New York:Routledge,2012:115—120

⑤ 杨爱平,区展玲. 地方政府与区域治理的制度执行力与治理效能——第三届"地方政府与区域治理"学术研讨会综述[J]. 学术研究,2020(1):175—176.

⑥ 张树静,张秀峰. 城市创新环境对产学研合作创新的影响[J]. 中国科技论坛,2018(4):25—32.

⑦ 李雪伟,方浩. 社会资本驱动城市创新发展[J]. 区域经济评论,2020,43(1):125—133.

⑧ 张宏远,毛泽见,朱国军. 基于因子分析的长三角中心城市创新力研究[J]. 南京工业大学学报(社会科学版),2020,19(6):99—110,112.

⑨ 郑烨,秦可馨. 中国省会城市生态创新绩效评价与时空差异——创新驱动发展战略实施以来的实证分析[J]. 科技进步与对策,2021,38(4):36—44.

⑩ 朱仁显,刘建义. 创新型城市建设视角下的科技文化和体制创新——基于厦门市的经验研究[J]. 科技管理研究,2014(19):21—25,30.

⑪ 陈潇潇,安同良. 基于地方政府视角的创新型城市建设比较及启示[J]. 经济问题探索,2016(8):76—82.

(林卓等,2019;张宏远等,2020)。①②

现有研究还从多个角度对城市创新的概念进行了界定,可以归纳为以下三类:

第一类是基于城市创新的构成要素诠释城市创新的概念。城市创新是由一个复杂的创新体系所构成,包括技术、人才和制度文化等多个要素,既相互影响又相互联系(张华平,2012)。③ 在技术要素方面,Liu 等(2010)认为城市创新能力由知识创造能力、企业技术创新能力、创新产出能力、创新环境和创新投入组成。④ 城市创新的扩散效应和集聚效应可以在生产体系内实现要素的流动,形成新的要素组合,产生出新的技术,再通过学习和模仿来推动新技术的传播、更新和转化。Shan(2017)则认为城市创新需要有技术投入、创新环境、管理能力和创新产出这四大要素。⑤ 此外,城市创新还需要有创新人才、从创新理论到创新成果的转化机制、地区间开放和融合这三个因素(Jia et al. ,2020)。⑥ 在人才要素方面,企业和大学里的科技人才作为创新主体,对城市创新系统的运转起着至关重要的作用(李雪伟和方浩,2020)。⑦ 人才是城市创新的关键性要素,研究型人才的投入为城市创新发展提供了人才基础(龚刚敏和赵若男,2021)。⑧ 郑烨和秦可馨(2021)也认为城市创新正是通过对人才、技术和资金的综合作用,促成了城市经济系统与生态系统的动态平衡。⑨ 张存刚等(2020)的实证研究发现,政府通过人才吸引、科技投入、产业优化等政策可以提升城市创新的水平。⑩ 倘若政府未能注意到城市创新的实际需求,则会导致创新要素的错配,从而抑制

---

① 林卓,郑丽霞,曹玉婷,等.福建省创新型城市建设综合评价——基于 AHP -熵权的灰色关联分析[J].科技管理研究,2019,39(19):115-123.

② 张宏远,毛泽见,朱国军.基于因子分析的长三角中心城市创新力研究[J].南京工业大学学报(社会科学版),2020,19(6):99-110,112.

③ 张华平.创新型城市评价指标体系研究[J].求索,2012,(8):26-28.

④ Liu Y, Wang Z, Fengqing W U. Empirical Analysis on City Innovation Capability[J]. Urban Studies,2010(17):30-35.

⑤ Shan D. Research of the Construction of Regional Innovation Capability Evaluation System:Based on Indicator Analysis of Hangzhou and Ningbo[J]. Procedia Engineering,2017(174):1244-1251.

⑥ Jia X,Wei F,Li G. Can the Improvement of Living Environment Stimulate Urban Innovation? —Analysis of High-quality Innovative Talents and Foreign Direct Investment Spillover Effect Mechanism [J]. Journal of Cleaner Production,2020(255):120212.

⑦ 李雪伟,方浩.社会资本驱动城市创新发展[J].区域经济评论,2020,43(1):125-133.

⑧ 龚刚敏,赵若男.财政分权对区域技术创新影响的空间计量分析[J].财经论丛,2021(3):26-37.

⑨ 郑烨,秦可馨.中国省会城市生态创新绩效评价与时空差异——创新驱动发展战略实施以来的实证分析[J].科技进步与对策,2021,38(4):36-44.

⑩ 张存刚,刘亚奇,邵传林.营商环境对城市创新能力的影响——基于中国 287 个地级市的空间计量分析[J].科技管理研究,2020(4):216-221.

城市创新能力的提升(陈朝阳等,2021)。[1] 在制度和文化要素方面,郭新宝(2014)认为城市创新的要素包括创新主体、创新资源和创新文化。[2] 魏亚平和贾志慧(2014)则在城市创新要素里增加了创新文化[3],李雪伟和方浩(2020)也提出只有制度保障和社会规范,城市创新的技术才能通过网络体系顺利扩散。

第二类是基于创新的知识溢出效应和协同效应诠释城市创新的概念。知识溢出在塑造区域创新条件和提升城市创新能力上起着关键作用(安源和钟韵,2013;李建成等,2017;陈丽娴,2017)[4][5][6],城市作为大多数工业活动的聚集地,是知识外部性和创新的重要场所,因为它提供了产业和企业的空间邻近性(Ning et al.,2016)。[7] 作为创新系统的一个组成部分,它能够产生区域溢出效应(Simmie,2003)。[8] 城市依靠整个经济体中可用的知识存量来进行创新,实现经济增长,并且通过跨区域的"管道"连接起来,从而促进知识的流动,城市之间的连通性有助于知识网络的形成,从而加速创新思想的流动,并将创新成果推向市场(Feldman et al.,1999;Tappeiner et al.,2008)。[9][10] 董亚宁等(2020)、张彩江和李艺芳(2017)均通过实证研究发现知识网络的溢出与区域创新能力提升之间存在正向关系。[11][12]

除了创新的知识溢出效应外,现有研究也多从创新主体角度探讨创新协同

① 陈朝阳,刘效含,吕荣杰. FDI、地区工资差异与中国城市创新能力——基于面板门槛模型的实证研究[J].金融发展研究,2020(12):45-51.

② 郭新宝.基于多层次可拓法的创新型城市建设进展监测评价[J].企业经济,2014(6):150-154.

③ 魏亚平,贾志慧.创新型城市创新驱动要素评价研究[J].科技管理研究,2014,34(19):1-5,20.

④ 安源,钟韵.研发和知识溢出对城市创新绩效作用的实证研究——基于广东21个地级市的空间面板数据分析[J].科技进步与对策,2013,30(1):54-58.

⑤ 李建成,王庆喜,唐根年.长三角城市群科学知识网络动态演化分析[J].科学学研究,2017,35(2):189-197.

⑥ 陈丽娴.知识溢出、创新与区域经济增长——基于知识产权保护视角的门槛回归分析[J].当代经济管理,2017,39(8):63-69.

⑦ Ning L,Wang F,Li J. Urban Innovation,Regional Externalities of Foreign Direct Investment and Industrial Agglomeration:Evidence from Chinese Cities[J]. Research Policy,2016(45):830-843.

⑧ Simmie J. Innovation and Urban Regions as National and International Nodes for the Transfer and Sharing of Knowledge[J]. Regional Studies,2003(37):607-620.

⑨ Feldman M P,Audretsch D,Review E E,et al. Innovation in Cities:Science-based Diversity,Specialization and Localized Competition[J]. European Economic Review,1999,43(2):409-429.

⑩ Tappeiner G,Hauser C,Walde J. Regional Knowledge Spillovers:Fact or Artifact? [J]. Research Policy,2008(37):861-874.

⑪ 董亚宁,顾芸,杨开忠.公共服务、人才资源空间重配与创新增长差异——基于新空间经济学的研究[J].西南民族大学学报(人文社科版),2020,41(6):108-118.

⑫ 张彩江,李艺芳.金融集聚对区域创新能力的影响及地区差异——基于广东省21个地级市的空间计量分析[J].科技管理研究,2017,37(7):12-18.

效用。城市创新的协同效应是通过创新主体、创新环境和创新投入对周边区域创新绩效的影响来提升区域整体创新水平(赵滨元,2021)。[①] 城市良好的基础设施和生产结构的多样化支持了协同效应的产生,有利于创新的开展(Markatou and Alexandrou,2015)。[②] 而且,城市创新通过多个经济体之间的聚集产生了协同效应,提高了区域经济发展质量(Hagedoorn and Cloodt,2003)。[③] 高丽娜和朱舜(2018)认为城市创新的协同效应促进了城市群一体化的发展,城市群一体化发展过程中技术、资本和知识等要素的加速流动可以在更大的空间上实现创新要素的优化组合,从而实现城市创新子系统之间的协同发展。[④] 此外,城市之间创新资源和产业链的互补所形成的创新协同效应提升了城市的创新水平(张小三,2020)。[⑤]

第三类则是基于城市创新对经济增长的影响诠释了城市创新的概念。正如Florida(2002)所言,城市经济的发展动力来自创新。[⑥] 波特(2002)也认为促进经济增长的核心在于创新驱动,无论是产品、流程还是组织,创新都决定了城市和区域竞争力。[⑦] 城市创新在调整和推动产业结构升级,提升城市竞争力以及促进城市经济高质量发展方面发挥了重要作用(丁志伟等,2018;胡兆廉等,2020)。[⑧][⑨] 城市创新驱动经济发展已成为创新城市发展的核心目标(乔章凤,2016)。[⑩] 此外,城市创新在提高要素生产率的同时(叶文辉和陈凯,2020)[⑪],还通过城市创新要素的聚集来提升产业竞争力,从而推动地方经济增长(杨博旭

---

① 赵滨元.京津冀协同创新绩效影响因素分析——基于空间杜宾模型[J].商业经济研究,2021(1):162—166.

② Markatou M, Alexandrou E. Urban System of Innovation: Main Agents and Main Factors of Success[J]. Procedia Social & Behavioral Sciences,2015(195):240—250.

③ Hagedoorn J, Cloodt M. Measuring Innovative Performance: Is There an Advantage in Using Multiple Indicators? [J]. Research Policy,2003,32(8):1365—1379.

④ 高丽娜,朱舜.城市群一体化发展促进创新吗?——来自长三角城市群的经验证据[J].华东经济管理,2018,32(6):66—71.

⑤ 张小三.创新驱动对产业结构升级的影响研究——基于福建省市际数据的实证研究[J].科技创业月刊,2020,33(12):24—30.

⑥ Richard Florida. The Rise of the Creative Class[M]. New York:Basic Books,2002:12—23.

⑦ 波特.国家竞争优势[M].李明轩,邱如美,译.北京:华夏出版社,2002:32—45.

⑧ 丁志伟,康珈瑜,温倩倩,等.中原经济区城市创新水平的空间分异及其影响因素[J].地域研究与开发,2018,37(2):14—19.

⑨ 胡兆廉,石大千,司增绰.创新型城市能否成为产业结构转型的"点睛之笔"——来自国家创新型城市试点建设的证据[J].山西财经大学学报,2020,42(11):70—84.

⑩ 乔章凤.基于创新驱动战略的创新型城市建设研究[J].理论与改革,2016,(6):141—145.

⑪ 叶文辉,陈凯.成渝城市群创新协同及空间效应特征[J].经济体制改革,2020,(5):65—72.

等,2020)。^① 孙彪和杨山(2021)通过空间自相关检验证实了长三角区域内城市创新要素与经济增长之间存在空间自相关。^② 赵敏和赵骏(2019)也通过实证研究说明了城市创新水平提升有利于城市经济的显著增长。^③ 虽然城市创新对城市经济增长具有重要影响,但是不能仅仅从技术进步和经济增长角度去理解它。我们必须认识到城市人伦和文化等"软"实力也对城市创新产生着重要的影响。如果我们只关注技术进步和经济增长,就有可能陷入对城市创新概念的误解之中(陈忠,2017)。[④]

(三)城市创新能力评价研究

城市创新能力评价是采用多指标对城市创新水平进行综合测度分析,以解决城市发展中所面对的资源短缺、环境恶化等实际问题,体现了一个城市在科技、人力和制度等方面的创新能力(杨华峰等,2007;丁志伟等,2018)。[⑤][⑥] 李斌等(2020)以知识创新能力、技术创新能力、政府支持与服务和创新基础环境四个基础维度构建了城市创新能力评价指标体系。[⑦] 周振华(2012)认为城市综合创新能力评价要素包括对各个主体综合创新能力、创新投入产出效率、创新改进与扩散能力、创新互动与集群能力,以及自主创新能力的评价。[⑧] Tian 和 Song (2021)用专利申请、发明专利申请、已授予专利和已授予发明专利这四个指标来作为衡量城市创新的指标;与授予专利相比,专利申请最接近于创新的实际创造;与实用新型或外观设计专利相比,发明专利更具创新性,由于每个指标都有优缺点,因此这些指标都将用于评估城市创新。[⑨] Sohn(2016)提出了基于结构方程模型的全球创新指数,包括以制度、人力资本与研究、基础设施、市场成熟度

---

①　杨博旭,王玉荣,李兴光,等. 从分散到协同:高新技术产业创新要素集聚发展路径[J].科技管理研究,2020,40(12):142-149.

②　孙彪,杨山. 长三角地区城市创新投入要素的经济溢出效应及趋同格局[J].地理科学进展,2021,40(1):147-160.

③　赵敏,赵骏. 索罗模型视角下城市创新对经济增长的效应测度——以中国 35 个大中城市为例[J].科技管理研究,2019,39(22):78-83.

④　陈忠. 城市社会的"创新陷阱"及其伦理应对[J].天津社会科学,2017(3):35-39,64.

⑤　杨华峰,邱丹,余艳. 创新型城市的评价指标体系[J].统计与决策,2007(11):68-70.

⑥　丁志伟,康珈瑜,温倩倩,等. 中原经济区城市创新水平的空间分异及其影响因素[J].地域研究与开发,2018,37(2):14-19.

⑦　李斌,田秀林,张所地,等. 城市创新能力评价及时空格局演化研究[J].数理统计与管理,2020,39(1):139-153.

⑧　周振华. 论城市综合创新能力[J].上海经济研究,2002(7):42-49.

⑨　Tian Y,Song W,Liu M. An assessment of How Environmental Policy Affects Urban Innovation:Evidence from China's Low-carbon Pilot Cities Program[J].Economic Analysis and Policy,2021,71(9):41-56.

和商业成熟度为代表的投入要素,以及以知识与技术产出和创造性产出为代表的产出要素。[1] Tokumasu 和 Watanabe(2008)采用创新能力、创新生成和体制结构这三个指标,运用成分分析、多回归分析和聚类分析方法,对 15 个欧盟成员国的创新能力进行了评估。[2] 综合中外文献分析,城市创新能力评价研究可以分成四类。

第一,较多文献从城市创新投入、创新产出和创新环境这三个维度构建创新指标体系。Chen 等(2020)以创新投入、创新产出和创新环境三个维度,建立了一套包含 12 个二级指标的评价体系。[3] 陈套(2019)构建了包括创新投入能力和创新产出能力在内的六个指标体系,以科技强国的视角评估了合肥市创新能力。[4] 邓智团和屠启宇(2016)以创新投入、创新环境和创新产出三个指标构建了城市创新能力评价体系。[5]

第二,部分文献侧重于从人力资本角度评价城市创新能力。创新人才对城市创新能力提升和经济发展至关重要(吕拉昌和赵彩云,2021)[6],人力资本和经济基础已经成为影响城市创新能力的核心因素(张佑林等,2021)。[7] 杜娟和霍佳震(2014)从人才输出培养和科技成果创造两阶段出发,建立了包括共享投入和分阶段产出在内的两阶段 DEA 模型,以此评估了城市总体和单阶段的创新能力。[8] 在 Angelidou(2014)看来,城市创新发展一方面依赖于信息技术等这些"硬"性发展要素,例如大数据分析、物流网等;另一方面,城市创新发展也依赖于人力资本等这些"软"性发展要素,例如科研组织、公共机构。[9] 谢科范等(2009)则从人力、资本和技术这三大基本投入要素出发,选取科技人员数量、研发投入、

① Sohn S Y,Kim D H,Jeon S Y. Re-evaluation of Global Innovation Index Based on a Structural Equation Model[J]. Technology Analysis & Strategic Management,2016,28(4):492-505.

② Tokumasu S,Watanabe C. Institutional Structure Leading to the Similarity and Disparity in Innovation Inducement in EU 15 Countries-finnish Conspicuous Achievement Triggered by Nokia's IT Driven Global Business[J]. Journal of Services Research,2008(8):1-38.

③ Chen Y,Li W,Yi P. Evaluation of City Innovation Capability Using the TOPSIS-based Order Relation Method:The case of Liaoning Province,China[J]. Technology in Society,2020(63):101330.

④ 陈套.科技强国视域下合肥市创新能力评估与提升路径比较研究[J].科学管理研究,2019(1):48-52.

⑤ 邓智团,屠启宇.特大城市创新能力评价模型的构建与应用——基于我国 14 个特大城市的实证研究[J].科技管理研究,2016,36(12):52-55.

⑥ 吕拉昌,赵彩云.中国城市创新地理研究述评与展望[J].经济地理,2021,41(3):16-27.

⑦ 张佑林,胡歆,王凡.智慧城市建设提高城市创新能力了吗?[J].山东财经大学学报,2021,33(2):49-64.

⑧ 杜娟,霍佳震.基于数据包络分析的中国城市创新能力评价[J].中国管理科学,2014(6):85-93.

⑨ Angelidou M. Smart City Policies:a Spatial Approach[J]. Cities,2014,41 (S1):S3-S11.

专利数量,对各个城市的创新投入进行了比较分析;而且从产品创新、产业创新、环境创新这三大基本产出要素出发,选取新产品产值、高新产业产值和地区总产值,对各个公司的创新产出进行了比较分析[①]。

第三,部分文献基于城市创新与城市经济发展之间的联系来探讨创新能力。城市创新水平与经济发展水平紧密相关。一般来说,经济发展水平高的城市,其创新水平相对较高(德勤,2019)[②],因而城市创新能力也和科技水平一样成为衡量城市经济发展的关键指标(于洋等,2021)。[③] 张鹏和田侃(2016)以制度创新和服务业开放为视角,使用了包括外部性指数和份额—偏离(share-shift)在内的多种方法,对厦门市的创新能力和产业竞争力进行了评估。[④] 万陆等(2016)将创新结构导向、创业、产业和资金链结合起来,提炼核心观察指标构建城市创新指标,并对广东省一些城市的创新能力进行了比较研究。[⑤] Lau 和 Lo(2015)从区域创新计划、知识密集型商业服务和价值链信息源这三大区域创新典型要素出发,通过调查和数据分析,探讨它们在吸收能力获取、同化、转化和开发学习过程中的关系,以此揭示了区域创新体系、吸收能力与创新绩效的关系。[⑥] 霍艳芳和朱序波(2012)则从区域经济发展和创新能力的联系出发,以企业研发投入、设计能力、创新网络、创新产出、制造和生产能力五个一级指标构建了企业创新能力指标,并对企业所在的区域创新能力进行动态评估和优化。[⑦]

第四,还有部分文献基于城市协同创新的视角来评价创新能力。因为知识扩散是协同创新的主要途径,只有通过知识在各个参与方的扩散和嵌入才能达到整体的协同创新(王新华等,2018;许蕾和丁荣贵,2021)。[⑧⑨] 覃成林和黄龙杰(2020)通过社会分析法揭示了城市间协同创新的网络特点,还采用回归分析方

① 谢科范,张诗雨,刘骅.重点城市创新能力比较分析[J].管理世界,2009(1):176—177.

② 德勤.中国创新生态发展报告[R/OL].http://www.199it.com/archives/943151.html,2019—09—28.

③ 于洋,朱建平,郭华生.新战略背景下城市经济发展状况测度研究——基于融合社会网络的实证分析[J].统计研究,2021,38(3):30—43.

④ 张鹏,田侃.服务业创新对厦门经济发展模式转型的影响研究——创新能力评估及其对经济转型的启示[J].福建论坛(人文社会科学版),2016(9):165—175.

⑤ 万陆,刘炜,谷雨.广东城市创新能力比较研究[J].南方经济,2016(8):94—104.

⑥ Lau A,Lo W. Regional Innovation System,Absorptive Capacity and Innovation Performance:an Empirical Study[J]. Technological Forecasting and Social Change,2015(92):99—114.

⑦ 霍艳芳,朱序波.区域创新能力评估及动态优化[J].统计与决策,2012(2):59—62.

⑧ 王新华,车珍,于灏,等.知识网络嵌入和知识集聚方式对组织创新力的影响差异——知识共享意愿的视角[J].技术经济,2018,37(9):46—55,91.

⑨ 许蕾,丁荣贵.协同创新项目组织特征与知识扩散——网络嵌入视角[J].科技进步与对策,2021,38(4):11—20.

法解释了技术和空间距离对城市协同创新的影响。[①] 结果表明,知识溢出的空间效应对城市协同创新有促进作用,有利于城市间创新资源的交换和利用,最终提升了区域创新水平(覃成林和黄龙杰,2020)。李琳和刘瑞(2020)运用DEA方法测度了城市群之间的协同创新水平,还采用空间计量模型揭示了城市群之间协同创新要素流动对协调创新水平的影响。[②] 龚轶等(2019)则通过总结纵向协同、横向协同和网络协同的城市群协同创新模式构建了多层级网络协同创新的框架。[③] 此外,智慧城市的发展也有六个推动力,分别是城市开放性、服务创新、伙伴关系形成、城市积极性、基础设施整合和智慧城市治理(Angelidou,2015;Wagner and Wilhelmer,2017)。[④][⑤]

三、长三角中小城市创新活力指标框架

(一)"创新能力—创新活力"价值链

创新能力是指社会或组织在解决问题、开发新产品、改进现有产品或服务等方面的能力。这种能力通常源于对新知识的理解和应用,以及对现有知识的深入理解和批判性思考。创新能力是推动社会进步和经济发展的关键因素,特别是当前我国经济正面临因生产要素供给恶化和劳动生产率增速持续下滑所导致的结构性减速压力,解决这一问题的出路就是以创新驱动发展,也就是通过提升创新能力,提高生产要素效率。

创新活力是指社会或组织在创新过程中的动力和能量,包括创新意愿、创新文化、创新环境等。一个充满创新活力的社会或组织能够鼓励个人提出新的想法,不断尝试,并从中学习。这种活力可以激发出更多的创新,推动社会或组织的进步与发展。

价值链是指原材料从提取到最终产品和服务提供的过程。在这个过程中,每一道程序都会产生一定的价值。因此,价值链的目标是通过每一步的优化,从而提高整体的价值。对于创新来说,需要从原始创新到商业价值实现的过程中,尽可能地提高每一步的价值。

---

① 覃成林,黄龙杰. 粤港澳大湾区城市间协同创新联系及影响因素分析[J]. 北京工业大学学报(社会科学版). 2020,20(6):56—65.

② 李琳,刘瑞. 创新要素流动对城市群协同创新的影响——基于长三角城市群与长江中游城市群的实证[J]. 科技进步与对策,2020(16):56—63.

③ 龚轶,王峥,高菲. 城市群协同创新系统:内涵、框架与模式[J]. 改革与战略,2019(9):61—70.

④ Angelidou M. Smart Cities:a Conjuncture of Four Forces[J]. Cities,2015(47):95—106.

⑤ Wagner P,Wilhelmer D. An Integrated Transformative Process Model for Social Innovation in Cities[J]. Procedia Engineering,2017(198):935—947.

　　我们提出的"创新能力—创新活力"价值链是从创新能力的维度向创新活力维度的升华,它不仅仅强调城市创新能力的培养和提升,更加注重创新的可持续性,也即创新的活跃度和影响力。整条价值链是一个不断向上的价值塑造过程,具体包含三个阶段(见图1-1)。

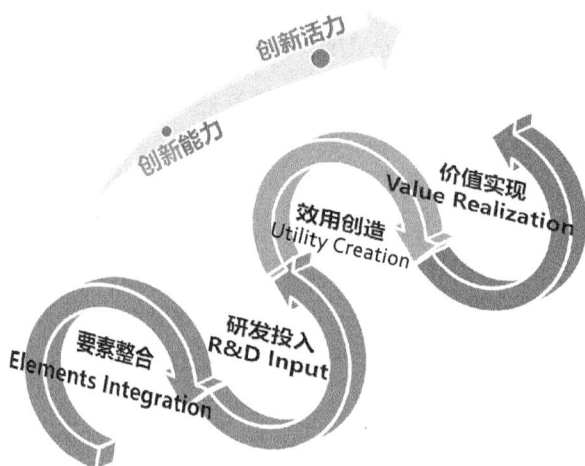

图1-1　"创新能力—创新活力"价值链

　　(1)创新能力阶段。这一阶段包含"要素整合"和"研发投入"两个过程。首先,整合既有的创新要素与资源,这些是实现创新的基础"原料";其次,将这些"燃料"投入特定的场所,比如科研院所、高校、研究机构等,研究和开发新的产品或技术,这个阶段相当于创新的生产阶段;接下来是将这些研发出来的产品或技术进行效用创造,因为每一项创新的诞生,在初期只是一个雏形,还需要进一步开发,让其慢慢成熟,瓜熟蒂落,实现效用的完全释放。到此阶段,我们经历的只是一个完整的创新能力的形成阶段。

　　(2)创新活力阶段,这一阶段的典型特征是进行"效用创造"。要想实现创新的可持续和循环升级,我们还需要将成熟的创新产品或技术推向市场,实现创新的商业价值。这一阶段就实现了创新能力向创新活力的转变,只有这样才能激发创新实体源源不断地释放创新动力。

　　(3)创新活力的升华阶段,也即"价值实现"的过程。在实现创新的价值之后,要维持创新的生命力,保持其活跃度,还需要维护和更新这些创新产品或服务。与新的创新要素的"碰撞",又会形成新的创新产品和技术,我们可以称之为"创新二代"。在这个过程中,创新能力不断提升,创新活力反复被激活,"创新能力—创新活力"价值链的每一个步骤,都能实现最大的价值。

"创新能力—创新活力"价值链是一个全面而系统的概念,它涵盖了创新的全过程和各个环节。长三角中小城市创新往往只注重创新能力的培育和形成,而忽略了释放创新潜力,激活创新活力。实际上,创新活力才是创新之源不会枯竭的制胜法宝,也是实现以创新驱动城市发展的关键。

(二)长三角中小城市创新活力指标构建

通过梳理相关文献,参考国内外各类创新指数,并结合"创新能力—创新活力"价值链,我们确定长三角中小城市创新活力指标,具体分为以下几个方面:

(1)创新环境。在经济学和管理学的视角下,创新环境可以被定义为一种能够激发和支持创新的内部和外部条件。创新环境的优化可以帮助企业和组织更好地应对市场竞争和变化,提高其竞争力和创新能力。

(2)创新资源。创新资源是指社会或组织能够激发和支持创新的各种内部和外部因素、资源和条件的总和,这些资源可以包括人力资源、财务资源、技术资源和市场资源等。创新资源是企业或组织进行创新活动所必需的投入要素,是创新活动的基础,也是实现创新目标的重要保障,没有足够的创新资源,就难以进行有效的创新活动。

(3)创新成果。创新成果是指社会或组织,通过创新活动所获得的具有经济、社会和环境效益的新产品、新服务、新技术等。从经济学的角度来看,创新成果是企业或组织进行创新活动的重要目标。从管理学的角度来看,创新成果是企业或组织实现战略目标的重要手段,可以为企业或组织提供更多的竞争优势和发展空间,实现长期可持续发展。此外。创新成果还可以提高生产效率和质量,降低成本和风险等。

(4)创新效益。创新效益是指通过创新活动所获得的经济效益、社会效益和环境效益的总和,是衡量创新活动成功与否的重要指标之一。创新效益可以带来更高的利润率和市场份额,提高企业或组织的经济竞争力。同时,创新效益还可以帮助企业或组织发现新的市场需求和机会,开发新产品和服务,带来更多的商业机会和合作伙伴,进一步扩大其市场份额和影响力。

(三)长三角中小城市创新活力指标维度分解

通过对长三角中小城市创新活力指标的维度分解,我们旨在确定长三角中小城市创新活力指标体系,具体维度分解见表1—1。

表 1-1　　　　　　　　　　长三角中小城市创新活力指标维度分解

领域层	指标层	指标性质	单位
创新环境	创新政策发布量	正向	项
	星巴克咖啡馆数量	正向	家
	互联网宽带接入用户数	正向	万户
	卫生机构床位数	正向	张
创新资源	省级以上产业园区数量	正向	家
	科学技术支出占 GDP 比重	正向	％
	人均教育支出	正向	元/人
	专任教师师资比	正向	‰
创新成果	专利授权量近五年平均增长率	正向	％
	论文发表数	正向	篇
	科技型企业数量	正向	家
	科创上市企业数量	正向	家
创新效益	全员劳动生产率	正向	万元/人
	外商直接投资额	正向	亿元
	高新技术产业增加值占 GDP 比重	正向	％
	高新技术产业增加值增长率	正向	％

四、长三角中小城市创新活力指数评价方法

(一)长三角中小城市创新活力指数样本

本次报告的样本城市囊括了长三角地区的 60 个中小城市,包括江苏省、浙江省和安徽省 2022 年统计年鉴里的县级市,上海市 8 个非中心城区,以及长三角生态绿色一体化发展示范区的浙江省嘉兴市嘉善县和江苏省苏州市吴江区①。样本城市(区、县)信息具体如下:

上海市 8 个非中心城区,分别为闵行区、宝山区、嘉定区、松江区、金山区、青浦区、奉贤区、崇明区。

江苏省 22 个中小城市(区),分别为江阴市、宜兴市、新沂市、邳州市、溧阳市、常熟市、张家港市、昆山市、太仓市、吴江区、启东市、如皋市、海安市、东台市、仪征市、高邮市、丹阳市、扬中市、句容市、兴化市、靖江市、泰兴市。

浙江省 21 个中小城市(县),分别为建德市、余姚市、慈溪市、瑞安市、乐清

---

① 嘉兴市嘉善县和苏州市吴江区均不是县级市。浙江省嘉兴市嘉善县、江苏省苏州市吴江区和上海市青浦区同属于 2019 年 11 月 1 日成立的长三角生态绿色一体化发展示范区。由于本报告定位于长三角中小城市研究,因此将嘉兴市嘉善县和苏州市吴江区也放入长三角中小城市样本。

市、龙港市、海宁市、平湖市、桐乡市、嘉善县、诸暨市、嵊州市、兰溪市、义乌市、东阳市、永康市、江山市、玉环市、温岭市、临海市、龙泉市。

安徽省9个中小城市,分别为巢湖市、界首市、天长市、明光市、无为市、宁国市、广德市、桐城市、潜山市。

(二)长三角中小城市创新活力指数评价方法

中小城市在整个国家的创新体系中发挥着重要的作用。中小城市通常拥有更为丰富的人力、物力和财力等创新资源,可以为创新提供有力支撑。同时,中小城市的市场需求通常更为灵活,有利于创新产品和服务的快速推广和应用。此外,中国在实现共同富裕、全面建设社会主义现代化国家过程中,充分发展与平衡发展并重。中国政府对中小城市的创新政策支持力度很大,这有利于中小城市创新创业环境的营造和优化。最后,随着我国中小城市经济实力持续提升,中小城市也吸引和集聚了大量优秀人才,这也有利于中小城市创新人才的培养和引进,增强了中小城市创新活力的延展度和可持续性。

层次分析法是一种有效的多准则决策方法,广泛应用于创新指标体系的构建,为企业或组织提供科学的决策依据。因此,本报告主要采用该方法对影响城市创新活力的因素进行评估研究。层次分析法是将与决策总是有关的元素分解成目标、准则、方案等层次,并在此基础上进行定性和定量分析的决策方法。本报告所构建的长三角中小城市创新活力指标体系,是将长三角中小城市创新活力指数逐级分层,确定原始指标,然后将各项反映城市创新基本特质的原始指标逐级合成,转化为综合反映城市创新活力的总指标。

长三角中小城市创新活力指数属于多指标综合评价,为消除评价中计量单位的差异以及指标值在数量级上的差别,保证不同量纲的指标能够进行有效合成,因而在采集指标的原始数据以后,需要预先对指标原始数据进行无量纲化处理。本报告将采用直线型无量纲化方法进行数据处理。此外,本报告所选取的16个三级指标均与城市创新活力呈正相关性,即正向指标。正向指标的指标值越大,表明城市创新活力越强,发展潜能越大。具体的计算步骤为:

第一步,数据标准化处理。由于原始数据存在量纲,为了客观对比各中小城市指标数据,必须对数据进行标准化处理,本次报告将采取极值法进行处理。极值法的特点是将原始指标数据处理为[0,1]取值区间内数值。此外,为了使数据更好满足处理条件,还将数据平移一个最小单位值。由于本次报告所有指标均为正向指标,计算公式为:

$$X_i' = \frac{X_i - X_{\min}}{X_{\max} - X_{\min}}$$

其中，X'_i 为处理后标准化数据，X_i 为原始数据，X_{max} 为 X_i 最大值，X_{min} 为 X_i 最小值。

第二步，通过文献和分析研讨确定各指标权重，对各指标进行加权求和，得到综合指数。上一级指标为下一级指标与其权重值的乘积之和，计算公式为：

$$X = \sum_{i=1}^{N} X'_i \times W_i$$

其中，X 为合成后的综合指数，N 为下一级指标总数；W_i 为第 i 项指标的权重值。

第三步，确定最终指数。基于指数排名数据的直观性和易读性，将会对计算出来的二级指标指数值乘以 100，从而将一级指标值与二级指标值处理为[0，100]取值区间内数值。数值越大，表明该城市创新活力越高。

（作者：梅燃）

第二章

长三角中小城市创新活力指数报告

一、长三角中小城市创新活力指数排名分析

(一)长三角中小城市创新活力指数得分与排名

我们通过对长三角中小城市创新环境、创新资源、创新成果、创新效益的数据采取归一化处理,消除量纲,使结果值映射到[0,1]之间,然后再乘以各自权重相加得出长三角中小城市创新活力综合指数。根据前述理论分析和学术研讨,分别对各指标按照2:1:4:3赋权,得分与排名见表2—1,各分指标描述性统计见表2—2。

表2—1　　　　　　　　长三角中小城市创新活力指数得分与排名

省(直辖市)	地级市	县级市(区、县)	创新活力得分	排名
江苏	苏州	昆山市	61.36	1
上海		嘉定区	53.73	2
		闵行区	49.68	3
江苏	苏州	张家港市	48.15	4
		常熟市	47.24	5
		吴江区	46.76	6
	无锡	江阴市	43.13	7
浙江	金华	义乌市	42.58	8
	宁波	慈溪市	40.72	9
上海		金山区	40.25	10
		松江区	39.58	11
		宝山区	37.93	12
浙江	嘉兴	嘉善县	35.67	13
江苏	无锡	宜兴市	34.55	14
上海		奉贤区	33.93	15
江苏	苏州	太仓市	33.80	16

续表

省（直辖市）	地级市	县级市（区、县）	创新活力得分	排名
浙江	嘉兴	平湖市	32.75	17
	温州	乐清市	32.30	18
	宁波	余姚市	31.43	19
上海		青浦区	30.54	20
		崇明区	30.38	21
浙江	台州	温岭市	26.59	22
	嘉兴	海宁市	26.31	23
	绍兴	诸暨市	26.30	24
江苏	常州	溧阳市	25.68	25
浙江	台州	临海市	25.01	26
江苏	南通	海安市	24.71	27
浙江	嘉兴	桐乡市	24.54	28
江苏	泰州	泰兴市	24.39	29
	南通	如皋市	24.01	30
浙江	金华	东阳市	23.67	31
	温州	瑞安市	22.14	32
	台州	玉环市	21.84	33
	杭州	建德市	21.31	34
	金华	兰溪市	21.24	35
安徽	合肥	巢湖市	21.08	36
江苏	徐州	邳州市	21.08	37
	南通	启东市	20.95	38
	泰州	靖江市	20.47	39
浙江	金华	永康市	19.92	40
	绍兴	嵊州市	19.65	41
安徽	安庆	桐城市	19.12	42
	芜湖	无为市	17.31	43
江苏	徐州	新沂市	17.23	44
安徽	阜阳	界首市	16.89	45
江苏	扬州	高邮市	16.52	46
安徽	滁州	天长市	16.28	47

续表

省(直辖市)	地级市	县级市(区、县)	创新活力得分	排名
江苏	盐城	东台市	16.18	48
	镇江	丹阳市	16.12	49
	泰州	兴化市	15.96	50
	镇江	扬中市	15.86	51
浙江	衢州	江山市	15.72	52
江苏	扬州	仪征市	14.92	53
安徽	安庆	潜山市	14.68	54
	宣城	广德市	13.32	55
浙江	温州	龙港市	11.70	56
安徽	宣城	宁国市	9.71	57
江苏	镇江	句容市	9.04	58
安徽	滁州	明光市	8.54	59
浙江	丽水	龙泉市	7.96	60

表2—2   长三角中小城市创新活力各分指数描述性统计

分指数	样本数	均值	标准差	最小值	最大值
创新环境指数	60	6.886	0.714	5.086	8.465
创新资源指数	60	6.103	0.746	4.473	7.721
创新成果指数	60	26.34	12.179	7.965	61.358
创新效益指数	60	2.193	1.572	0.58	9.61

(二)长三角中小城市创新活力指数得分与排名分析

在创新活力综合指数排名前30位里(见图2—1、图2—2和图2—3),上海市8个非中心城区全部上榜,数量占比为100%(8/8),分别是嘉定区、闵行区、金山区、松江区、宝山区、奉贤区、青浦区、崇明区。江苏省有11个城市上榜,数量占比为50%(11/22),分别是昆山市、张家港市、常熟市、吴江区、江阴市、宜兴市、太仓市、溧阳市、海安市、泰兴市、如皋市;浙江省也有11个城市上榜,数量占比为53%(11/21),分别是义乌市、慈溪市、嘉善县、平湖市、乐清市、余姚市、温岭市、海宁市、诸暨市、临海市、桐乡市;安徽省没有上榜城市。总体来看,上海市非中心城区创新活力综合实力占据绝对优势;浙江省和江苏省创新活力综合实力旗鼓相当;安徽省则相对落后。整体来看,长三角中小城市创新活力不平衡的局面依然存在。

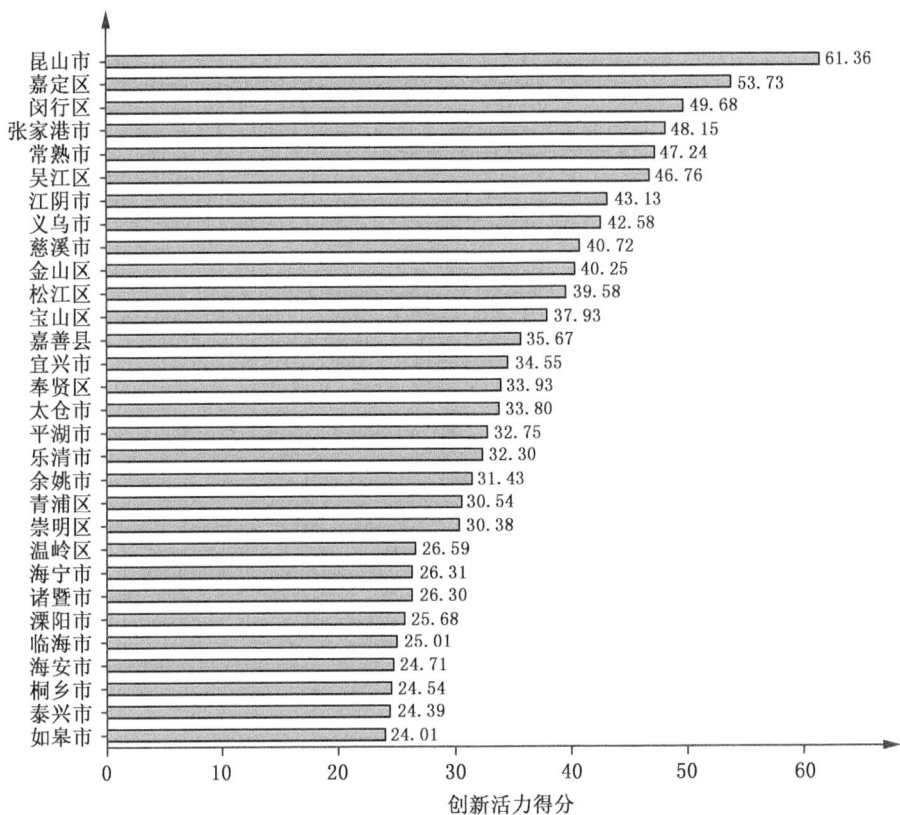

图 2—1　长三角中小城市(区、县)创新活力前 30 位得分排名

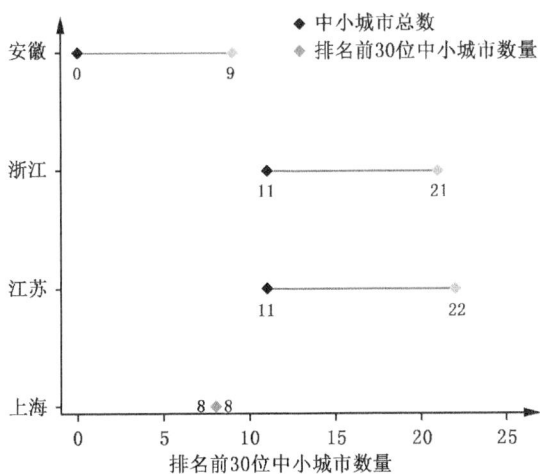

图 2—2　各省创新活力前 30 位中小城市排名数量对比

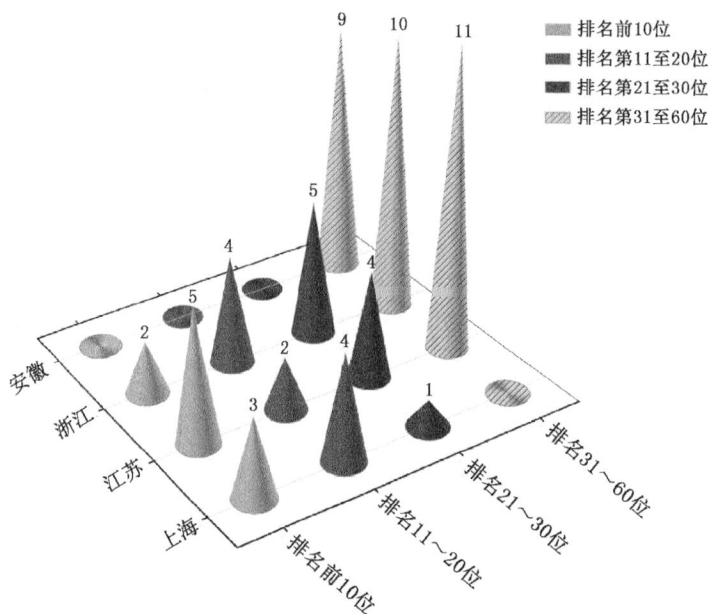

图 2—3 长三角中小城市（区、县）创新活力排名城市数量对比三维图

将长三角中小城市创新活力指数排名分为前 10 位、第 11 至第 20 位、第 21 至 30 位、第 31 至第 60 位四个区间，描述统计 60 个长三角中小城市（区、县）创新活力综合情况（见图 2—1）。进入排名前 10 位的中小城市，上海市 3 个、江苏省 5 个、浙江省 2 个、安徽省 0 个；排名第 11 至第 20 位的中小城市，上海市 1 个、江苏省 4 个、浙江省 5 个、安徽省 0 个；排名第 31 至第 60 位的中小城市，上海市 0 个、江苏省 11 个、浙江省 10 个、安徽省 9 个。

具体来看（见图 2—1），在排名前 10 位的城市里，上海市嘉定区、闵行区和金山区上榜，分列第 2、第 3 和第 10 位，数量占比为 38%（3/8）；江苏省昆山市、张家港市、常熟市、苏州市吴江区、江阴市上榜，数量占比为 23%（5/22），昆山市列第 1 位；浙江省义乌市和慈溪市上榜，数量占比为 10%（2/21）；安徽省没有上榜城市。

我们可以得出以下结论：

第一，江苏省中小城市（区）创新活力在前 10 位区间内数量和上海市非中心区不分伯仲，特别是昆山市排名长三角中小城市榜首，这说明江苏省中小城市（区）在高水平、高质量创新上取得了很大的成就，在创新方面具备很强的优势和潜力。

第二,相比之下,虽然在创新活力排名前 30 位的城市里,江苏省和浙江省势均力敌,但是在高水平和高质量创新上,浙江省不及江苏省。

第三,尽管上海市嘉定区和闵行区在创新水平和质量方面表现出色,但与昆山市相比,它们仍有很大的进步空间。例如,昆山市以 22 家科创上市企业而在该指标排名第一,而在科技型企业数量这一指标上,昆山市仅次于上海市闵行区,但远高于排名第三的嘉定区。

在创新活力综合指数排名后 30 位的名单里(见图 2—4),江苏省有 11 家城市上榜,数量占比为 50%(11/22);浙江省有 10 家城市上榜,数量占比为 48%(10/21);安徽省有 9 家城市上榜,数量占比为 100%(9/9)。我们可以得出以下结论:

第一,江苏省和浙江省中小城市有一半或接近一半的中小城市处在创新活力排名后 30 位区间,说明江苏省内和浙江省内中小城市创新活力不均衡的状况比较严重,后续实现更广泛的创新将是以创新驱动高质量发展的关键。

第二,安徽省中小城市排名均位于后 30 位区间,这说明安徽省在创新能力提升、创新环境改善,以及创新政策扶持力度上还有较大进步空间。

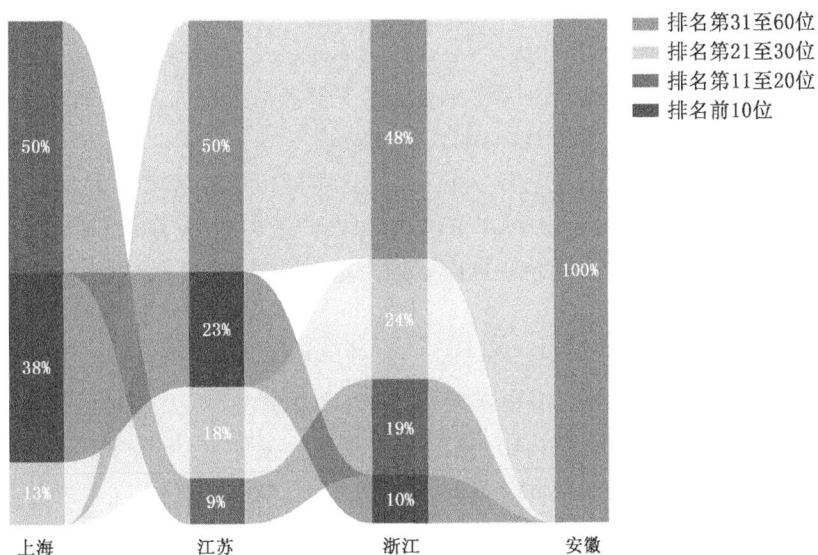

图 2—4　长三角中小城市(区、县)创新活力排名占比带状图

二、长三角中小城市创新活力指数超前度分析

一个城市的创新活力和经济增长之间有着密切的关系,创新活力可以促进经济增长,因为它可以提高生产力、降低成本、增加就业机会等。同时,经济增长也可以促进创新活力,因为它可以提供更多的资源和资金支持,从而推动科技创新和产业升级。党的二十大报告也明确提出以创新驱动引领高质量发展战略,因此积极推动城市创新,特别是中小城市创新,是长三角一体化发展从高速增长转向高质量发展的必由之路。

国内生产总值(GDP)是通行的衡量一个国家或地区宏观经济增长的指标,我们通过将长三角中小城市 GDP 排名同长三角中小城市创新活力指数排名进行对比分析,为长三角中小城市未来高质量发展"把脉问诊"。

具体方法是将中小城市 2021 年 GDP 排名同创新活力指数排名相减,如果两者排名差值为正,说明这些城市在创新发展方面取得了显著成果,走在了经济增长的前面。这就意味着这些城市在推动经济增长的同时,也在努力提高自身的创新能力,实现了经济与科技的双轮驱动。两者的排名差值越大,说明这些城市在创新水平提升速度上远远超过了经济增长速度。这就表明这些城市在创新发展方面具有较强的潜力和优势,有望成为未来经济发展的新引擎。因此,对于这些城市来说,要继续加大创新投入,培育和引进高层次人才,加强产学研用结合,推动产业结构优化升级,以实现高质量发展。

相反,如果两者的排名差值为负,说明这些城市的经济增长速度较快,但创新水平相对较低。这种情况下,城市需要加大创新力度,提高创新能力,以实现可持续发展。同时,政府和企业也应该加大对创新的支持力度,为城市创新发展提供良好的环境和条件。

图 2-5 的分析结果展示,创新活力超前度排名前 10 的中小城市(区、县)有 12 个(含并列),分别是:上海市崇明区、嘉兴市嘉善县、江山市、平湖市、上海市金山区、建德市、兰溪市、临海市、巢湖市、东阳市、玉环市、桐城市。上海市非中心区进入前 10 的有崇明区和金山区,占比为 25%(2/8),其中,上海市崇明区以 32 的差值排名首位。浙江省进入前 10 的中小城市有嘉兴市嘉善县、江山市、平湖市、建德市、兰溪市、临海市、东阳市、玉环市,占比为 38%(8/21)。安徽省进入前 10 的中小城市有巢湖市和桐城市,占比为 22%(2/9)。江苏省没有中小城市进入排名。分析结果说明浙江省中小城市创新水平提升速度显著,创新活动活跃。上海市非中心城区和安徽省中小城市在创新水平提升速度上齐头并进,特别是安徽省中小城市创新水平提升明显。以巢湖市为例,一方面积极引进高

校、科研院所等高端人才和技术项目,加强了产学研合作,促进了科技创新和经济发展。例如,巢湖市政府与中国科学院合肥物质科学研究院签订了战略合作协议,共同推进新材料、新能源等领域的研究和开发。另一方面,巢湖市还注重新兴产业发展,加快了传统产业向高端化、智能化、绿色化转型升级的步伐。例如,巢湖市积极推动新能源汽车产业的发展,建设了一批新能源汽车产业园区和示范项目。

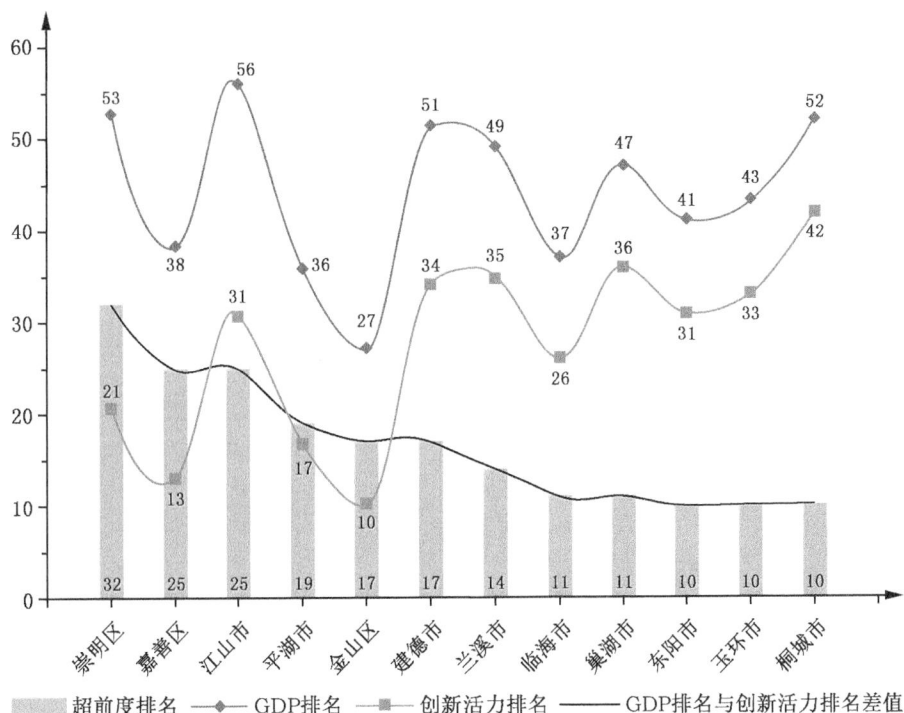

图2—5 长三角中小城市(区、县)创新活力超前度前10位排名

三、长三角中小城市创新活力指数相关性分析

(一)长三角中小城市创新活力指标相关性分析

我们通过对长三角60个中小城市(区、县)创新活力16个细分指标数据进行标准化处理,得出指标相关系数热力图(见图2—6)。由图2—6可见,绝大部分指标之间的相关系数低于0.5,并且没有通过显著性检验。这说明指标之间相关性较弱,遵循了指标选取的独立性原则,尽量减少了评价指标在概念、外延

上的重叠和统计上的相关。

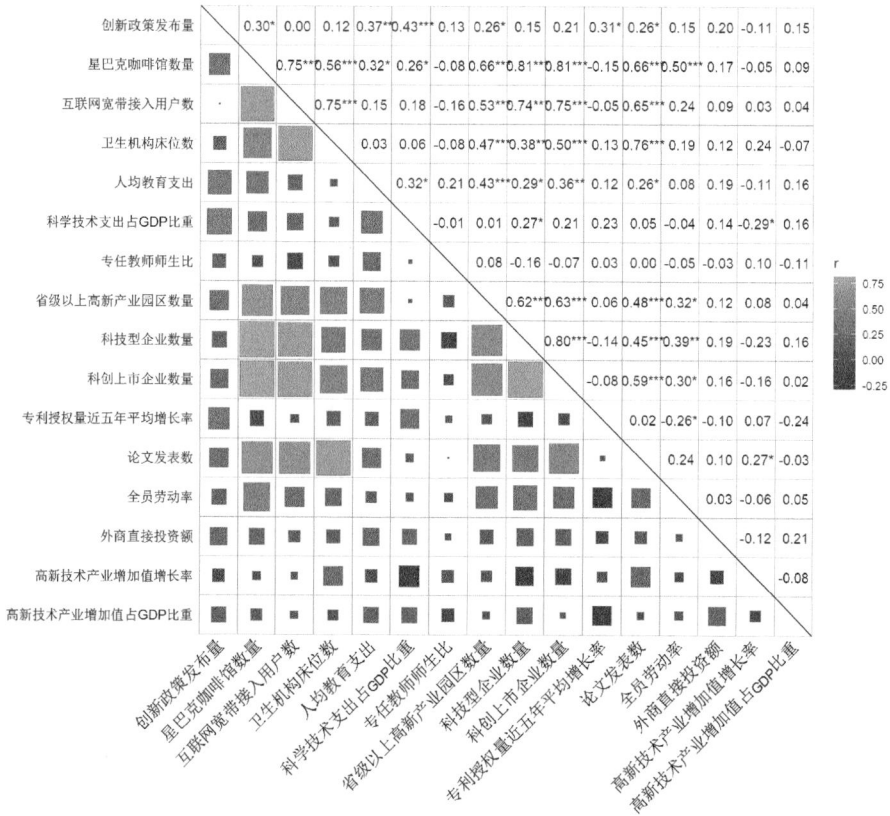

图中各指标相关系数（上三角矩阵，注释见下）：

指标	2	3	4	5	6	7	8	9	10	11	12	13	14	15	16
1 创新政策发布量	0.30*	0.00	0.12	0.37**	0.43***	0.13	0.26*	0.15	0.21	0.31*	0.26*	0.15	0.20	-0.11	0.15
2 星巴克咖啡馆数量		0.75**	0.56**	0.32*	0.26*	-0.08	0.66**	0.81**	0.81**	-0.15	0.66***	0.50***	0.17	-0.05	0.09
3 互联网宽带接入用户数			0.75***	0.15	0.18	-0.16	0.53**	0.74**	0.75***	-0.05	0.65***	0.24	0.09	0.03	0.04
4 卫生机构床位数				0.03	0.06	-0.08	0.47***	0.38**	0.50***	0.13	0.76***	0.19	0.12	0.24	-0.07
5 人均教育支出					0.32*	0.21	0.43***	0.29*	0.36**	0.12	0.26*	0.08	0.19		0.16
6 科学技术支出占GDP比重						-0.01	0.01	0.27*	0.21	0.23	0.05	-0.04	0.14	-0.29*	0.16
7 专任教师生比							0.08	-0.16	-0.07			-0.05	-0.03	0.10	-0.11
8 省级以上高新产业园区数量								0.62**	0.63***	0.06	0.48***	0.32*	0.12	0.08	0.04
9 科技型企业数量									0.80***	-0.14	0.45***	0.39**	0.19	-0.23	0.16
10 科创上市企业数量										-0.08	0.59***	0.30*	0.16	-0.16	0.02
11 专利授权量近五年平均增长率											0.02	-0.26*	-0.10	0.07	-0.24
12 论文发表数												0.24	0.10	0.27*	-0.03
13 全员劳动率													0.03	-0.06	0.05
14 外商直接投资额														-0.12	0.21
15 高新技术产业增加值增长率															-0.08
16 高新技术产业增加值占GDP比重															

图例 r：0.75，0.50，0.25，0.00，-0.25

注：***$p<0.01$，**$p<0.05$，*$p<0.1$。

图 2—6 长三角中小城市(区、县)创新活力指标相关系数热力图

以相关系数大于等于0.8作为强相关区间，统计显示有3组指标之间存在强相关性关系，并且 P 值均小于0.05，均通过了相关显著性检验。具体分析：

第一，星巴克咖啡馆数量和科技型企业数量相关系数为0.81，p 值小于0.05；星巴克咖啡馆数量和科创上市企业数量相关系数也为0.81，p 值小于0.01。星巴克作为咖啡文化的代表性品牌，门店数量反映了消费者对咖啡文化的需求和接受程度，同时也反映了商业环境的发展水平。科技型企业是最具活力和发展潜力的企业，而科创上市企业则是在科技创新领域具有核心竞争力和市场前景的企业，两者的数量均反映了科技创新和创业环境的发展水平。一方面，星巴克咖啡馆数量和两者的强相关性反映了商业和科技日趋融合的趋势，能够提高人们的生活质量和便利性，有利于创新活动产生。另一方面，说明了它们都可以促进新产品、新服务和新业务模式的出现,而这些正是创新活力的体现。

第二,科技型企业数量和科创上市企业数量相关系数为 0.8,p 值小于 0.01。科技型企业数量和科创上市企业数量之间存在强相关性,说明了科技型企业是科创上市企业的重要来源。科技型企业通常具有较高的技术含量和创新能力,是推动科技创新和经济发展的重要力量,而科创上市企业作为核心竞争力和市场前景的代表,是推动经济发展和社会进步的重要力量。因此,科技型企业数量的增加可以促进科创上市企业的涌现和发展,而科创上市企业数量的增加也可以进一步促进科技型企业的发展壮大。这种相互促进的关系,反映了当地的科技创新具有较强的实力和优势,也体现了城市的创新活力。

(二)长三角中小城市创新活力指数与 GDP 相关分析

对于长三角中小城市发展来说,创新活力的动能释放可以促进经济增长和就业增长,具体原因有以下几点:第一,创新活力能够提高生产效率,降低成本,增加企业的利润。新技术的应用可以使企业生产线更加自动化和高效化,减少人力成本和时间成本,从而可以扩大企业规模、提高生产效率,促进经济增长和就业增长。第二,创新活力能够推动技术进步,提高生产力和竞争力。这有助于企业降低成本、提高产品质量和创新能力,从而吸引更多的消费者和投资者。同时,技术进步也可以创造新的产业和就业机会。第三,创新活力能够增强企业的市场竞争力,使它们在激烈的市场竞争中获得更多的市场份额。这将带来更多的销售收入和利润,进而促进经济增长和就业增长。第四,创新活力能够推动经济结构升级,从传统制造业向高附加值、高科技产业转型。这将带来更高的经济效益和社会效益,同时也将创造更多的就业机会。

将长三角中小城市 2021 年 GDP 数据与长三角中小城市创新活力指数进行相关分析,见图 2—7。

从长三角中小城市创新活力指数与 GDP 的拟合图可以看出,二者之间存在中等程度正相关关系,也就是说随着创新活力指数的提升,长三角中小城市GDP 也随之增加。

进一步,分省对长三角中小城市 GDP 数据与长三角中小城市创新活力指数进行相关分析,见图 2—8。

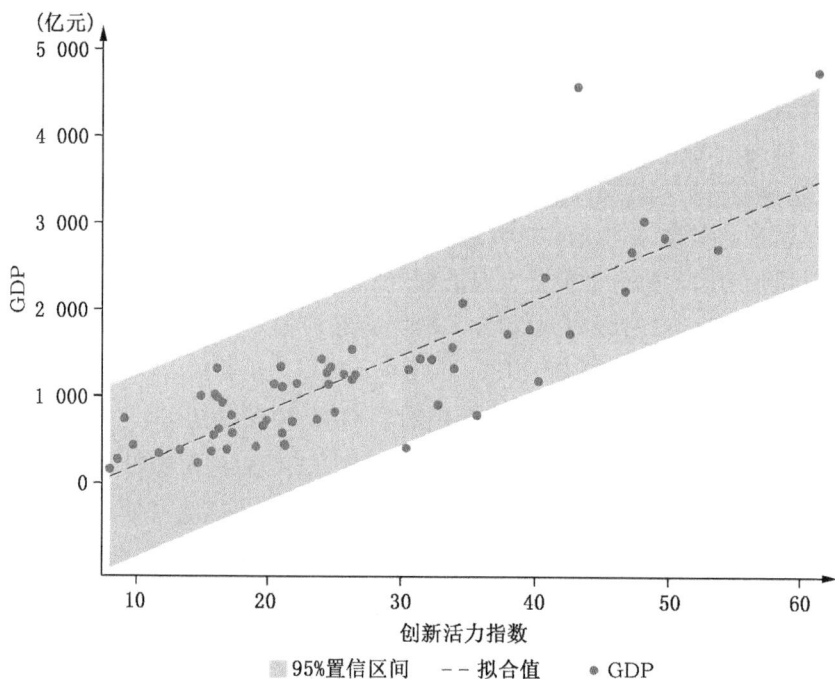

图 2-7 长三角中小城市(区、县)创新活力指数与 GDP 拟合图

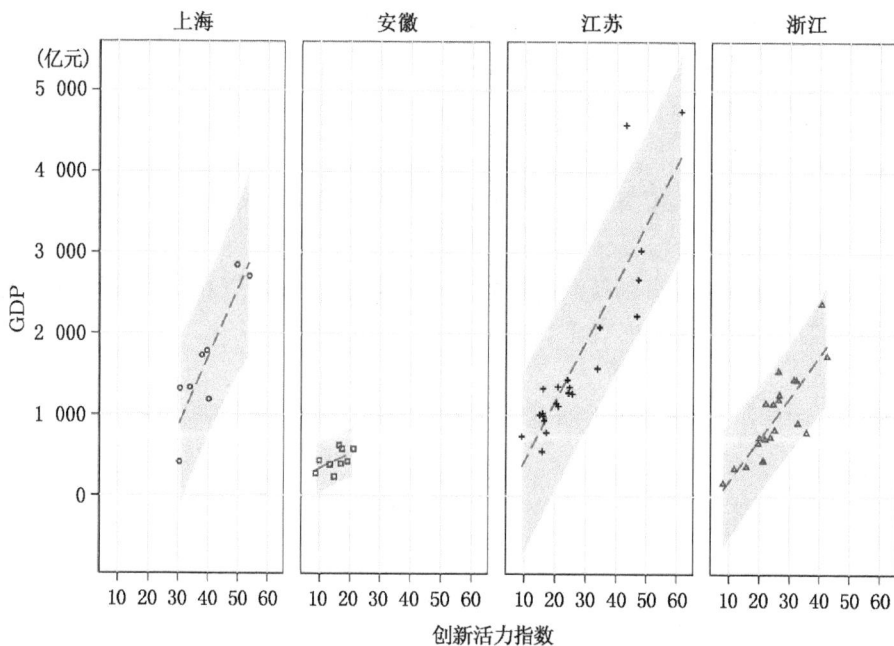

图 2-8 长三角中小城市(区、县)创新活力指数与 GDP 拟合图(分省)

　　从长三角中小城市创新活力指数与 GDP 的分省拟合图可以看出,虽然两者之间均呈正相关关系,但变化速度还是有较大差异。相较于上海市、江苏省、浙江省,两者在安徽省的拟合曲线变化速度相对较小。这一分析结果说明,在安徽省中小城市中,同样的创新活力水平所带来的经济增长幅度要小于上海市、江苏省和浙江省。

　　造成这一结果是有多方面的原因。第一,产业结构存在差异。上海市以金融、服务业和高新技术产业为主,浙江省则以制造业和数字经济为主,安徽省则以制造业和农业为主。第二,人才储备存在差异。江苏省拥有众多高水平科研机构和人才,这有助于推动科技创新;而浙江省则以其创新创业环境著称,吸引了大量的创业者和投资者。第三,政策环境和投资氛围存在差异。上海市拥有较为完善的市场体系和政策支持,而浙江省则以"互联网＋"战略著称,吸引了大量投资者和创业者。因此,在同样的创新活力水平下,这些地区所带来的经济增长幅度也会有所不同。

(三)长三角中小城市创新活力指数与就业相关分析

　　将长三角中小城市 2021 年城镇新增就业人数与长三角中小城市创新活力指数进行相关分析,见图 2－9。

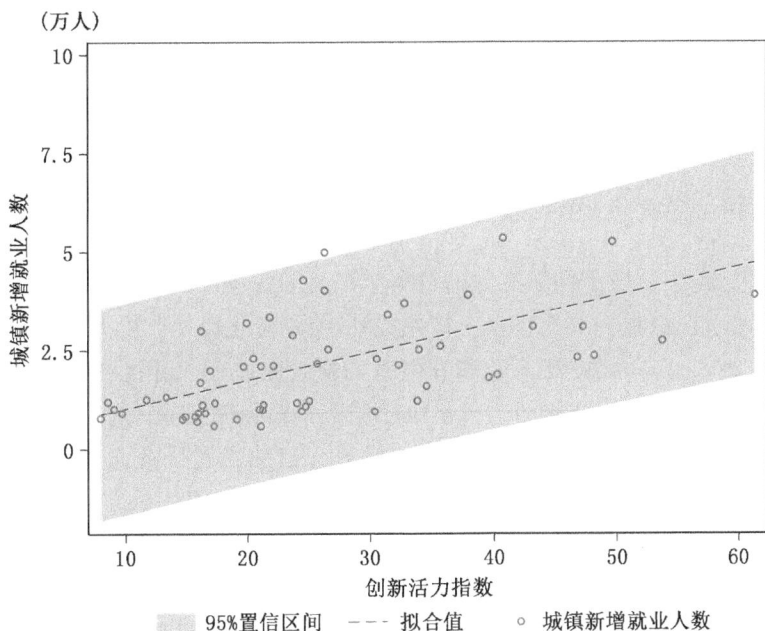

图 2－9　长三角中小城市(区、县)创新活力指数与城镇新增就业人数拟合图

从长三角中小城市创新活力指数与城镇新增就业人数的拟合图可以看出，二者之间也存在中等程度正相关关系，也就是说，随着创新活力指数的提升，长三角中小城市城镇新增就业人数也随之增加。

进一步，分省对长三角中小城市城镇新增就业人数数据与长三角中小城市创新活力指数进行相关分析，见图2—10。

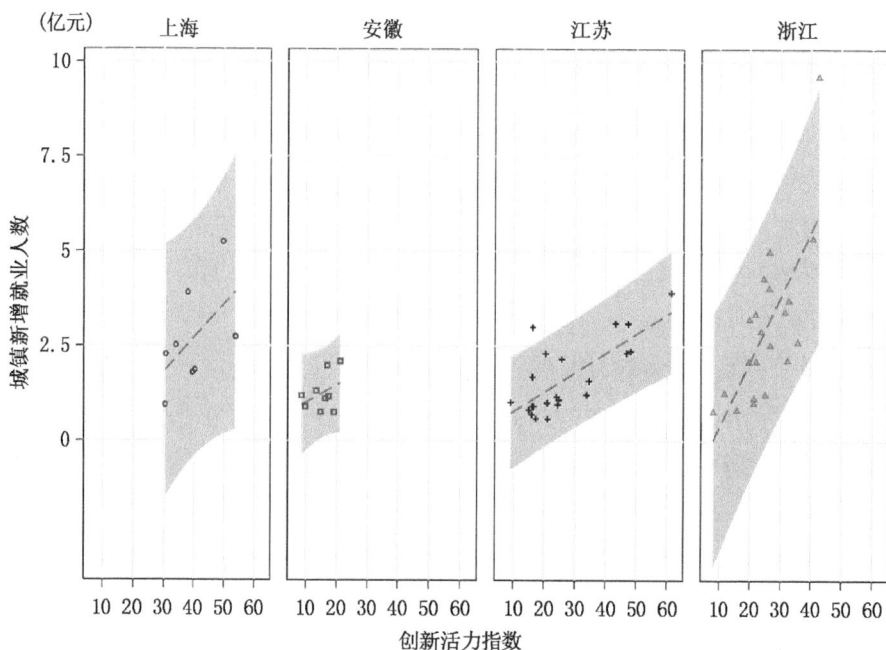

图2—10 长三角中小城市(区、县)创新活力指数与城镇新增就业人数拟合图(分省)

从长三角中小城市创新活力指数与城镇新增就业人数的分省拟合图可以看出，虽然两者在三省一市均存在正相关关系，但是变化速度有很大差异。相较于上海市和浙江省，两者在江苏省和安徽省的拟合曲线变化速度相对较小。这一分析结果，一方面说明在这两个省份中小城市中，同样的创新活力水平所带来的城镇新增就业人数增长幅度要小于上海市和浙江省。另一方面也说明，在当前的经济形势下，要想实现长三角中小城市创新活力与城镇就业之间的良性互动，需要针对不同地区的特点采取不同的政策措施和发展战略。

事实也表明，浙江省民营经济就通过加快企业创新，吸收了大量的就业。《中国民营经济(浙江)高质量发展指数报告(2022)》显示民营经济对浙江省贡献呈现"67789"的特点，即贡献了67%左右的GDP、73.4%的税收、75.5%的创新投入(全社会 R&D 人员投入)、87.5％的就业、96.7％的市场主体,相比全国民营经济"56789"的平均水平,浙江民营经济实现整体性跃升。①

同时,浙江省提出通过政策扶持、资金支持等方式鼓励中小城市创新创业。江苏省提出了通过加强基础设施建设、推动产业升级等方式促进中小城市发展。

四、长三角中小城市创新活力影响机制分析

(一)长三角中小城市创新活力对 GDP 基准回归分析

前述理论分析表明,长三角中小城市创新活力对城市 GDP 和城市就业有促进作用。为了深入探讨长三角中小城市创新活力对 GDP 的作用,我们采用广义最小二乘法(GLS)做进一步分析。

除了长三角中小城市创新活力指数数据,我们还搜集了以下数据:(1)各中小城市(区、县)2021 年 GDP,以及第一产业增加值、第二产业增加值、第三产业增加值。(2)各中小城市(区、县)2021 年规模以上工业企业数量。(3)各中小城市(区、县)2021 年城镇新增就业人数。(4)各中小城市(区、县)2021 年一般公共预算收入。(5)各中小城市(区、县)2021 年公路总里程。(6)各中小城市(区、县)2021 年进出口总额。(7)各中小城市(区、县)2021 年固定资产投资增长率。

各主要变量的定义汇总于表 2—3,这些变量的描述性统计汇总于表 2—4。

表 2—3　　　　　　　　　　　　变量定义

变量代码	变量名称	变量定义
lnGDP	ln(国内生产总值)	城市当年国内生产总值的自然对数
lnThird	ln(第三产业增加值)	城市当年第三产业增加值的自然对数
Innovation	创新活力指数	城市当年创新活力指数
Employment	城镇新增就业人数	当年城镇新增就业人数
lnEnterprise	ln(规模以上工业企业数)	城市规模以上工业企业数量的自然对数
Innoprise	创新活力指数×ln(规模以上工业企业数)	城市当年创新活力指数与城市规模以上工业企业数量自然对数的乘积
Budget	一般公共预算收入	城市当年一般公共预算收入
lnRoad	ln(公路总里程)	城市当年公路总里程的自然对数
EI	进出口总额	城市当年进出口总额
Investmentratio	固定资产投资增长率	城市当年固定资产投资增长率

① 邱世杰,潘新宇. 中国民营经济(浙江)高质量发展指数显示 浙江民营经济实现整体性跃升[EB/OL]. [2022—06—23]. https://baijiahao. baidu. com/s? id=1761415184342141397&-wfr=spider&-for=pc.

表 2—4 变量描述性统计

变量代码	样本数	均值	标准差	最小值	最大值
$\ln GDP$	60	6.886	0.714	5.086	8.465
$\ln Third$	60	6.103	0.746	4.473	7.721
$Innovation$	60	26.34	12.179	7.965	61.358
$Employment$	60	2.193	1.572	0.58	9.61
$\ln Enterprise$	60	6.43	0.754	4.533	7.788
$Innoprise$	60	175.661	96.195	39.187	477.868
$Budget$	60	106.998	92.567	10.4	464.88
$\ln Road$	60	7.541	0.559	5.427	8.608
EI	60	709.175	1 143.527	7.819	6 885.73
$Investmentratio$	60	10.225	6.479	—12.3	22.2

为了检验长三角中小城市创新活力对 GDP 的作用,构建模型(2.1)进行分析:

$$\ln GDP_i = \alpha + \beta_1 \ln innovation_i + \beta_2 \ln Enterprise_i + \sum Control + \varepsilon_i \qquad (2.1)$$

其中,被解释变量为 $\ln GDP_i$,表示 i 城市 GDP 的自然对数;解释变量 $\ln innovation_i$ 表示 i 城市创新活力的自然对数;$\ln Enterprise_i$ 表示 i 城市规模以上工业企业数量的自然对数。β_1 表示城市创新活力与城市 GDP 之间的关系;若该系数为正,则表示城市创新活力能够有效促进城市创新能力提升。β_2 表示规模以上工业企业数量与城市创新活力之间的关系;若该系数为正,则表示规模以上工业企业数量越多的城市,城市创新活力相对越高。$\sum Control$ 是所有控制变量的集合,ε_i 表示随机误差项。

回归结果(见表 2—5)表明:β_1 在 10% 的水平上显著为正,这说明城市活力水平的提升确实能够显著促进城市经济增长;β_2 在 1% 的水平上显著为正,这说明城市规模以上工业企业数量越多,越能够显著促进城市经济增长。

表 2—5　　　　　长三角中小城市创新活力对 GDP 影响的基准回归结果

lnGDP	系数	标准误差	t 值	p 值	95% 置信区间	显著性
$Innovation$	0.016	0.009	1.88	0.066	$[-0.001,0.034]$	*
ln$Enterprise$	0.473	0.074	6.40	0	$[0.325,0.621]$	***
$Budget$	0.002	0.001	1.69	0.098	$[0,0.005]$	*
ln$Road$	0.182	0.057	3.18	0.002	$[0.067,0.297]$	***
EI	0	0	-0.54	0.593	$[0,0]$	
$Investmentratio$	-0.007	0.008	-0.89	0.379	$[-0.024,0.009]$	
常数	1.902	0.629	3.02	0.004	$[0.64,3.163]$	***
因变量平均值	6.886		因变量标准差	0.714		
R^2	0.834		观察数	60		
F 检验	53.178		Prob$>F$	0.000		
Akaike crit. (AIC)	35.059		Bayesian crit. (BIC)	49.720		
*** $p<0.01$, ** $p<0.05$, * $p<0.1$						

(二)长三角中小城市创新活力对第三产业影响的机制分析

为了检验长三角中小城市创新活力对第三产业的影响机制,构建模型(2.2):

$$\ln Third_i = \alpha + \beta_1 \ln innovation_i + \beta_2 \ln Enterprise_i + \beta_3 Innoprise_i + \sum Control + \varepsilon_i \qquad (2.2)$$

其中,被解释变量 $\ln Third_i$ 表示 i 城市第三产业增加值的自然对数;解释变量 $\ln innovation_i$ 表示 i 城市创新活力的自然对数;调节变量 $\ln Enterprise_i$ 表示 i 城市规模以上工业企业数量的自然对数;$Innoprise_i$ 表示 i 城市创新活力指数与规模以上工业企业数量自然对数的乘积,是解释变量和调节变量的交互。β_1 表示城市创新活力与城市第三产业增加值之间的关系;若该系数为正,则表示城市创新活力能够有效促进城市创新能力提升。β_2 表示规模以上工业企业数量与城市创新活力之间的关系;若该系数为正,则表示规模以上工业企业数量越多的城市,城市创新活力相对越高。β_3 表示调节效应。$\sum Control$ 是所有控制变量的集合,ε_i 表示随机误差项。

回归结果(见表 2—6)表明:β_1 在 5% 的水平上显著为正,这说明城市创新活力水平的提升确实能够显著促进第三产业的增长;β_2 在 1% 的水平上显著为正,这说明城市规模以上工业企业能够显著促进第三产业的增长。β_3 在 5% 的水平上显著为负,这说明城市规模以上工业企业抑制了城市创新活力促进第三产业增长的效果。

表2—6 长三角中小城市创新活力对第三产业影响的调节效应回归结果

lnThird	系数	标准误差	t 值	p 值	95%置信区间	显著性
Innovation	0.115	0.045	2.55	0.014	[0.024,0.206]	**
lnEnterprise	0.714	0.172	4.16	0	[0.37,1.059]	***
Innoprise	−0.016	0.007	−2.37	0.021	[−0.03,−0.003]	**
Budget	0.004	0.002	2.48	0.016	[0.001,0.008]	**
lnRoad	0.207	0.084	2.46	0.017	[0.038,0.376]	**
EI	0	0	0.51	0.61	[0,0]	
Investmentratio	−0.008	0.01	−0.78	0.442	[−0.028,0.012]	
常数	−0.622	1.397	−0.44	0.658	[−3.426,2.182]	
因变量平均值	6.103		因变量标准差		0.746	
R^2	0.802		观察数		60	
F 检验	32.411		Prob>F		0.000	
Akaike crit. (AIC)	52.922		Bayesian crit. (BIC)		69.677	
***$p<0.01$,**$p<0.05$,*$p<0.1$						

上述结果说明城市规模以上工业企业抑制了长三角中小城市创新活力,从而影响了第三产业的增长。这是因为在长三角中小城市经济发展中,过度依赖传统制造业可能会限制城市的创新活力和经济增长潜力。一方面,城市规模以上工业企业通常需要大量的土地、资源和资金投入,这会导致城市的土地利用效率低下、环境污染严重等问题。此外,这些企业的生产过程通常相对比较单一,机械化程度高,难以适应市场需求的变化和技术创新的要求,因此其创新能力相对较弱。另一方面,城市规模以上工业企业的发展也会导致城市劳动力向第二产业转移,从而减少了第三产业的就业机会和需求。这可能会导致中小城市经济结构失衡,进一步限制了长三角中小城市的创新活力和经济增长潜力。

(三)长三角中小城市创新活力对就业基准回归分析

为了检验长三角中小城市创新活力对就业的作用,构建模型(2.3)进行分析:

$$Employment_i = \alpha + \beta \ln innovation_i + \sum Control + \varepsilon_i \tag{2.3}$$

其中,被解释变量 $Employment_i$ 表示 i 城市当年城镇新增就业人数;解释

变量 $\ln innovation_i$ 表示 i 城市创新活力的自然对数。β 表示城市创新活力与城市就业之间的关系；若该系数为正，则表示城市创新活力能够有效促进城市就业。$\sum Control$ 是所有控制变量的集合，ε_i 表示随机误差项。

回归结果（见表 2—7）表明：β 在 5% 的水平上显著为正，这说明城市创新活力水平的提升确实能够显著促进城镇新增就业人数的增长。

表 2—7　　　　　长三角中小城市创新活力对就业影响的基准回归结果

$Employment$	系数	标准误差	t 值	p 值	95% 置信区间	显著性
$\ln novation$	0.077	0.037	2.10	0.041	$[0.003, 0.151]$	**
$Budget$	−0.008	0.008	−0.94	0.351	$[-0.024, 0.009]$	
$\ln Road$	−0.249	0.249	−1.00	0.321	$[-0.748, 0.25]$	
EI	0.001	0.001	1.17	0.248	$[0, 0.002]$	
$Investmentratio$	0.042	0.023	1.87	0.067	$[-0.003, 0.088]$	*
常数	1.979	2.006	0.99	0.328	$[-2.043, 6]$	
因变量平均值	2.193		因变量标准差		1.572	
R^2	0.430		观察数		60	
F 检验	4.548		Prob>F		0.002	
Akaike crit. (AIC)	201.747		Bayesian crit. (BIC)		214.313	
***$p<0.01$, **$p<0.05$, *$p<0.1$						

(四)长三角中小城市创新活力对就业影响的机制分析

为了检验长三角中小城市创新活力对就业的影响机制，构建模型(2.4)进行分析：

$$Employment_i = \alpha + \beta_1 \ln innovation_i + \beta_2 \ln Enterprise_i + \beta_3 Innoprise_i + \sum Control + \varepsilon_i \qquad (2.4)$$

其中，被解释变量 $Employment_i$ 表示 i 城市当年城镇新增就业人数；解释变量 $\ln innovation_i$ 表示 i 城市创新活力的自然对数；$\ln Enterprise_i$ 表示 i 城市规模以上工业企业数量的自然对数；$Innoprise_i$ 表示 i 城市创新活力指数与规模以上工业企业数量自然对数的乘积，是解释变量和调节变量的交互。β_1 表示城市创新活力与城市就业之间的关系；若该系数为正，则表示城市创新活力能够有效促进城市就业。β_2 表示规模以上工业企业数量与城市创新活力之间的关系；若该系数为正，则表示规模以上工业企业数量越多的城市，城市就业水平相对越高。β_3 表示调节效应，$\sum Control$ 是所有控制变量的集合，ε_i 表示随机误差项。

回归结果(见表2—8)表明:β_1 在5%的水平上显著为正,这说明城市创新活力水平的提升确实能够显著促进城镇就业;β_2 在1%的水平上显著为正,这说明城市规模以上工业企业能显著促进城镇就业。β_3 在5%的水平上显著为负,这说明城市规模以上工业企业抑制了城市创新活力促进城镇就业增长的效果。

表2—8　　　　　　长三角中小城市创新活力影响就业的调节效应回归结果

$Employment$	系数	标准误差	t 值	p 值	95%置信区间	显著性
$Innovation$	0.419	0.179	2.35	0.023	[0.061,0.778]	**
ln$Enterprise$	1.916	0.63	3.04	0.004	[0.651,3.18]	***
$Innoprise$	−0.06	0.026	−2.26	0.028	[−0.113,−0.007]	**
$Budget$	−0.005	0.006	−0.74	0.46	[−0.017,0.008]	
ln$Road$	−0.09	0.213	−0.42	0.674	[−0.517,0.337]	
EI	0.001	0.001	1.88	0.066	[0,0.002]	*
$Investmentratio$	0.061	0.024	2.59	0.012	[0.014,0.108]	**
常数	−10.806	4.549	−2.38	0.021	[−19.934,−1.678]	**
因变量平均值	2.193		因变量标准差		1.572	
R^2	0.536		观察数		60	
F 值	4.973		Prob>F		0.000	
Akaike crit. (AIC)	193.425		Bayesian crit. (BIC)		210.180	
***$p<0.01$,**$p<0.05$,*$p<0.1$						

上述结果说明城市规模以上工业企业抑制了长三角中小城市创新活力,从而影响了城镇就业。这可能有以下三方面的原因:第一,传统制造业的工作环境和工作条件相对艰苦,这可能会导致更多的人选择从事其他行业或寻找更好的工作机会。第二,传统制造业的生产过程通常比较单一、机械化程度高,难以适应市场需求的变化和技术创新的要求,因此其创新能力相对较弱。第三,传统制造业的发展也会导致城市劳动力向第二产业转移,从而减少了第三产业的就业机会和需求。这可能会导致城市经济结构失衡,进一步限制了城市的创新活力和经济增长潜力。

五、长三角中小城市创新活力聚类分析

(一)长三角中小城市创新活力聚类结果

对长三角中小城市(区、县)创新活力指数进行聚类分析,我们可以总结各类中小城市创新活力的共同特质。因此,为了避免过于主观确定聚类数目,采取组内平方和误差的方法确定最佳聚类数(见图 2—11),再进行聚类分析(见图 2—12)。

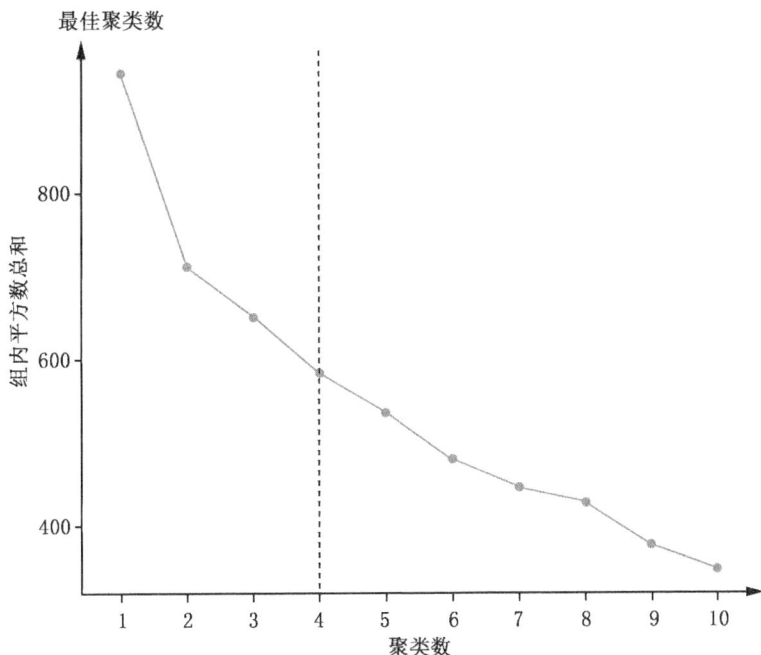

图 2—11　用组内平方和方式确定最佳聚类数

由图 2—11 可以看出,聚类数目在 1～4,组内平方和值快速下降,而当聚类数目从 4 开始,组内平方和值下降速度变得放缓,这就表明进一步增加聚类数目并不能增强聚类效果。因此,可以确定最佳聚类数为 4。

图 2—12 为长三角中小城市(区、县)创新活力指数可视化聚类图,具体城市聚类统计信息见表 2—9。

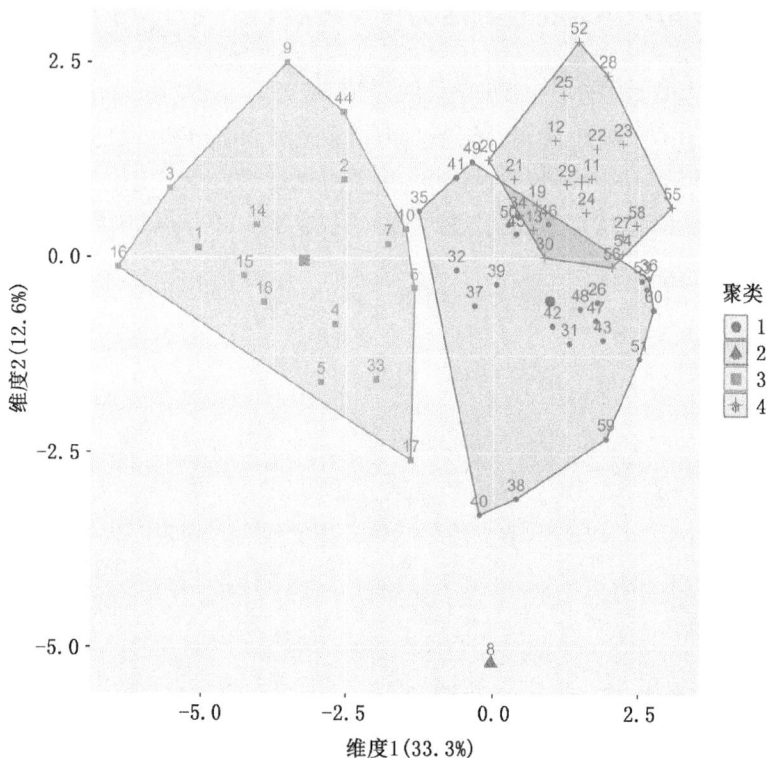

图 2—12 长三角中小城市(区、县)创新活力指数可视化聚类图

表 2—9 长三角中小城市(区、县)创新活力聚类结果

类别	城市(区、县)
聚类 1	扬中市、建德市、余姚市、瑞安市、乐清市、龙港市、海宁市、平湖市、桐乡市、嘉善县、诸暨市、嵊州市、兰溪市、东阳市、永康市、江山市、玉环市、温岭市、临海市、龙泉市、界首市、宁国市、桐城市、潜山市
聚类 2	崇明区
聚类 3	闵行区、宝山区、嘉定区、松江区、金山区、青浦区、奉贤区、江阴市、宜兴市、常熟市、张家港市、昆山市、太仓市、吴江区、慈溪市、义乌市
聚类 4	新沂市、邳州市、溧阳市、启东市、如皋市、海安市、东台市、仪征市、高邮市、丹阳市、句容市、兴化市、靖江市、泰兴市、巢湖市、天长市、明光市、无为市、广德市

(二)长三角中小城市创新聚类结果分析

聚类1的中小城市(县)一共有24个,包括扬中市、建德市、余姚市、瑞安市、乐清市、龙港市、海宁市、平湖市、桐乡市、嘉善县、诸暨市、嵊州市、兰溪市、东阳市、永康市、江山市、玉环市、温岭市、临海市、龙泉市、界首市、宁国市、桐城市、潜山市。这一聚类囊括了19个浙江省中小城市、4个安徽省中小城市、1个江苏省中小城市。在聚类1的区间里,浙江省中小城市数量占主体,安徽省中小城市数量接近一半。

聚类4的中小城市(县)一共有19个,包括新沂市、邳州市、溧阳市、启东市、如皋市、海安市、东台市、仪征市、高邮市、丹阳市、句容市、兴化市、靖江市、泰兴市、巢湖市、天长市、明光市、无为市、广德市。这一聚类囊括了14个江苏省中小城市和5个安徽省中小城市。在聚类4的区间里,江苏省中小城市数量占主体,安徽省中小城市数量超过一半。

聚类1和聚类4是有部分聚类交叉区间的(见图2-12),这是因为两类总和囊括了江苏省、浙江省绝大部分中小城市,以及安徽省中小城市。这些中小城市已经具有一定的创新活力水平,但还有较大的提升空间,是长三角中小城市未来实现高质量发展的生力军。分为两类是根据江苏省和浙江省各自中小城市的特点所决定的。江苏省中小城市更注重城市建设、人才引进和科技创新,而浙江省中小城市注重民营经济发展和创新创业。

聚类3的中小城市(区)一共有16个,包括闵行区、宝山区、嘉定区、松江区、金山区、青浦区、奉贤区、江阴市、宜兴市、常熟市、张家港市、昆山市、太仓市、吴江区、慈溪市、义乌市。这一聚类囊括了7个上海市非中心城区、7个江苏省中小城市、2个浙江省中小城市。在聚类3的区间里,上海市非中心城区数量占主体。这些城市(区)处于长三角中小城市创新活力指数的强势区间,并且具有以下共同点:第一,人才环境好,吸引了大量优秀的人才;第二,这些城市在发展过程中注重产业结构的优化,积极推动新兴产业的发展,同时也注重传统产业的转型升级;第三,科技创新水平高,这些城市在科技创新方面投入较大,拥有一批高水平的科研机构和高新技术企业,创新能力较强;第四,城市品牌建设好,这些城市在城市品牌建设方面做得比较好,具有较强的知名度和影响力。

聚类2只有上海市崇明区。之所以被单独聚为一类是因为崇明区在创新资源这一指标上成绩特别亮眼,不仅位列长三角中小城市第一位,而且与排在后面的中小城市差距显著,表明其具备实现以创新促进地方经济转型升级的较大潜力。

六、长三角中小城市创新活力指数报告结论与建议

(一)长三角中小城市创新活力指数报告结论

在长三角中小城市(区、县)创新活力排名前30位的城市中,上海8个非中心城区全部入围,数量占比为100%;江苏省有11个城市入围,数量占比为50%;浙江省有11个城市上榜,数量占比为53%;安徽省没有城市入围。总体来看,上海市非中心城区创新活力综合实力占据绝对优势;浙江省和江苏省创新活力综合实力不相上下;安徽省中小城市还有较大的潜力。

在长三角中小城市(区、县)创新活力排名前10位的城市中,上海市嘉定区、闵行区和金山区上榜,数量占比为38%;江苏省昆山市、张家港市、常熟市、苏州市吴江区、江阴市上榜,数量占比为23%;浙江省义乌市和慈溪市上榜,数量占比为10%;安徽省没有上榜城市。江苏省中小城市入围前10位的数量和上海市非中心城区不分伯仲,特别是昆山市排名榜首,这说明江苏省中小城市在高水平创新上已经具备较强的优势。虽然江苏省和浙江省入围前30位的城市数量不分伯仲,但是在高水平创新上,相较于江苏省,浙江省还有进步的空间。

在长三角中小城市(区、县)创新活力超前度排名前10位的城市中,上海市崇明区和金山区上榜,数量占比为25%,其中,上海市崇明区排名首位。浙江省嘉兴市嘉善县、江山市、平湖市、建德市、兰溪市、临海市、东阳市、玉环市上榜,数量占比为38%;安徽省巢湖市和桐城市上榜,数量占比为22%;江苏省没有中小城市入围。浙江省中小城市在以科技创新推动经济增长上取得了较好的成绩,上海市和安徽省中小城市实施创新驱动战略上齐头并进,特别是安徽省中小城市创新水平提升明显。

实证分析表明长三角中小城市(区、县)创新活力显著促进了当地经济增长,并且有效带动了当地就业水平的提升。进一步的机制分析表明,虽然创新活力水平的提升和规模以上工业企业确实能够显著促进第三产业的增长,但是规模以上工业企业抑制了城市创新活力促进第三产业增长的效果。此外,虽然创新活力水平的提升和规模以上工业企业确实能够显著促进城镇就业,但是城市规模以上工业企业抑制了城市创新活力促进城镇就业增长的效果。

聚类分析表明,基于创新活力指标体系数据,可以将长三角中小城市(区、县)分为四类。一类是长三角中小城市创新活力指数的强势区间,排名靠前。这些城市人才环境好,注重产业结构的优化,同时拥有一批高水平的科研机构和高新技术企业,科技创新能力较强。二类是主要以浙江省绝大部分中小城市构成的聚类区间,以注重发展民营经济和创新创业提升城市创新活力,这类城市在创

新发展上还有较大的提升空间。三类是主要以江苏省绝大部分中小城市构成的聚类区间，以注重城市建设、人才引进和科技创新来激发城市创新活力，这类城市在创新发展上也有较大的提升空间。上述两类城市都是长三角中小城市未来实现创新驱动高质量发展的生力军。四类是上海市崇明区单独构成的聚类，这是由于崇明区在创新资源的绝对优势，以大比分优势位列排名第一，因而具备实现以创新促进地方经济转型升级的潜力。

(二)激发长三角中小城市创新活力对策建议

长三角地区是中国经济发展最为活跃的地区之一，也是国家实施创新驱动发展战略的样板区和试验田，而长三角中小城市作为以创新实现区域高质量发展的生力军，在助力长三角一体化深度融合发展上将大有可为。为了进一步激发和提升长三角非中心城区的创新活力，我们可以从以下几个方面入手：

1. 加强基础设施建设

基础设施建设是城市发展的基础，也是吸引人才和优质企业的重要因素。对于长三角中小城市来说，加强基础设施建设尤为重要。例如，加强交通网络建设，提高交通便捷度和通达性；加强水电气等公共设施建设，提高城市的生活质量和生产效率；加强信息基础设施建设，提高信息化水平和数字化程度。这些措施可以为中小城市的创新发展提供有力支撑。例如，浙江省义乌市政府积极推进"互联网＋"行动计划，打造全球小商品电子商务中心和物流中心。政府投资建设了大量的物流设施和信息基础设施，如智能快递柜、智能停车场等，提高了物流效率和便捷性。同时，政府还鼓励企业开展技术创新和研发投入，推动产业升级和转型发展。

2. 以创新促进产业结构优化

产业结构是城市经济发展的核心。对于中小城市来说，优化产业结构可以促进城市经济增长。一方面，可以加大对高新技术产业、文化创意产业等新兴产业的创新支持力度，从而吸引更多的人才和资本进入；另一方面，可以加强对传统产业的改造升级，提高产业附加值和竞争力。例如，昆山市高新区作为江苏省重点发展的高新技术产业园区之一，致力于推动信息技术、生物医药、新材料等高新技术产业的发展。高新区内设有多个孵化器和加速器，为初创企业提供资金、技术、人才等方面的支持。此外，高新区还积极引进国际知名企业和高端人才，加强与高校、科研机构的合作，促进科技创新和产业升级。

3. 加强科技创新能力建设

科技创新是推动城市经济发展的重要动力。对于长三角中小城市来说，加强科技创新能力建设可以提高城市的创新能力和竞争力。一方面，可以加大对科技研发机构、高校等科研机构的支持力度,鼓励创新创业;另一方面,可以加强对科技成果的应用和转化,促进产学研合作。例如,昆山市政府大力支持科技研发机构的建设,鼓励企业、高校等各类创新主体积极参与。目前,昆山市已建立了一批高水平的科研平台和创新载体,如中国科学院苏州纳米技术与纳米仿生研究所、昆山市工程技术研究中心等。这些机构在新材料、生物医药、智能制造等领域开展了一系列前沿性研究,为昆山市的科技创新提供了有力支撑。

4. 加强人才引进和培养

人才是城市发展的重要资源。对于长三角中小城市来说,加强人才引进和培养可以提高城市的人才素质和创新能力。一方面,可以制定优惠政策吸引高端人才和优秀人才落户;另一方面,可以加强对本地人才的培养、发展和支持,提高他们的创新意识和创新能力。例如,浙江省义乌市政府通过设立"义乌英才计划",吸引海内外高层次人才来义乌创新创业。同时,义乌市政府还与多所高校合作,共建人才培养基地,为当地培养更多的高素质人才。余姚市政府通过实施"人才强市"战略,加大对人才的引进和培养力度。例如,余姚市政府设立了"青年英才"计划,对符合条件的青年人才提供资助和优惠政策;同时,余姚市政府还与多所高校合作,共建人才培养基地,为当地培养更多的高素质人才。慈溪市政府通过实施"双创"平台建设,鼓励和支持创新创业人才的发展;同时设立"双创基金",为创新创业项目提供资金支持;此外,慈溪市政府还与多所高校合作,共建人才培养基地,为当地培养更多的高素质人才。

5. 加强创新政策支持和服务保障

政策支持和服务保障是城市发展的重要保障。对于长三角中小城市来说,加强政策支持和服务保障可以提高城市创新的吸引力和竞争力。一方面,可以制定优惠政策吸引企业投资和发展;另一方面,可以加强对企业的服务和管理,提高其生产效率和竞争力。例如,安徽省宣城市政府通过实施推进新时代人才强市战略,加大政策支持和服务来吸引优秀人才推动重点产业高质量发展。对符合条件的各类优秀人才实行升级安居保障措施、加大薪酬补贴力度等优惠政策。同时,还引进培育高技能人才,加强企业与高校院所合作,支持创新平台建设,为当地培养更多的高素质人才。

综上所述,要激发长三角中小城市的创新活力,需要从基础设施、产业结构、科技创新能力建设、人才引进和培养、政策支持和服务保障等方面入手。只有通过多方面的努力,才能实现推动长三角中小城市的高质量发展。

(作者:梅燃)

分项报告

第三章

长三角中小城市创新环境指数报告

一、长三角中小城市创新环境指数指标体系

环境是指生存的空间以及可以直接或间接影响其生活和发展的物质或者非物质的各种自然因素的总和。创新环境对整个创新活力的良性发展起到支撑和推动的作用,也是改善创新效益和提升创新成果的关键。

诺贝尔奖获得者李远哲教授在不同场合多次提出,科学创新的关键问题是需要有一个肥沃的土壤,即人才成长和科学创造的环境。[①] 从科技部发布的《国家创新指数报告 2016—2017》来看,可以发现我国创新环境、创新资源和创新绩效指标排名相对比较靠后且与去年相比排名下降,制约了整体创新能力的提升。而创新资源的配置和创新绩效的改善均受创新环境中制度、市场机制、人力资源等要素的影响。[②] 创新环境对创新活力的影响至关重要,其主要体现在两个方面:一是促进作用,良好的创新环境可以提升创新能力、激发创新活力。二是制约作用。首先创新动力源于社会环境的刺激与带动;其次创新环境为创新活力创造基础和条件;最后创新活力受创新环境的直接影响。因此,创新活力发展重点在于营造良好的创新环境和氛围,创新环境的改善已成为建设创新型国家和实现经济创新驱动发展的关键。对创新环境的研究在整个创新活力中举足轻重。

创新环境指数具体包括四个指标:创新政策发布量、星巴克咖啡馆数、互联网宽带接入用户数和卫生机构床位数(见表 3—1)。

---

① 王虹,王红梅,丁荣娥.从美国的科研创新环境看营造创新环境的重要性[J].农业科技管理,2004,23(3):21—23.

② 赵彦飞,陈凯华,李雨晨.创新环境评估研究综述:概念、指标与方法[J].科学学与科学技术管理,2019,40(1):89—99.

表 3—1   创新环境指标

创新环境	创新政策发布量
	星巴克咖啡馆数
	互联网宽带接入用户数
	卫生机构床位数

二、长三角中小城市创新环境指数指标说明

(一)创新政策发布量

指标说明:创新政策发布量是较为重要的创新环境指标,它可以反映地方政府对城市创新的投入和重视程度。

计算方法:创新政策发布量=各个城市政府官网发布的近三年与创新相关的政策条数。

指标单位:项。

指标性质:正向。

数据周期:2021—2023 年。

数据来源:各个城市政府官网。

(二)星巴克咖啡馆数

指标说明:喝咖啡是较为典型的创新人才的生活方式,而星巴克咖啡馆在众多咖啡馆中又较为普遍,一个城市的星巴克咖啡馆数量可以相对反映出城市中创新人才的多寡。

计算方法:星巴克咖啡馆数=2023 年各个城市对外开放运营的星巴克咖啡馆数量。

指标单位:家。

指标性质:正向。

指标周期:星巴克咖啡馆数为 2023 年 4 月 19 日的数据。

数据来源:美团外卖网、各级政府统计年鉴。

(三)互联网宽带接入用户数

指标说明:互联网宽带是创新环境必不可缺的硬件设施,互联网宽带接入用户数反映了一个城市网络用户的需求量。

计算方法:互联网宽带接入用户数=各个城市 2022 年统计年鉴中的互联网宽带接入用户数。

指标单位:万户。

指标性质:正向。

数据周期:互联网宽带接入用户数为 2021 年的统计数据。

数据来源:各省、地级市、县级市政府统计年鉴和统计公报。

(四)卫生机构床位数

指标说明:卫生机构床位数是创新环境中不可或缺的生活保障,卫生机构床位数反映了一个城市的医疗水平和能力,也是创新人才选择城市的必要考量。

计算方法:卫生机构床位数=各个城市 2022 年统计年鉴中的卫生机构床位数。

指标单位:张。

指标性质:正向。

数据周期:卫生机构床位数为 2021 年的统计数据。

数据来源:各省、地级市、县级市政府统计年鉴和统计公报。

三、长三角中小城市创新环境指数指标权重

本报告采用创新政策发布量、星巴克咖啡馆数、互联网宽带接入用户数、卫生机构床位数四个指标数据评估长三角中小城市创新环境指数。本报告均采用主观赋权的方法对四个指标权重赋权。鉴于各地创新政策发布存在具体内容差异较大和政策落地情况不同等因素,将其权重值设为 0.2;星巴克咖啡馆数虽为亮点指标,但是反映情况较为间接,故将其权重值设为 0.2;互联网宽带接入用户数可以较为直接地反映在互联网时代创新环境的基础条件情况,故将其权重值设为 0.3;卫生机构床位数是代表城市医疗设施情况的重要指标,也是一座城市创新环境的基本保障和创新人才选择城市生活的重要考量,故将其权重值设为 0.3(参见表 3-2)。

表 3-2　　　　　　　　　　　　指标权重

指　　标	权重	指　　标	权重
创新政策发布量	0.2	互联网宽带接入用户数	0.3
星巴克咖啡馆数	0.2	卫生机构床位数	0.3

四、长三角中小城市创新环境指数排名分析

(一)长三角中小城市创新环境指数排名

整体来看,长三角中小城市创新环境指数差距巨大,指数平均值是 32.91,

最大值是嘉定区 80.44,最小值是龙泉市 5.44。

表 3-3 显示创新环境指数前 30 名的城市及其得分。图 3-1 显示创新环境指数前 15 名城市及其得分。创新环境指数前 15 名的城市分别是嘉定区、张家港市、常熟市、吴江区、昆山市、江阴市、闵行区、宝山区、义乌市、慈溪市、宜兴市、松江区、金山区、太仓市、温岭市。

表 3-3 创新环境指数前 30 名

省 (直辖市)	地级市	县级市 (区)	创新环境指数	排名
上海		嘉定区	80.44	1
江苏	苏州	张家港市	79.27	2
江苏	苏州	常熟市	79.08	3
江苏	苏州	吴江区	78.53	4
江苏	苏州	昆山市	78.22	5
江苏	无锡	江阴市	64.15	6
上海		闵行区	62.86	7
上海		宝山区	60.55	8
浙江	金华	义乌市	58.75	9
浙江	宁波	慈溪市	54.69	10
江苏	无锡	宜兴市	52.43	11
上海		松江区	47.67	12
上海		金山区	47.25	13
江苏	苏州	太仓市	43.37	14
浙江	台州	温岭市	39.54	15
浙江	绍兴	诸暨市	37.11	16
江苏	南通	如皋市	36.77	17
上海		奉贤区	36.16	18
浙江	宁波	余姚市	34.27	19
上海		青浦区	34.08	20
浙江	嘉兴	海宁市	33.90	21
上海		崇明区	33.90	22

续表

省 (直辖市)	地级市	县级市 (区)	创新环境指数	排名
浙江	温州	乐清市	33.34	23
江苏	徐州	邳州市	33.26	24
浙江	台州	临海市	33.13	25
江苏	南通	启东市	32.92	26
江苏	泰州	泰兴市	31.32	27
浙江	嘉兴	桐乡市	31.16	28
江苏	南通	海安市	30.76	29
江苏	盐城	东台市	29.82	30

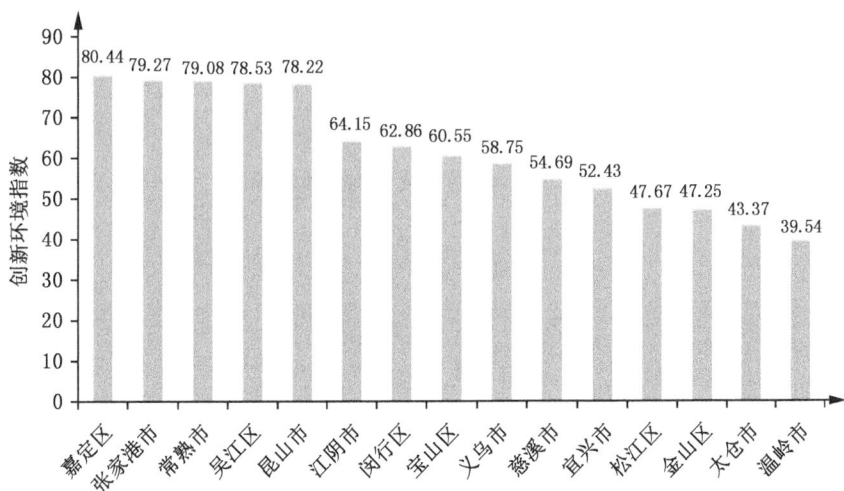

图 3—1 创新环境指数前 15 名

(二)长三角中小城市创新环境指数分省分析

从创新环境指数分省平均值(见图 3—2)来看,最高的是上海市,得分为 50.36。第 2 名是江苏省,得分为 38.5。第 3 名是浙江省,得分为 27.33。排名最后的是安徽省,得分为 16.75。可见,长三角三省一市在创新环境方面的差距还是较大的,上海具有明显优势,江苏省、浙江省和安徽省均以降幅 11%左右逐步递减。

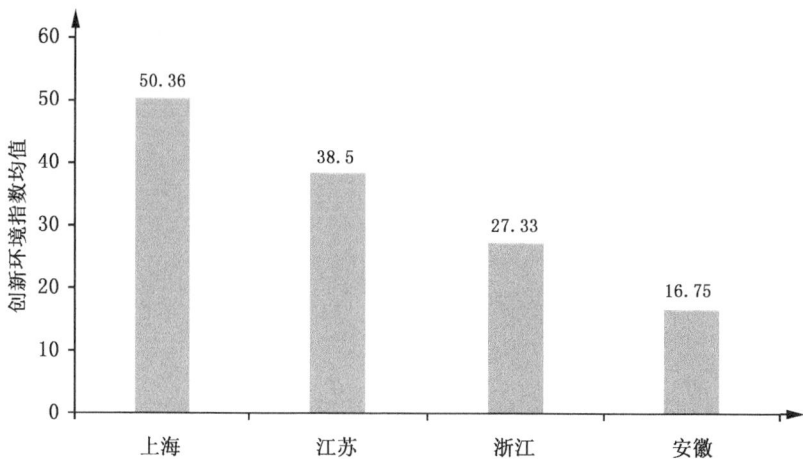

图3-2 创新环境指数分省平均值

(三)长三角中小城市创新环境指数分布态势

把长三角中小城市创新环境指数按优、良、一般、弱四个等级划分,得到长三角中小城市创新环境指数的分布态势(见表3-4)。

表3-4　　　　　长三角中小城市创新环境指数分布态势

创新环境指数	创新环境指数等级划分	创新环境指数均值	城市个数	城市分布
≥65	优	79.11	5	上海:嘉定区 江苏:张家港市、常熟市、吴江区、昆山市
65~30	良	41.8	24	上海:闵行区、宝山区、松江区、金山区、奉贤区、青浦区、崇明区 江苏:江阴市、宜兴市、太仓市、如皋市、邳州市、启东市、泰兴市、海安市 浙江:义乌市、慈溪市、温岭市、诸暨市、余姚市、海宁市、乐清市、临海市、桐乡市
30~15	一般	22.22	21	江苏:东台市、兴化市、溧阳市、丹阳市、靖江市、高邮市、新沂市、句容市 浙江:东阳市、嘉善县、瑞安市、永康市、嵊州市、平湖市、建德市 安徽:无为市、巢湖市、广德市、天长市、界首市、桐城市
≤15	弱	10.91	10	江苏:仪征市 浙江:玉环市、江山市、兰溪市、龙港市、龙泉市 安徽:宁国市、明光市、潜山市、扬中市

长三角 60 个中小城市创新环境指数在优、良、一般、弱四个等级上的城市个数呈现近似正态分布态势(见图 3—3)。四个等级的创新环境指数的城市个数分别为 5 个、24 个、21 个和 10 个。四个等级的创新环境指数均值分别对应为79.11、41.8、22.22、10.91。60 个中小城市创新环境指数主要分布在良、一般的等级水平上,占总数的比重为 75%。

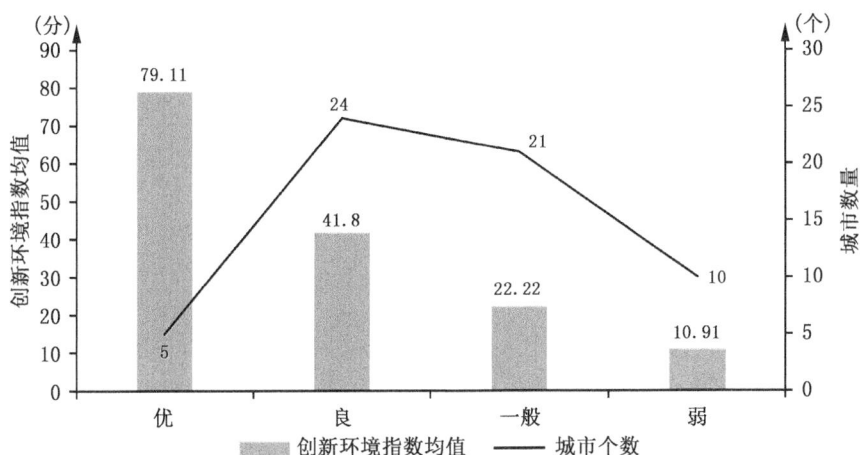

图 3—3　长三角中小城市创新环境指数分布态势

(四)长三角中小城市创新环境指数与各指标相关分析

长三角中小城市创新环境指数与各指标相关分析见图 3—4 至图 3—11。

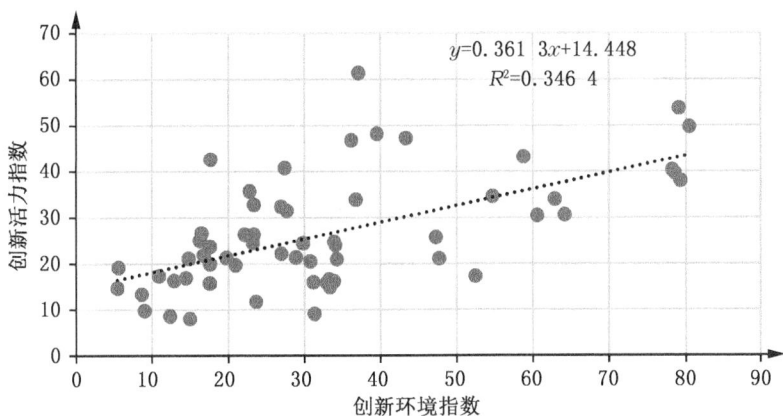

图 3—4　创新环境指数与创新活力指数

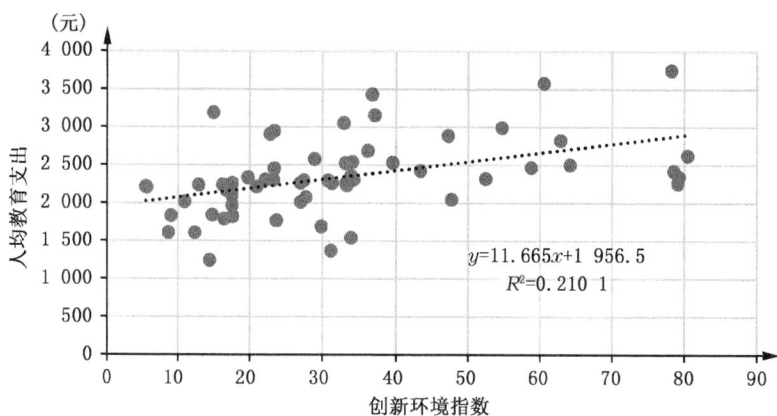

图 3-5　创新环境指数与人均教育支出

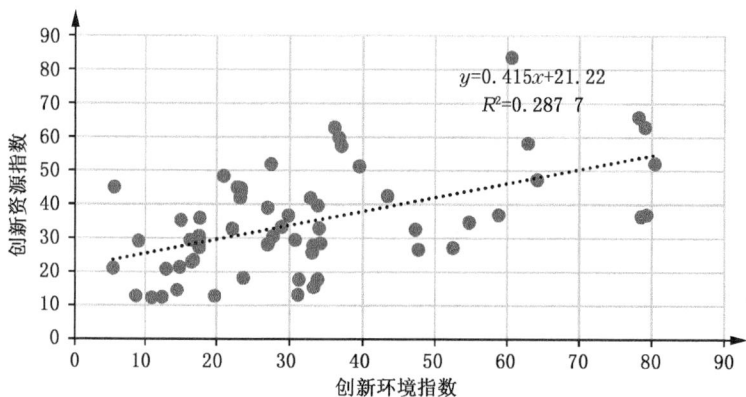

图 3-6　创新环境指数与创新资源指数

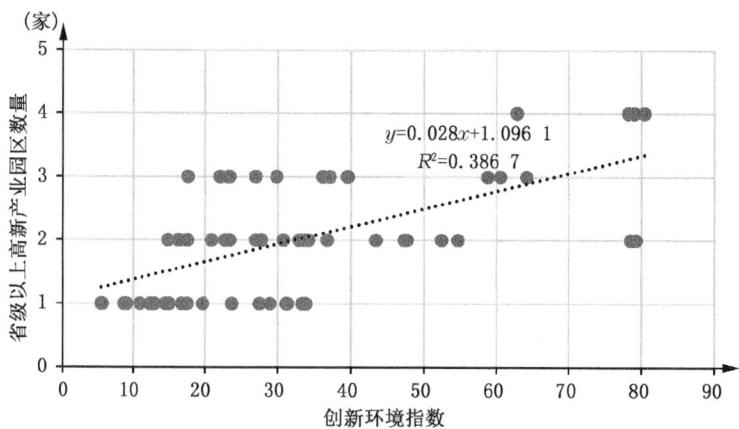

图 3-7　创新环境指数与省级以上高新产业园区数量

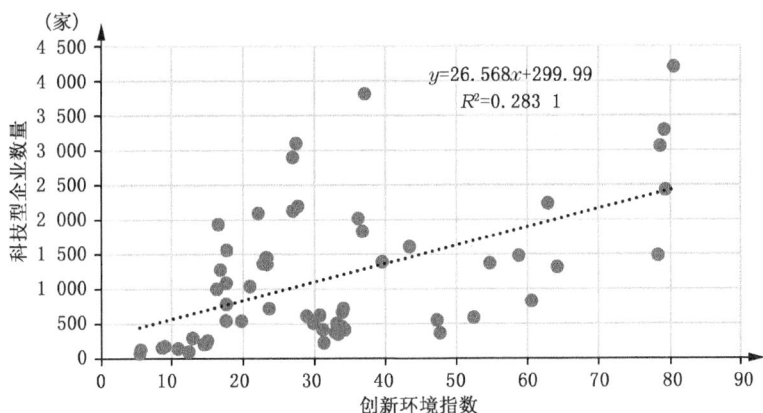

$y=26.568x+299.99$
$R^2=0.283\ 1$

图 3—8　创新环境指数与科技型企业数量

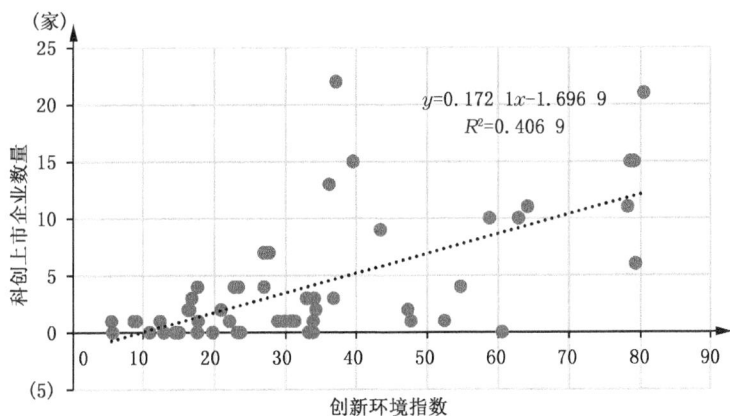

$y=0.172\ 1x-1.696\ 9$
$R^2=0.406\ 9$

图 3—9　创新环境指数与科创上市企业数量

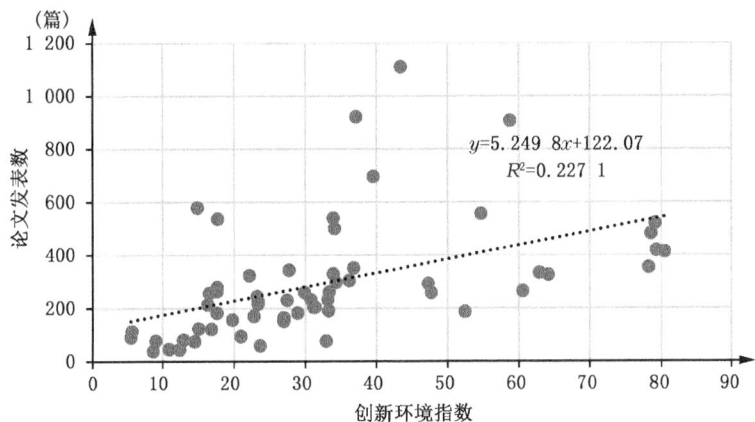

$y=5.249\ 8x+122.07$
$R^2=0.227\ 1$

图 3—10　创新环境指数与论文发表数

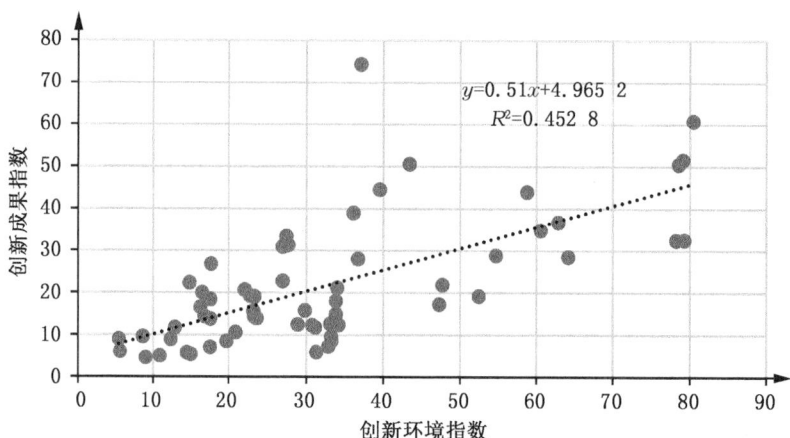

图3—11 创新环境指数与创新成果指数

综上所述,创新环境越好的城市,人均教育支出越多,说明政府对教育的关注度越高、投入度越大;论文发表数量越多,该城市的科研能力越强,说明创新环境为一座城市的科研发展创造基础条件和前提。同时,创新环境越好的城市,其省级以上高新产业园区数量越多,科技型企业数量越多,科创上市企业数量越多,可见,创新环境对整个城市的企业发展极其重要,创新环境越好,企业的数量越多、体量越大,从而其创新资源越好、创新成果越丰富,该城市越具有创新活力。

五、长三角中小城市创新环境指数各指标排名分析

(一)创新政策发布量

创新政策发布量这项指标的平均值是2.38件,最大值是9件,最小值是0件。

表3—5显示了创新政策发布量前43名的城市(第30名到第43名数量相同,为并列),图3—12为60个中小城市创新政策发布量树状图。

表3—5 创新政策发布量前43名

省 (直辖市)	地级市	县级市 (区)	创新政策发布量 (件)	排名
上海		崇明区	9	1
江苏	苏州	张家港市	7	2
上海		松江区	5	3

省（直辖市）	地级市	县级市（区）	创新政策发布量（件）	排名
上海		金山区	5	4
江苏	苏州	常熟市	5	5
江苏	苏州	太仓市	5	6
江苏	泰州	泰兴市	5	7
浙江	嘉兴	嘉善县	5	8
浙江	金华	兰溪市	4	9
浙江	金华	义乌市	4	10
浙江	金华	东阳市	4	11
上海		闵行区	3	12
江苏	无锡	宜兴市	3	13
江苏	苏州	昆山市	3	14
江苏	苏州	吴江区	3	15
江苏	南通	启东市	3	16
浙江	嘉兴	海宁市	3	17
浙江	嘉兴	平湖市	3	18
浙江	金华	永康市	3	19
浙江	衢州	江山市	3	20
安徽	阜阳	界首市	3	21
安徽	安庆	桐城市	3	22
上海		宝山区	2	23
上海		嘉定区	2	24
上海		青浦区	2	25
江苏	常州	溧阳市	2	26
江苏	盐城	东台市	2	27
江苏	扬州	高邮市	2	28
江苏	镇江	句容市	2	29
浙江	杭州	建德市	2	30
浙江	宁波	余姚市	2	31
浙江	宁波	慈溪市	2	32
浙江	嘉兴	桐乡市	2	33
浙江	绍兴	诸暨市	2	34
浙江	绍兴	嵊州市	2	35
浙江	台州	玉环市	2	36

省 (直辖市)	地级市	县级市 (区)	创新政策发布量 (件)	排名
浙江	台州	温岭市	2	37
浙江	丽水	龙泉市	2	38
安徽	合肥	巢湖市	2	39
安徽	芜湖	无为市	2	40
安徽	宣城	宁国市	2	41
安徽	宣城	广德市	2	42
安徽	安庆	潜山市	2	43

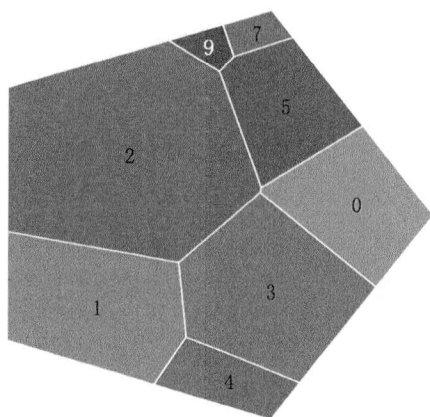

注：县级市(区)

0：江阴市、新沂市、邳州市、仪征市、扬中市、兴化市、乐清市

1：奉贤区、如皋市、海安市、丹阳市、靖江市、瑞安市、龙港市、临海市、天长市、明光市

2：宝山区、嘉定区、青浦区、溧阳市、东台市、高邮市、句容市、建德市、余姚市、慈溪市、
    诸暨市、嵊州市、玉环市、温岭市、龙泉市、巢湖市、无为市、宁国市、广德市、潜山市

3：闵行区、宜兴市、昆山市、吴江市、启东市、海宁市、平湖市、永康市、江山市、界首市、
    桐城市

4：兰溪市、义乌市、东阳市

5：松江区、金山区、常熟市、太仓市、泰兴市、嘉善县

7：张家港市

9：崇明区

图3—12　60个中小城市创新政策发布量树状图

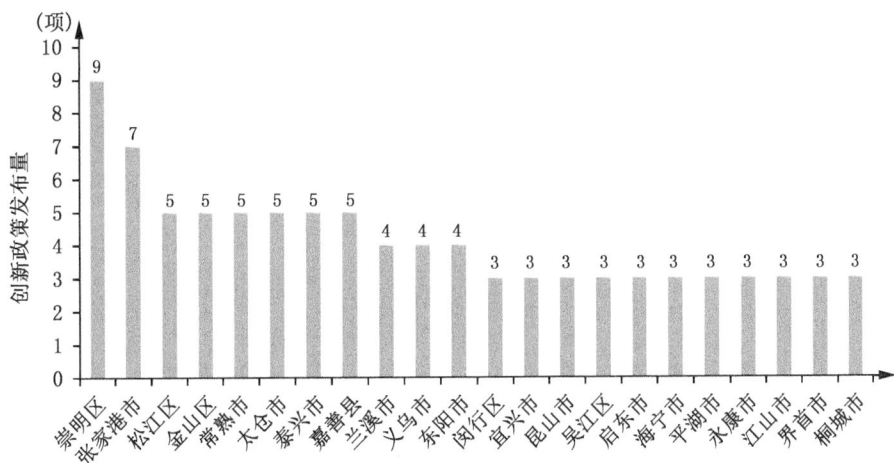

图 3—13　创新政策发布量前 22 名

从创新政策发布量分省平均值(见图 3—14)来看,最高的是上海市,平均创新政策发布量为 3.63 项。第 2 名是浙江省,平均创新政策发布量为 2.38 项。第 3 名是江苏省,平均创新政策发布量为 2.09 项。排名最后的是安徽省,平均创新政策发布量为 2 项。可见,长三角三省一市在创新政策发布量方面,上海较具优势,浙江省、江苏省和安徽省差距不明显。

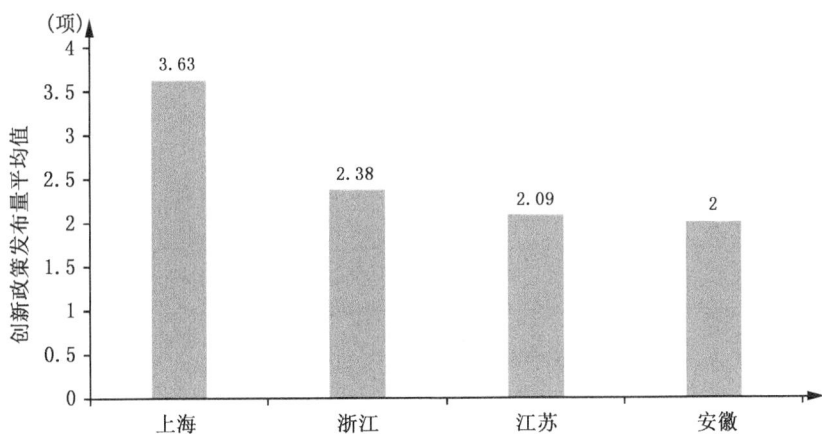

图 3—14　创新政策发布量分省平均值

创新政策发布量与科学技术支出占 GDP 比重关系见图 3—15。

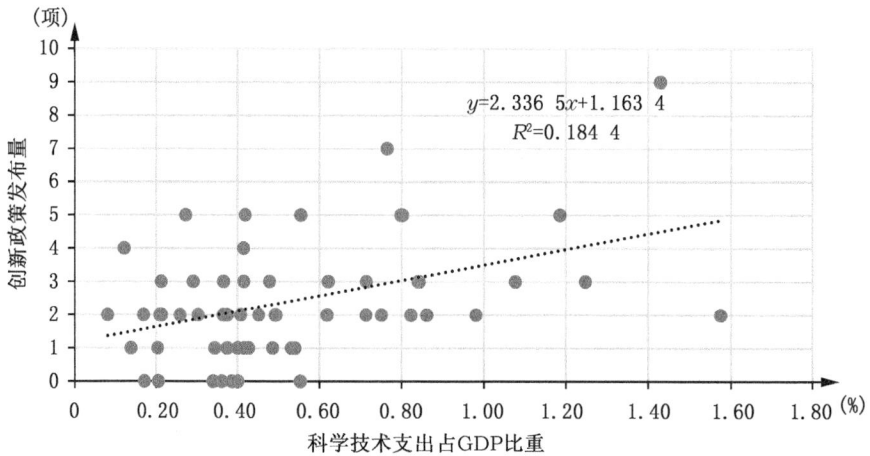

图 3—15　创新政策发布量与科学技术支出占 GDP 比重

创新政策发布量与创新资源指数关系见图 3—16。

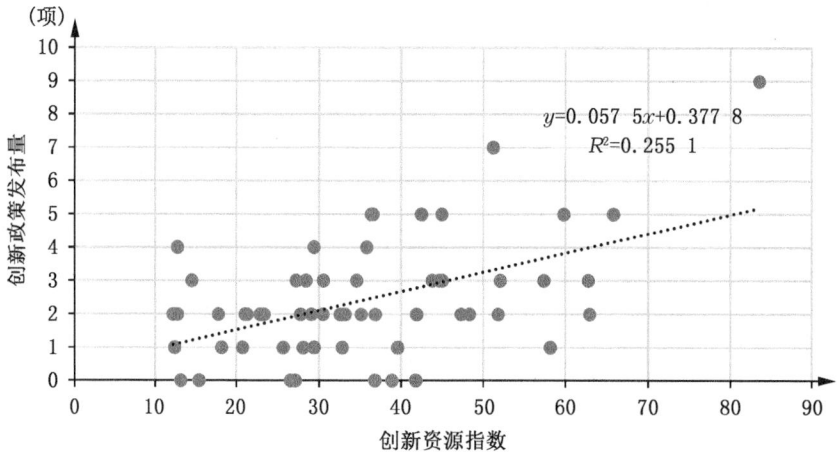

图 3—16　创新政策发布量与创新资源指数

创新政策发布量与创新活力指数关系见图 3—17。

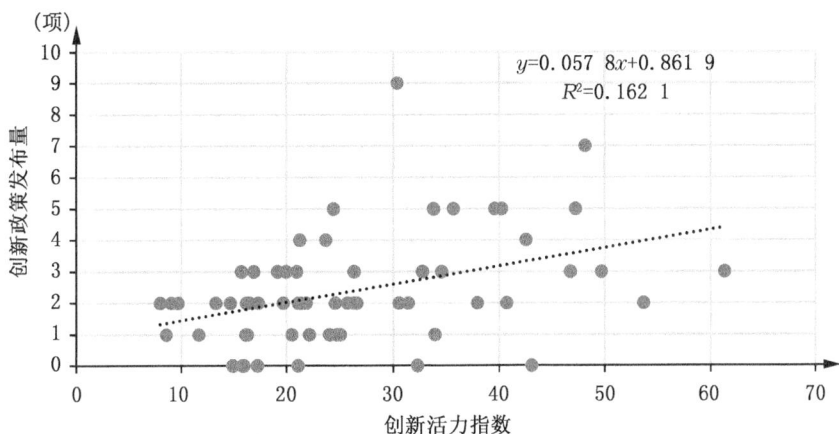

图 3－17　创新政策发布量与创新活力指数

综上所述,创新政策发布量越多,科学技术支出占 GDP 比重越高,该城市的创新资源越好、创新活力越强。可见,政府的关注与重视,以及颁布的相关政策导向,对其城市创新活力的激发有着直接的促进作用。

(二)星巴克咖啡馆数

星巴克咖啡馆数这项指标的平均值是 7.37 家,最大值是 20 家,最小值是 0 家。

表 3－6 显示了星巴克咖啡馆数前 36 名的城市(第 30 名到第 36 名数量相同,为并列)。图 3－18 为 60 个中小城市中星巴克咖啡馆数前 16 名的城市。

表 3－6　　　　　　　　　星巴克咖啡馆数前 36 名

省 (直辖市)	地级市	县级市 (区)	星巴克咖啡馆数 (家)	排名
上海		闵行区	20	1
上海		宝山区	20	2
上海		嘉定区	20	3
上海		松江区	20	4
上海		青浦区	20	5
江苏	苏州	常熟市	20	6
江苏	苏州	昆山市	20	7
江苏	苏州	吴江区	20	8

续表

省 （直辖市）	地级市	县级市 （区）	星巴克咖啡馆数 （家）	排名
浙江	金华	义乌市	20	9
江苏	苏州	张家港市	18	10
浙江	宁波	慈溪市	18	11
上海		金山区	16	12
江苏	无锡	江阴市	15	13
上海		奉贤区	12	14
江苏	苏州	太仓市	12	15
浙江	嘉兴	桐乡市	12	16
浙江	嘉兴	海宁市	11	17
江苏	无锡	宜兴市	10	18
浙江	宁波	余姚市	10	19
浙江	温州	乐清市	9	20
浙江	绍兴	诸暨市	9	21
浙江	台州	温岭市	9	22
江苏	南通	如皋市	6	23
浙江	杭州	建德市	6	24
浙江	嘉兴	嘉善县	6	25
浙江	台州	临海市	6	26
江苏	常州	溧阳市	5	27
江苏	南通	启东市	5	28
浙江	金华	东阳市	5	29
江苏	盐城	东台市	4	30
江苏	镇江	丹阳市	4	31
江苏	镇江	句容市	4	32
江苏	泰州	泰兴市	4	33
浙江	嘉兴	平湖市	4	34
浙江	绍兴	嵊州市	4	35
浙江	金华	永康市	4	36

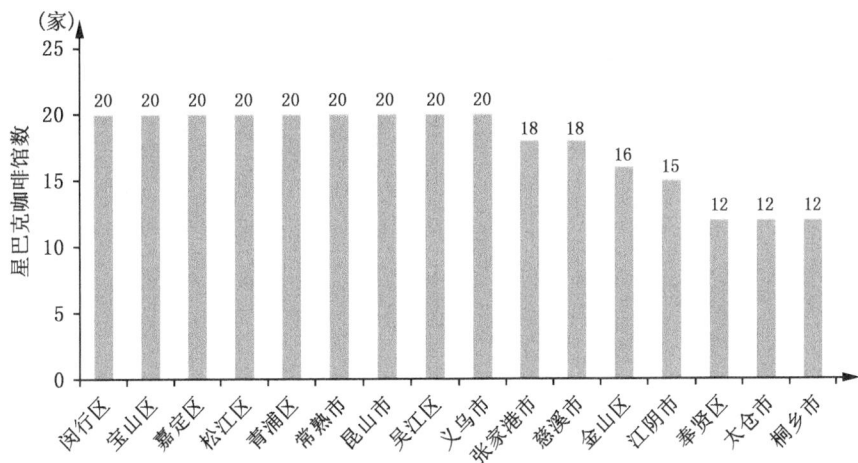

图 3—18　星巴克咖啡馆前 16 名

从星巴克咖啡馆数分省平均值(见图 3—19)来看,最高的是上海市,平均星巴克咖啡馆数为 16.25 家。第 2 名是江苏省,平均星巴克咖啡馆数为 7.45 家。第 3 名是江苏省,平均星巴克咖啡馆数为 6.95 家。排名最后的是安徽省,平均星巴克咖啡馆数为 0.22 家。可见,长三角三省一市在星巴克咖啡馆数方面,上海极具优势,江苏省和浙江省差距不大,安徽省明显落后于其他地区。

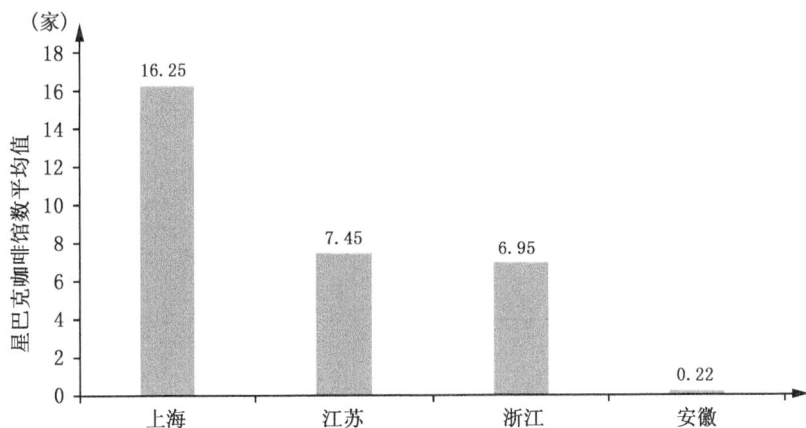

图 3—19　星巴克咖啡馆数分省平均值

星巴克咖啡馆数与互联网宽带接入用户数关系见图 3-20。

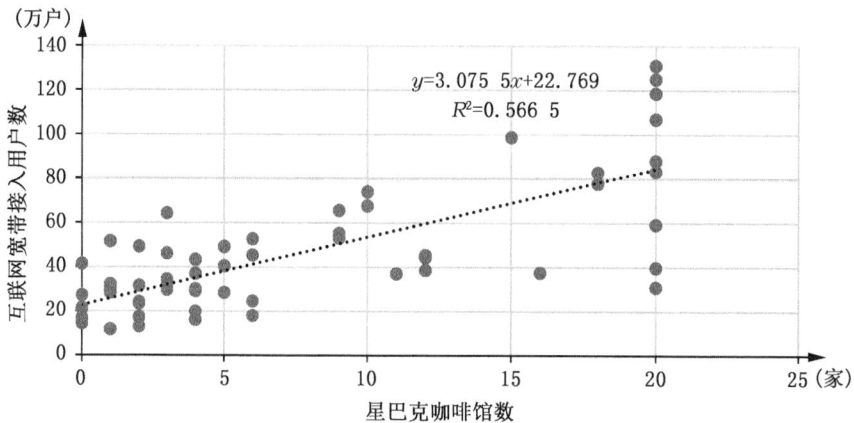

$y=3.075\,5x+22.769$
$R^2=0.566\,5$

图 3-20　星巴克咖啡馆数与互联网宽带接入用户数

星巴克咖啡馆数与卫生机构床位数关系见图 3-21。

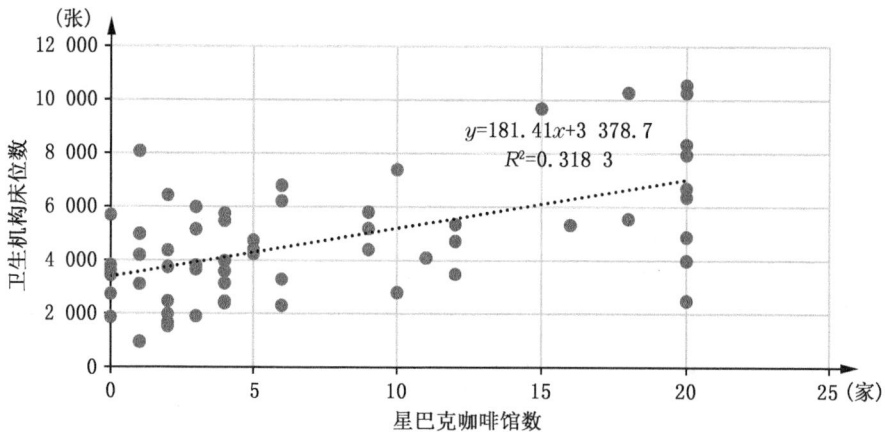

$y=181.41x+3\,378.7$
$R^2=0.318\,3$

图 3-21　星巴克咖啡馆数与卫生机构床位数

星巴克咖啡馆数与创新资源指数关系见图 3—22。

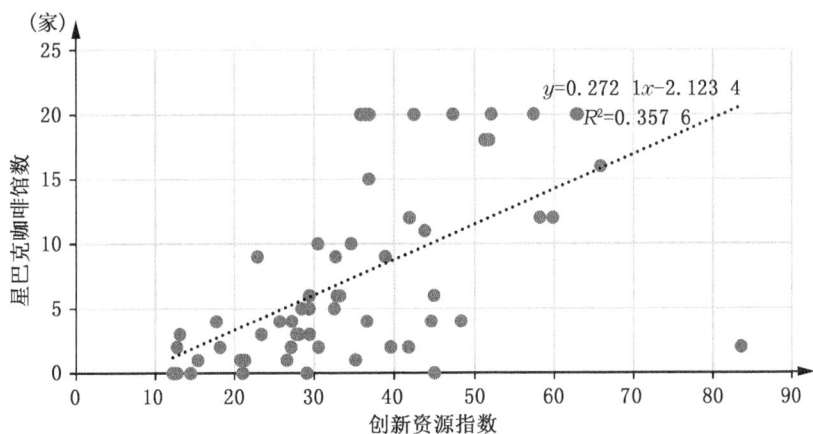

图 3—22　星巴克咖啡馆数与创新资源指数

星巴克咖啡馆数与省级以上高新产业园区数量关系见图 3—23。

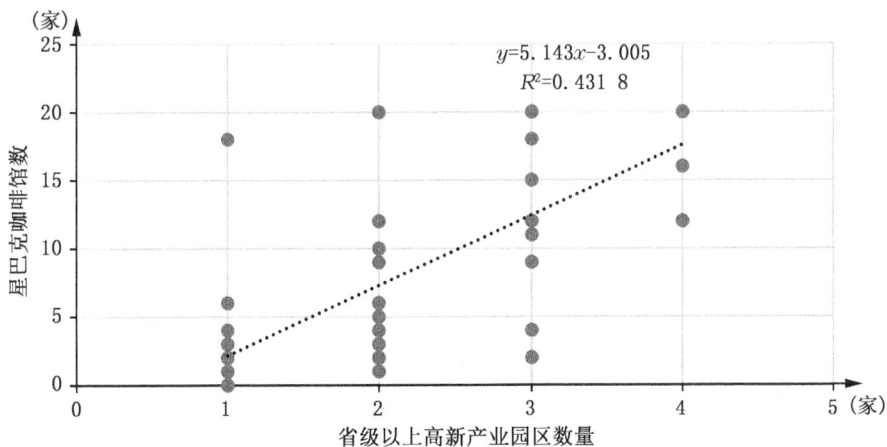

图 3—23　星巴克咖啡馆数与省级以上高新产业园区数量

星巴克咖啡馆数与科技型企业数量关系见图3-24。

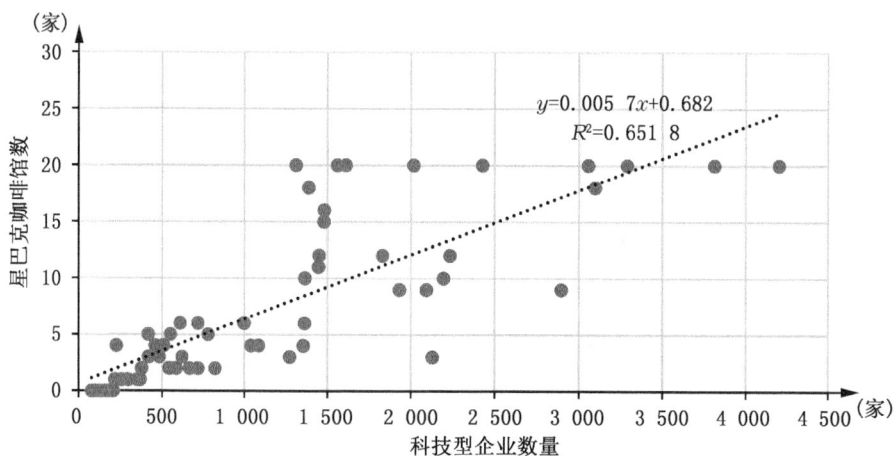

图3-24　星巴克咖啡馆数与科技型企业数量

星巴克咖啡馆数与科创上市企业数量关系见图3-25。

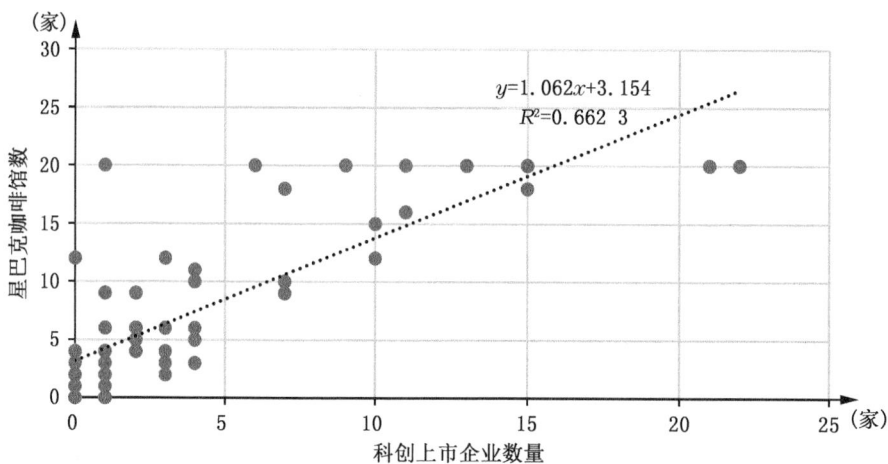

图3-25　星巴克咖啡馆数与科创上市企业数量

星巴克咖啡馆数与论文发表数关系见图 3—26。

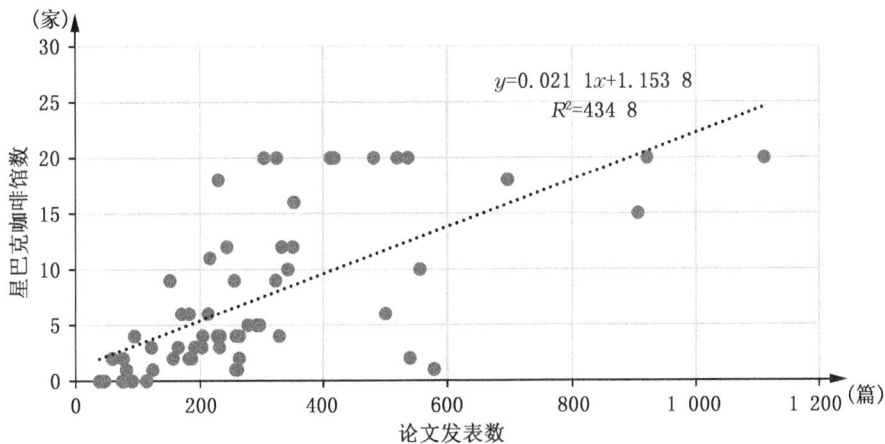

图 3—26　星巴克咖啡馆数与论文发表数

星巴克咖啡馆数与创新成果指数关系见图 3—27。

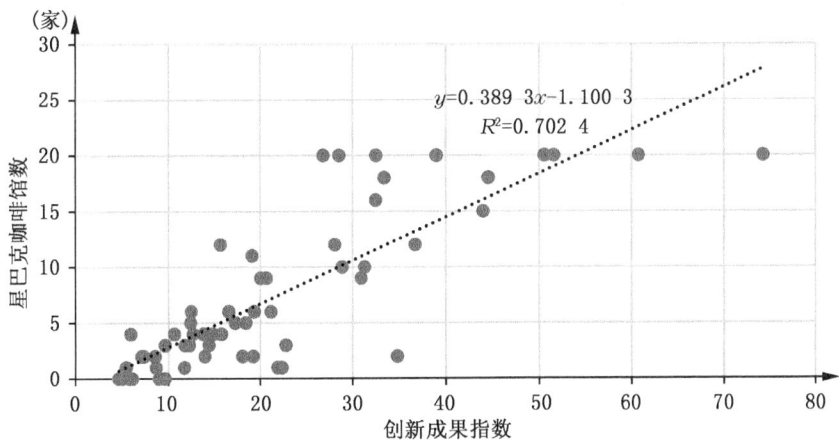

图 3—27　星巴克咖啡馆数与创新成果指数

星巴克咖啡馆数与全员劳动生产率关系见图3-28。

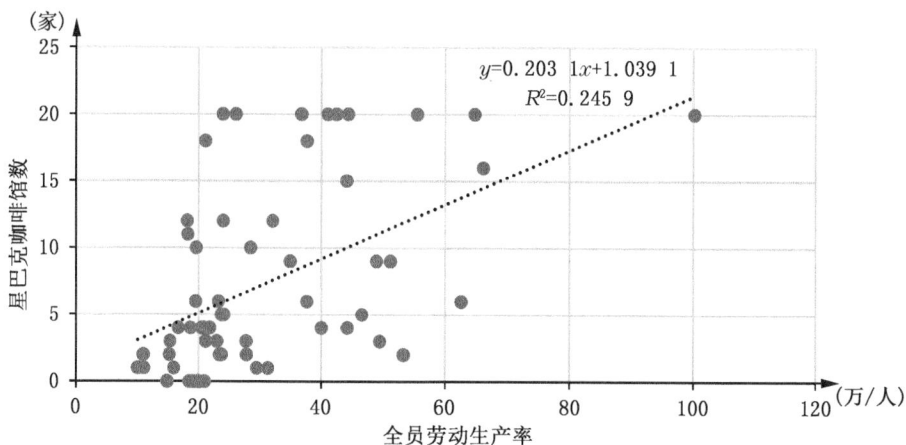

图3-28 星巴克咖啡馆数与全员劳动生产率

星巴克咖啡馆数与创新活力指数关系见图3-29。

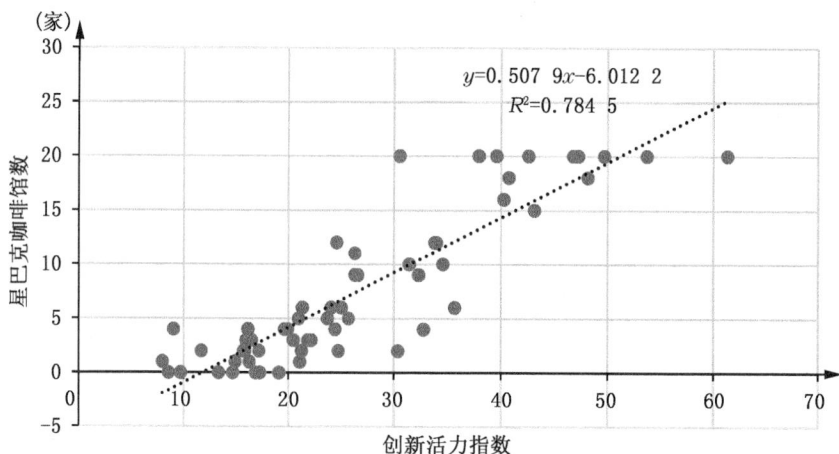

图3-29 星巴克咖啡馆数与创新活力指数

综上所述,星巴克咖啡馆数量与互联网宽带接入用户量、卫生机构床位数、论文发表数、全员劳动生产率、省级以上高新产业园区数量、科技型企业数量、科创上市企业数量都有很强的相关性。这说明,在当今社会,星巴克咖啡已经成为城市人才的一种生活选择,同时,星巴克咖啡馆在发展、壮大和各个城市布局中,已经充分体现出该城市多方面的发展状况以及创新水平。星巴克咖啡馆数量越

多的城市,代表该城市互联网用户越多,卫生医疗机构资源也越丰富,科研能力
越强,企业在数量和体量方面发展得越好,该城市的创新资源越好、创新成果越
多、创新活力越强。

(三)互联网宽带接入用户数

互联网宽带接入用户数这项指标的平均值是 45.43 万户,最大值是吴江区
131.02 万户,最小值是龙泉市 11.74 万户(见图 3—30)。

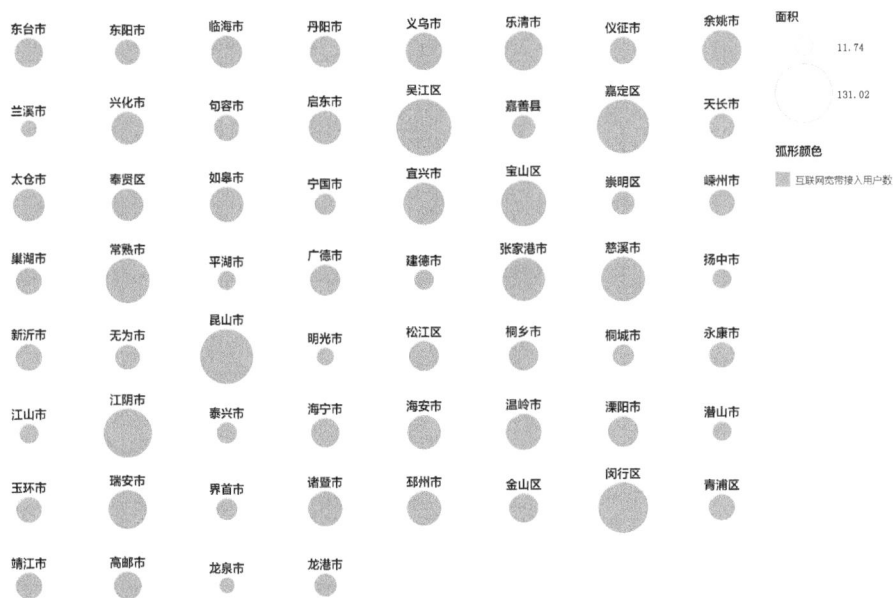

图 3—30 60 个中小城市互联网宽带接入用户数饼图

表 3—7 显示了互联网宽带接入用户数前 30 名的城市,图 3—31 显示了互
联网宽带接入用户数前 15 名的城市。互联网宽带接入用户数前 15 名的城市分
别是吴江区、昆山市、嘉定区、闵行区、江阴市、宝山区、常熟市、慈溪市、张家港
市、宜兴市、余姚市、乐清市、瑞安市、义乌市、温岭市。

表 3—7　　　　　　　　　互联网宽带接入用户数前 30 名

省 (直辖市)	地级市	县级市 (区)	互联网宽带接入 用户数(万户)	排名
江苏	苏州	吴江区	131.02	1
江苏	苏州	昆山市	124.965	2
上海		嘉定区	118.6	3

续表

省 （直辖市）	地级市	县级市 （区）	互联网宽带接入 用户数（万户）	排名
上海		闵行区	106.845 1	4
江苏	无锡	江阴市	98.717 5	5
上海		宝山区	88	6
江苏	苏州	常熟市	83.191	7
浙江	宁波	慈溪市	82.76	8
江苏	苏州	张家港市	77.692 7	9
江苏	无锡	宜兴市	73.944 6	10
浙江	宁波	余姚市	67.66	11
浙江	温州	乐清市	65.52	12
浙江	温州	瑞安市	64.25	13
浙江	金华	义乌市	59.18	14
浙江	台州	温岭市	55.22	15
浙江	绍兴	诸暨市	53.15	16
江苏	南通	如皋市	52.67	17
江苏	徐州	邳州市	51.57	18
江苏	南通	海安市	49.22	19
江苏	南通	启东市	49.14	20
江苏	泰州	兴化市	46.2	21
浙江	台州	临海市	45.39	22
江苏	苏州	太仓市	45.383 5	23
上海		奉贤区	44.35	24
江苏	镇江	丹阳市	43.36	25
安徽	宣城	广德市	41.56	26
江苏	常州	溧阳市	40.45	27
上海		松江区	39.72	28
浙江	嘉兴	桐乡市	38.66	29
上海		金山区	37.47	30

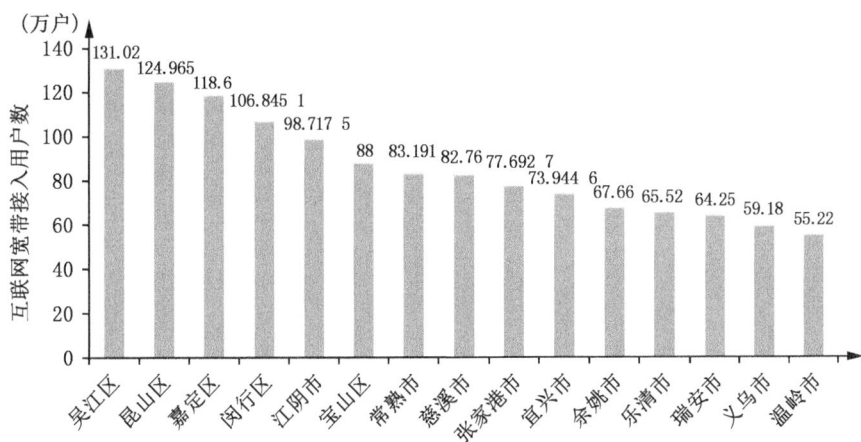

图 3—31　互联网宽带接入用户数前 15 名

从互联网宽带接入用户数分省平均值(见图 3—32)来看,最高的是上海市,平均互联网宽带接入用户数为 61.27 万户。第 2 名是江苏省,平均互联网宽带接入用户数为 54.62 万户。第 3 名是浙江省,平均互联网宽带接入用户数为 38.59 万户。排名最后的是安徽省,平均互联网宽带接入用户数为 24.82 万户。可见,长三角三省一市在互联网宽带接入用户数方面,上海略优于江苏省,江苏省、浙江省与安徽省以较为平稳的趋势递减。

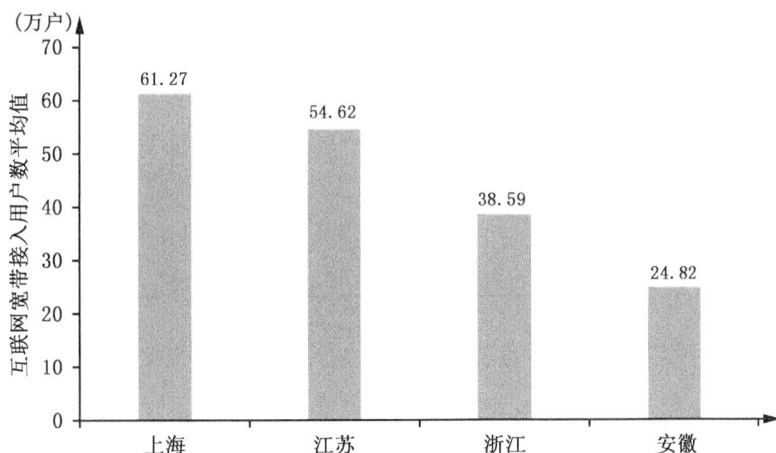

图 3—32　互联网宽带接入用户数分省平均值

互联网宽带接入用户数与卫生机构床位数关系见图 3—33。

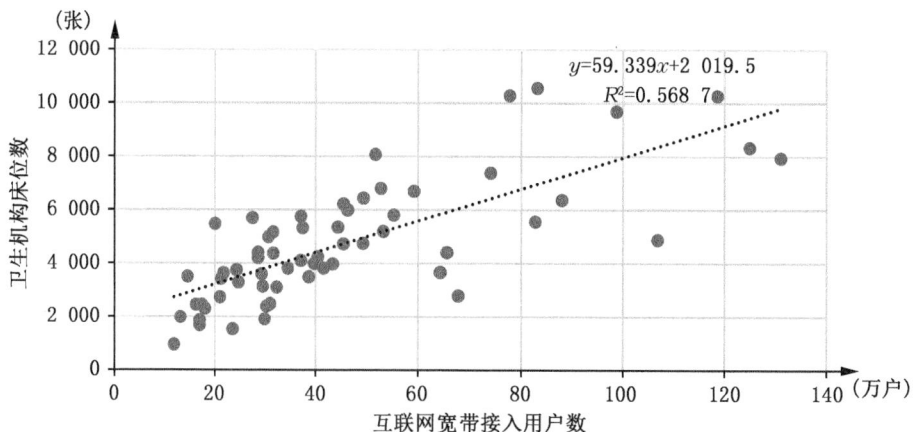

图 3—33 互联网宽带接入用户数与卫生机构床位数

互联网宽带接入用户数与创新资源指数关系见图 3—34。

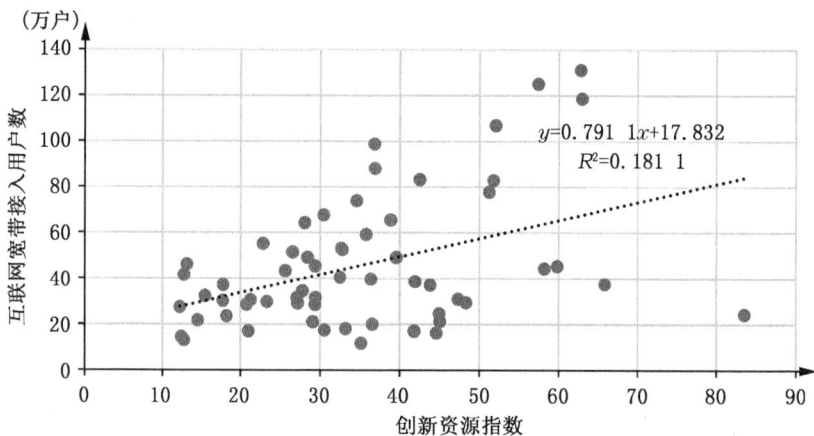

图 3—34 互联网宽带接入用户数与创新资源指数

互联网宽带接入用户数与省级以上高新产业园区数量关系见图 3－35。

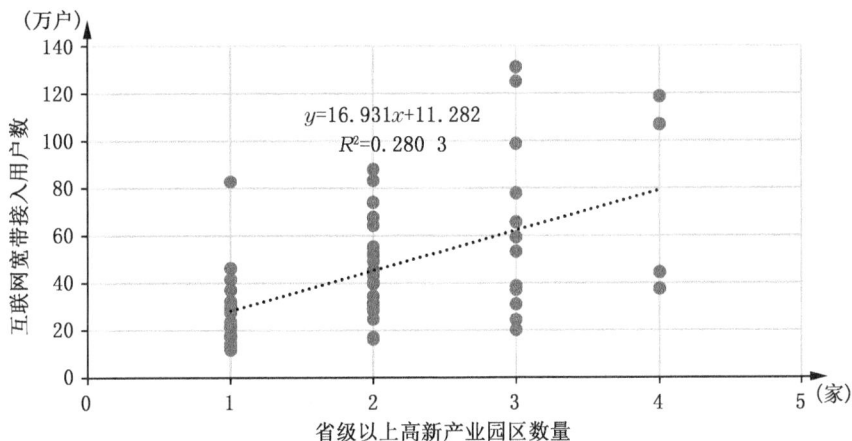

$$y=16.931x+11.282$$
$$R^2=0.280\ 3$$

图 3－35　互联网宽带接入用户数与省级以上高新产业园区数量

互联网宽带接入用户数与科技型企业数量关系见图 3－36。

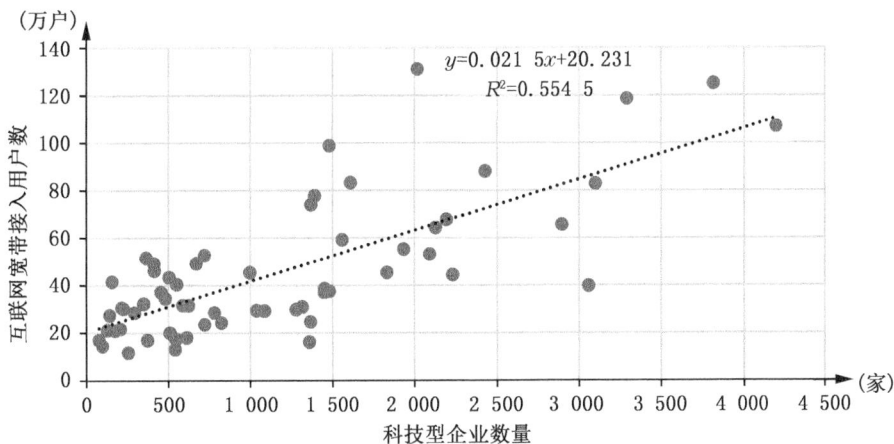

$$y=0.021\ 5x+20.231$$
$$R^2=0.554\ 5$$

图 3－36　互联网宽带接入用户数与科技型企业数量

互联网宽带接入用户数与科创上市企业数量关系见图3-37。

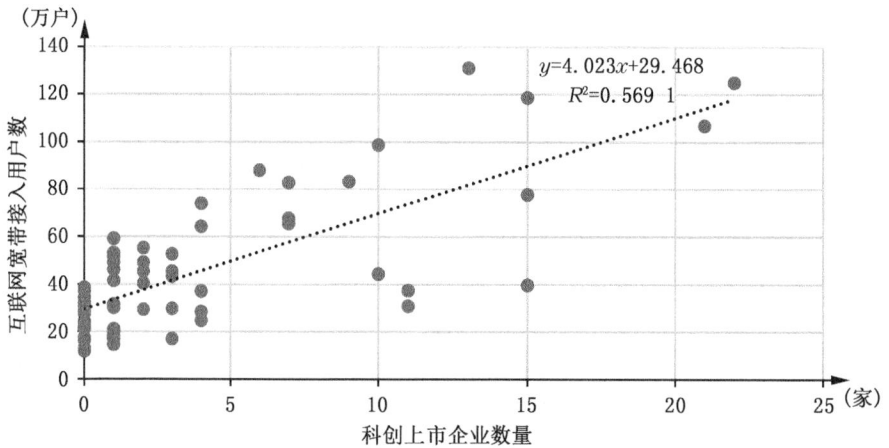

图3-37 互联网宽带接入用户数与科创上市企业数量

互联网宽带接入用户数与论文发表数关系见图3-38。

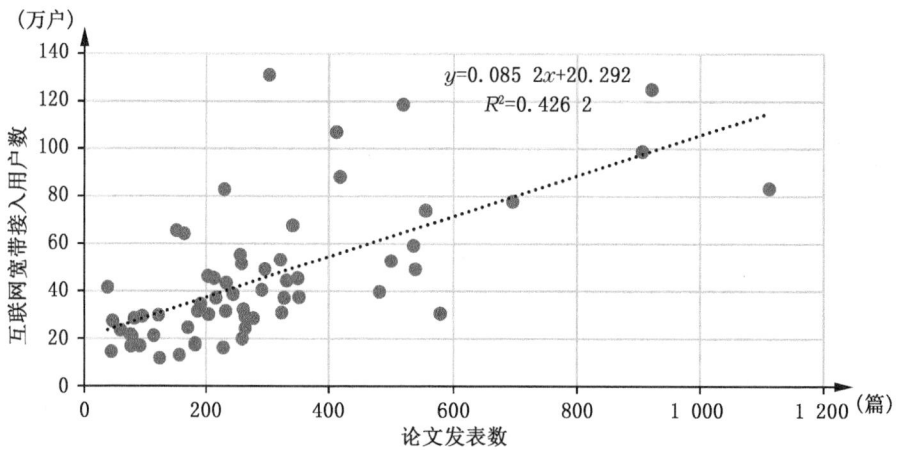

图3-38 互联网宽带接入用户数与论文发表数

互联网宽带接入用户数与创新成果指数关系见图3－39。

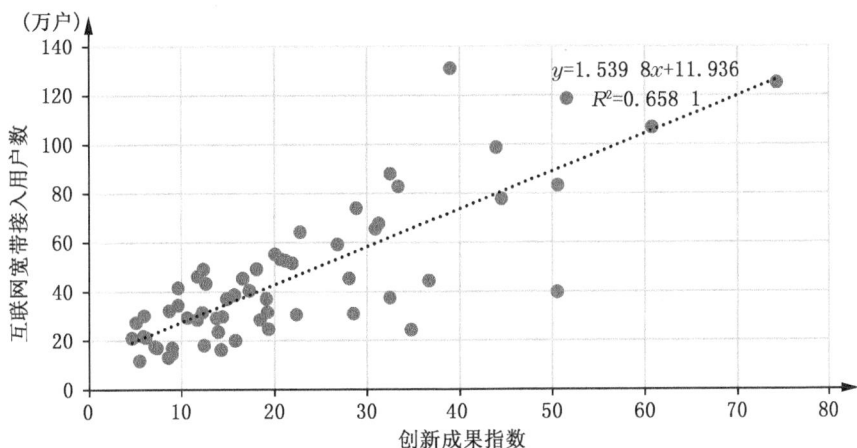

图3－39　互联网宽带接入用户数与创新成果指数

互联网宽带接入用户数与创新活力指数关系见图3－40。

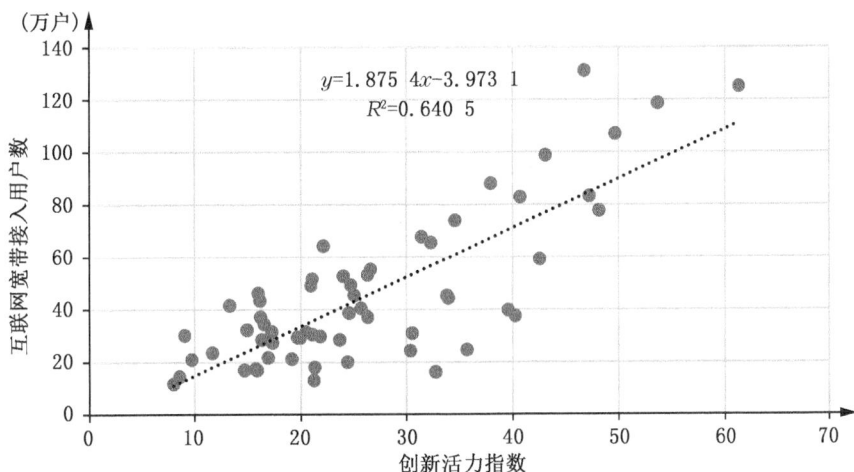

图3－40　互联网宽带接入用户数与创新活力指数

　　综上所述,互联网宽带接入用户数越多的城市,公共医疗卫生环境和服务相对较好,城市科研能力越强,创新资源越好,创新成果越丰富;同时,互联网宽带已成为企业创新和创业必需的基础保障,它直接影响着企业的发展,以及一座城市企业的数量、质量和体量。这说明在网络时代,互联网宽带用户数是表征该城市创新活力极为直接的重要指标。

(四)卫生机构床位数

卫生机构床位数这项指标的平均值是 4 715.05 张,最大值是常熟市 10 557 张,最小值是龙泉市 940 张(见图 3—41)。

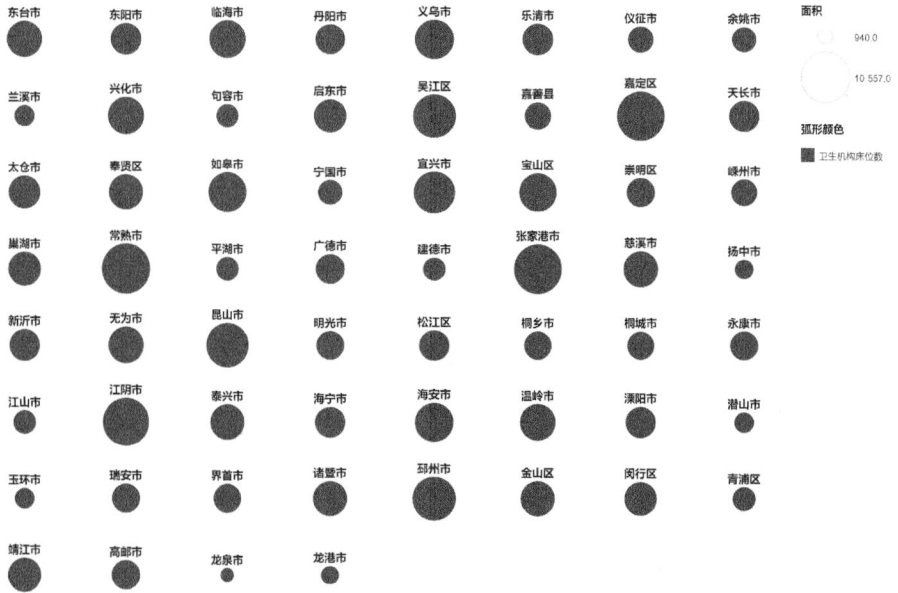

图 3—41　60 个中小城市卫生机构床位数饼图

表 3—8 显示了卫生机构床位数前 30 名的城市,图 3—42 显示了卫生机构床位数前 15 名的城市。卫生机构床位数前 15 名的城市分别是常熟市、张家港市、嘉定区、江阴市、昆山市、邳州市、吴江区、宜兴市、如皋市、义乌市、海安市、宝山区、临海市、兴化市、温岭市。

表 3—8 　　　　　　　　　　卫生机构床位数前 30 名

省 (直辖市)	地级市	县级市 (区)	卫生机构床位数 (张)	排名
江苏	苏州	常熟市	10 557	1
江苏	苏州	张家港市	10 278	2
上海		嘉定区	10 274	3
江苏	无锡	江阴市	9 683	4

续表

省（直辖市）	地级市	县级市（区）	卫生机构床位数（张）	排名
江苏	苏州	昆山市	8 336	5
江苏	徐州	邳州市	8 070	6
江苏	苏州	吴江区	7 949	7
江苏	无锡	宜兴市	7 388	8
江苏	南通	如皋市	6 790	9
浙江	金华	义乌市	6 689	10
江苏	南通	海安市	6 425	11
上海		宝山区	6 365	12
浙江	台州	临海市	6 212	13
江苏	泰州	兴化市	5 988	14
浙江	台州	温岭市	5 799	15
江苏	盐城	东台市	5 747	16
安徽	芜湖	无为市	5 689	17
浙江	宁波	慈溪市	5 550	18
江苏	泰州	泰兴市	5 469	19
上海		奉贤区	5 343	20
上海		金山区	5 320	21
浙江	绍兴	诸暨市	5 188	22
江苏	泰州	靖江市	5 154	23
安徽	合肥	巢湖市	4 977	24
上海		闵行区	4 874	25
江苏	南通	启东市	4 737	26
江苏	苏州	太仓市	4 721	27
浙江	温州	乐清市	4 405	28
浙江	金华	东阳市	4 394	29
江苏	徐州	新沂市	4 367	30

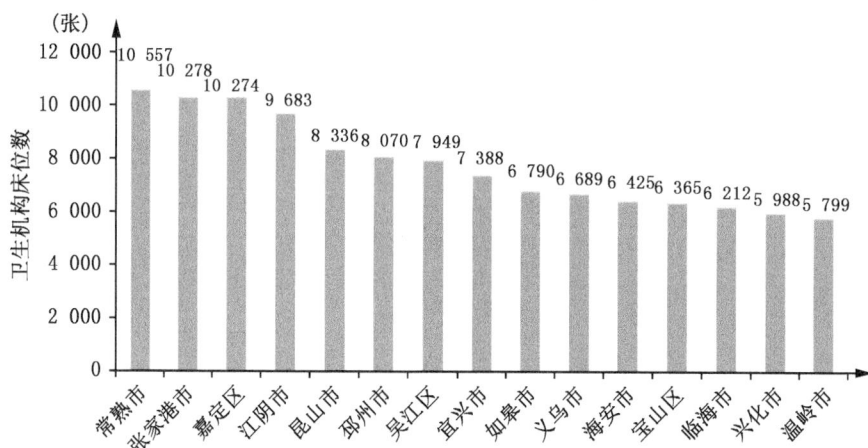

图3-42 卫生机构床位数前15名

从卫生机构床位数分省平均值(见图3-43)来看,最高的是江苏省,平均卫生机构床位数为5 947.18 张。第 2 名是上海市,平均卫生机构床位数为5 298.88 张。第 3 名是安徽省,平均卫生机构床位数为3 758.67 张。排名最后的是浙江省,平均卫生机构床位数为3 611.71 张。可见,长三角三省一市在卫生机构床位数方面,江苏省略高于上海市,安徽省以微弱优势高于浙江省。

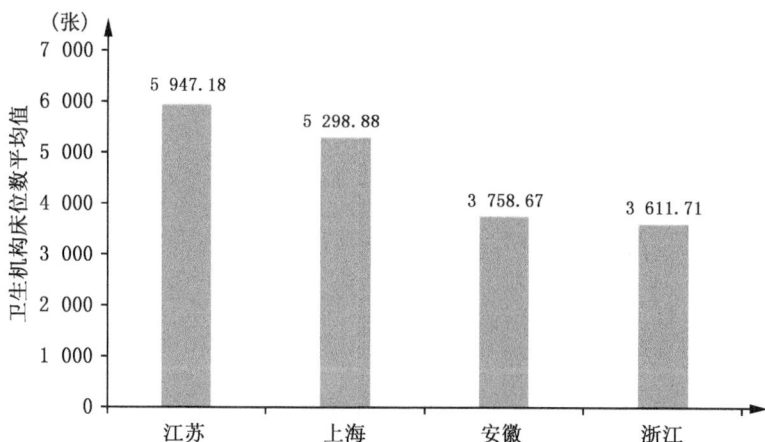

图3-43 卫生机构床位数分省平均值

卫生机构床位数与省级以上高新产业园区数量关系见图 3－44。

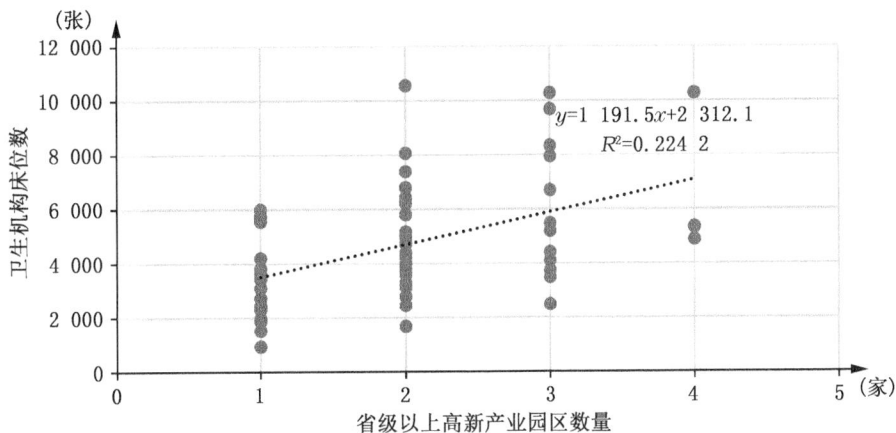

图 3－44　卫生机构床位数与省级以上高新产业园区数量

卫生机构床位数与科创上市企业数量关系见图 3－45。

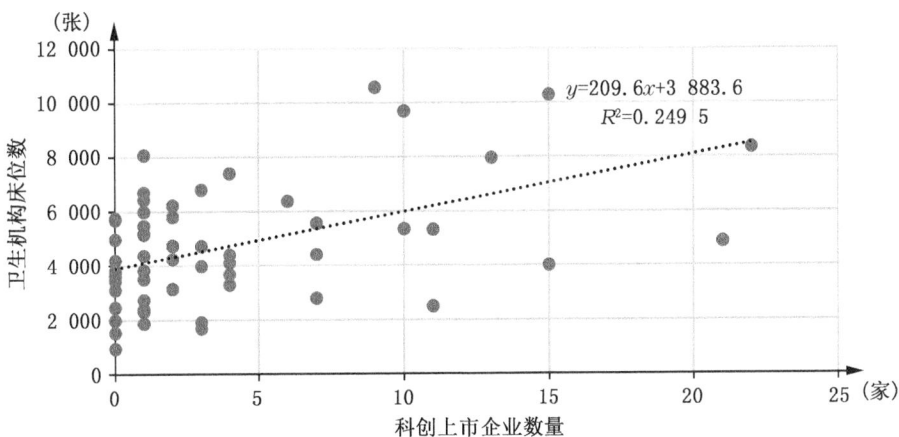

图 3－45　卫生机构床位数与科创上市企业数量

卫生机构床位数与论文发表数关系见图3-46。

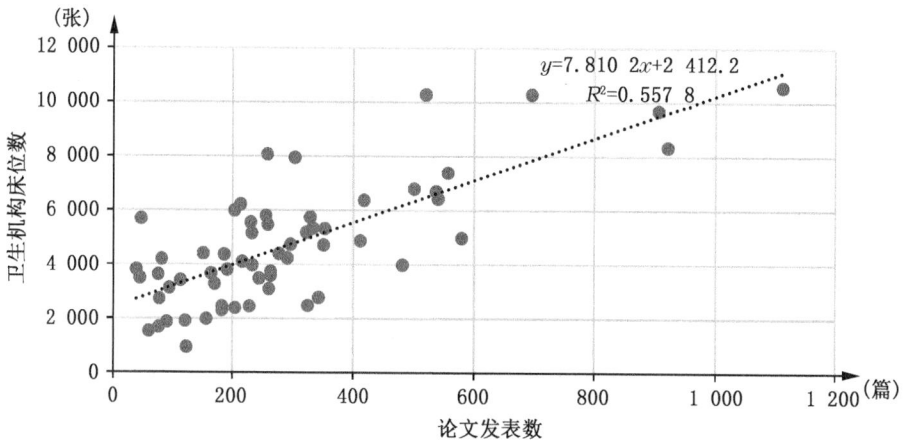

图3-46 卫生机构床位数与论文发表数

卫生机构床位数与创新成果指数关系见图3-47。

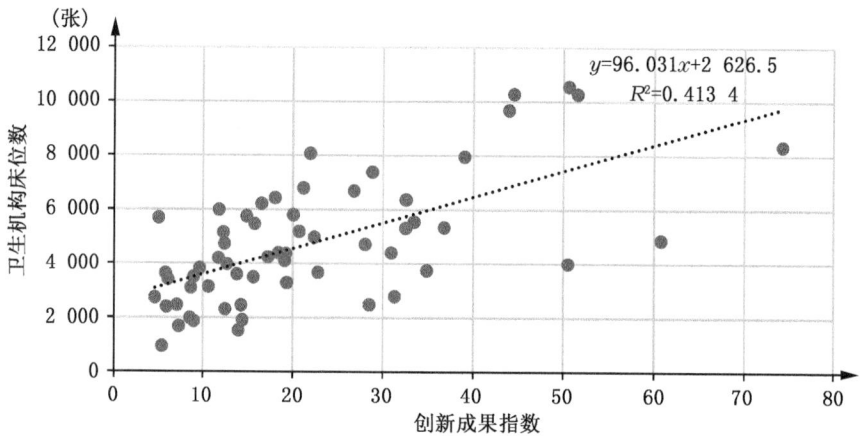

图3-47 卫生机构床位数与创新成果指数

卫生机构床位数与创新活力指数关系见图3—48。

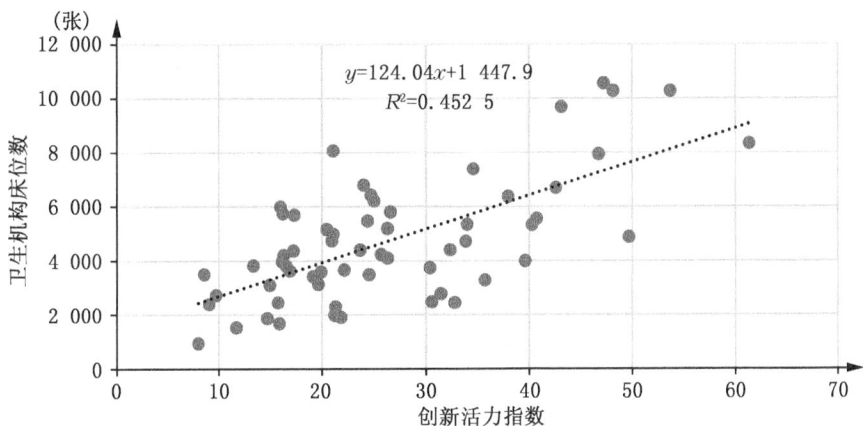

图3—48　卫生机构床位数与创新活力指数

综上所述,卫生机构床位数越多的城市,其论文发表数越多,科研能力越强,创新成果越丰富;城市的创新成果越多,越会反哺和提升该城市的公共医疗卫生资源与服务。同时,一座城市的卫生医疗资源为企业的发展和壮大提供了重要的生活保障,同样,城市企业的数量和体量越大,对该城市的卫生医疗资源的需求量也越大,该城市则越具有创新活力。

六、长三角中小城市创新环境指数分报告结论与建议

(一)结论

长三角三省一市在创新环境方面的差距还是较大的,上海市具有明显优势,江苏省、浙江省和安徽省均以降幅11%左右逐步递减;在创新政策发布量方面,上海市较具优势,浙江省、江苏省和安徽省差距不明显;在星巴克咖啡馆数方面,上海市极具优势,江苏省和浙江省差距不大,安徽省明显落后于其他地区;在互联网宽带接入用户数方面,上海市略优于江苏省,江苏省、浙江省与安徽省以较为平稳的趋势递减;在卫生机构床位数方面,江苏省略高于上海市,安徽省以微弱优势高于浙江省。

创新环境越好的城市,人均教育支出越多,说明政府对教育的关注度越高、投入度越大;论文发表数量越多,该城市的科研能力越强,说明创新环境越能为一座城市的科研发展创造基础条件和前提。同时,创新环境越好的城市,其省级以上高新产业园区数量越多,科技型企业数量越多,科创上市企业数量越多。由

此可见,创新环境对整个城市的企业发展极其重要,创新环境越好,企业的数量越多、体量越大,从而其创新资源越好、创新成果越丰富,该城市越具有创新活力。

创新政策发布量越多,科学技术支出占GDP比重越高,该城市的创新资源越好、创新活力越强。可见,政府的关注与重视,以及颁布的相关政策导向,对其城市创新活力的激发有着直接的促进作用。

星巴克咖啡馆数量与互联网宽带接入用户量、卫生机构床位数、论文发表数、全员劳动生产率、省级以上高新产业园区数量、科技型企业数量、科创上市企业数量都有很强的相关性。这说明在当今社会,星巴克咖啡已经成为城市人才的一种生活选择,同时,星巴克咖啡馆在发展、壮大和各个城市布局中,已经充分体现出该城市多方面的发展状况以及创新水平。星巴克咖啡馆数量越多的城市,代表该城市互联网用户越多,卫生医疗机构资源也越丰富,科研能力越强,企业在数量和体量方面发展得越好,该城市的创新资源越好、创新成果越多、创新活力越强。

互联网宽带接入用户数越多的城市,公共医疗卫生环境和服务相对较好,城市科研能力越强,创新资源越好,创新成果越丰富;同时,互联网宽带已成为企业创新和创业必需的基础保障,它直接影响着企业的发展,以及一座城市企业的数量、质量和体量。这说明在网络时代,互联网宽带用户数是表征该城市创新活力极为直接的重要指标。

卫生机构床位数越多的城市,其论文发表数越多,科研能力越强,创新成果越丰富;城市的创新成果越多,越会反哺和提升该城市的公共医疗卫生资源与服务。同时,一座城市的卫生医疗资源为企业的发展和壮大提供了重要的生活保障,同样,城市企业的数量和体量越大,对该城市的卫生医疗资源的需求量也越大,该城市则越具有创新活力。

(二)建议

(1)上海市在卫生机构床位数方面较其他四项指标没有处于领先优势,次于江苏省。虽然上海市的医疗水平在全国数一数二,但是上海市的公共卫生医疗资源较为紧张,因为它不仅服务于上海市民,同时还服务于其他省市人民。所以,上海市应该加大公共卫生医疗服务资源的投入,进行人力、物力和财力的支持,才能解决医疗资源紧张的难题。同时,在此方面处于最后一位的浙江省,也应该加强公共卫生医疗方面的建设。

(2)人均教育支出越多,创新环境越好。可见,教育是创新的前提和出发点,政府应该不遗余力地不断提高对教育事业的重视度和投入力度,做好教育事业,才能为创新的发展奠定坚实的基础、创造良好的环境。

（3）创新环境对一座城市的创新资源、创新成果、创新活力、科研能力，以及城市企业的数量与体量都发挥着极其重要的作用。此一逻辑，倒推也是完全成立的，创新资源越好、创新成果越多、创新活力越强、科研能力越强、企业数量和体量越大的城市，其创新环境也一定越好。因此，各个城市想要提升创新活力，其前提是打造良好的创新环境和氛围，环境是创新发展的根基，根基稳固壮大，才能达到高效的良性发展。

（4）政府的关注与投入与否直接关系到该城市科学技术支出的多寡、创新资源的好坏、创新活力的强弱。因此，政府在不断激发城市创新活力的道路上，应提高对创新的重视度，加大资金投入，颁布有利于创新发展的优惠政策，以及引导社会资源流向创新领域，从而自上而下带动城市整体的创新发展。

（5）网络时代，互联网宽带接入用户数对城市资源、城市企业发展、科研能力有着最为直接的影响。因此，应该加强网络的基础设施建设，提升网络技术发展水平，这样才能为城市创新活力的提升提供坚实保障。

（6）公共医疗卫生资源与服务是城市人生存的基本生命保障，也是人们选择一座城市生活的重要考量，同时，它与城市企业的发展、城市科研能力的提升、创新成果的丰硕、创新活力的提升有着密不可分的关系。因此，各个城市应当保障公共医疗卫生资源的充足，不断提升医疗卫生服务水平，更好地为整座城市的创新发展、健康发展服务。

（作者：兰晓敏）

第四章
长三角中小城市创新资源指数报告

一、长三角中小城市创新资源指数指标体系

创新资源是指创新活动所必要的各种物质和非物质资源的总和,这些资源可以被用于支持创新过程,促进新产品、服务或生产流程的发展。城市创新资源囊括了人才、资金、技术等各种要素的总和。其中,人才是指具有特定技能或知识的个人,可以为城市创新提供重要的智力支持;资金是指用来支持整个城市创新活动的货币或者财务资源;技术则是指利用科学原理和方法为城市发展创造出新的产品、服务或生产流程的方法。

了解和有效利用创新资源对于实现城市创新目标,发挥城市创新活力具有至关重要的作用。城市的经济技术开发区或者高新技术开发区作为创新资源里重要的一环,拥有较为完善的基础设施,包括交通、通信、能源等方面,以支持创新企业的生产和研发活动。而且,政府还对其提供各类优惠政策,例如,税政管理政策、土地政策、财税金融政策和产业发展政策,以吸引国内外各类创新企业入驻和人才聚集。此外,这些区域通常还具备较为优越的科创环境,包括高水平研究机构、大学等,从而支持科技人才培养和技术开发。

基于长三角中小城市特征以及创新数据可获取性,本报告主要采用省级及以上开发区数量、科学技术支出占 GDP 比重、人均教育支出、专任教师师生比这四个指标来表征长三角中小城市创新资源(见图 4—1)。

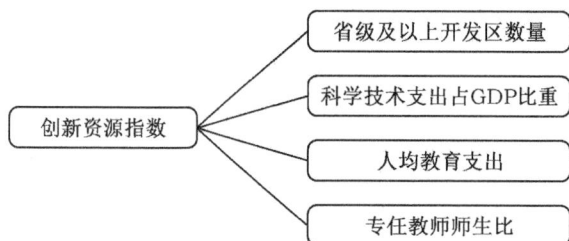

创新资源指数
- 省级及以上开发区数量
- 科学技术支出占GDP比重
- 人均教育支出
- 专任教师师生比

图 4—1 创新资源指标体系框架

二、长三角中小城市创新资源指数指标说明

(一)省级及以上开发区数量

指标说明:开发区数量主要以经济技术开发区数量和高新技术开发区数量来表征,这是因为城市经济技术开发区和高新技术开发区是促进城市创新的重要载体,而省级及以上此类开发区又是高质量高水平创新的最佳代表,这类开发区具备以下几个方面的创新要素。第一,注重知识的产生和流动。由于该区域具有较好的科创环境,企业可以更容易地与研究机构、大学开展合作,进行技术创新和知识交流。同时,这些区域也能吸引众多创新人才相互交流和合作,促进知识的生产和流动。第二,注重技术的转化和应用。由于政策支持和基础设施完善,企业可以更为便利地将技术创新转化为实际应用产品和服务,并且这些区域也为企业提供了一个更为开放的市场环境,使得创新产品和服务能够更好地被市场所接受。第三,注重产业的协同发展。开发区内的企业之间有更为密切的联系与合作,因此可以形成产业集群效应,促进产业协同发展。此外,这些区域也注重同其他城市的相关产业协同发展,从而形成了跨城市间的产业联盟,为城市的经济发展注入了新的动力与活力。鉴于此,我们采用经济技术开发区和高新技术开发区两个指标进行统计,并在此基础上再次将两个指标细分为省级层次和国家级层次进行统计。

计算方法:统计累加。

指标单位:家。

指标性质:正向。

数据周期:2021 年。

数据来源:《中国开发区审核公告目录》(2018 年版),中华人民共和国商务部国家级经济技术开发区名单,中华人民共和国科学技术部 商务部国家高新技术产业开发区名单,科学技术部火炬高技术产业开发中心省级高新区名单,安徽省科学技术厅高新技术产业开发区名单,江苏省商务厅开发区名录,浙江省商务厅网站。

(二)科学技术支出占 GDP 比重

指标说明:科学技术支出是政府对科学技术的投入,是城市坚持创新引领的基础,是促进产业链、供应链稳定的保障。科学技术支出能够有力保障基础研究、关键核心技术攻关的资金需求。因此采用科学技术支出指标来表征城市在科学技术方面的重视程度,同时考虑到各城市的经济发展水平不一,因此,进一

步采用科学技术支出占 GDP 比重来反映城市对科学技术、创新的重视程度。

计算方法:科学技术支出占 GDP 比重＝科学技术支出/地区生产总值(GDP)。

指标单位:％。

指标性质:正向。

数据周期:2021 年。

数据来源:各省市、地级市、县级市的 2022 年统计年鉴、2022 年各县级市(区)国民经济和社会公报。

(三)人均教育支出

指标说明:各城市政府一般公共预算支出中的教育支出与常住人口之比,反映政府对于教育的经费投入力度。教育能够为科技创新培养人才,提供人力资源,使劳动者掌握符合创新要求的技能和知识,因此,教育经费投入可以转化为科技创新的资源,是创新资源的一个重要来源。

指标单位:元/人。

指标性质:正向。

数据来源:各级政府统计年鉴。

数据周期:2021 年。

(四)专任教师师生比

指标说明:教师在学生创新能力培养中起到举足轻重的作用,专任教师师生比可以反映一座城市创新资源中的人力投入。

计算方法:专任教师师生比＝中学专任教师数/中学在校学生数。

指标单位:％。

指标性质:正向。

数据周期:2021 年。

数据来源:各省、地级市、县级市政府统计年鉴和统计公报。

三、长三角中小城市创新资源指数指标权重

本章采用省级及以上开发区数量、科学技术支出占 GDP 比重、人均教育支出、专任教师师生比来表征长三角中小城市创新资源指数,分别体现了人才、资金和技术这几大要素对于城市创新的促进作用。本章指数采用主观赋权的方法为四个指标赋权,结合专家咨询意见和研讨结果,各指标权重见表 4－1。

表4—1　　　　　　　　　　　创新资源分指标权重表

指　标	权重	指　标	权重
省级及以上开发区数	0.3	科学技术支出占GDP比重	0.4
人均教育支出	0.2	专任教师师生比	0.1

四、长三角中小城市创新资源指数排名分析

(一)长三角中小城市创新资源指数排名

基于省级及以上开发区数量、科学技术支出占GDP比重、人均教育支出、专任教师师生比四个表征指标的数据,经过数据前期严格处理之后,首先对创新资源指标体系下四个三级指标数据进行标准化处理,然后依据创新资源指标权重值,计算出长三角中小城市创新资源指数。具体排名如表4—2所示。

表4—2　　　　　　　　长三角中小城市创新资源指数得分与排名

省(直辖市)	地级市	县级市(区)	创新资源得分	排名
上海		崇明区	83.50	1
		金山区	65.85	2
		嘉定区	62.93	3
江苏	苏州	吴江区	62.76	4
		太仓市	59.82	5
上海		奉贤区	58.17	6
江苏	苏州	昆山市	57.40	7
上海		闵行区	52.07	8
浙江	宁波	慈溪市	51.78	9
江苏	苏州	张家港市	51.23	10
浙江	绍兴	嵊州市	48.28	11
上海		青浦区	47.28	12
安徽	安庆	桐城市	44.97	13
浙江	嘉兴	嘉善县	44.90	14
		平湖市	44.55	15
		海宁市	43.74	16
江苏	苏州	常熟市	42.44	17
浙江	嘉兴	桐乡市	41.87	18

续表

省(直辖市)	地级市	县级市(区)	创新资源得分	排名
江苏	镇江	扬中市	41.76	19
	南通	海安市	39.58	20
浙江	温州	乐清市	38.89	21
上海		宝山区	36.92	22
江苏	无锡	江阴市	36.86	23
	泰州	泰兴市	36.61	24
上海		松江区	36.43	25
浙江	金华	义乌市	35.84	26
	丽水	龙泉市	35.21	27
江苏	无锡	宜兴市	34.66	28
浙江	杭州	建德市	33.26	29
江苏	南通	如皋市	32.87	30
浙江	绍兴	诸暨市	32.71	31
江苏	常州	溧阳市	32.54	32
浙江	衢州	江山市	30.55	33
	宁波	余姚市	30.46	34
江苏	泰州	靖江市	29.41	35
浙江	台州	临海市	29.38	36
	金华	东阳市	29.36	37
安徽	宣城	宁国市	29.06	38
江苏	南通	启东市	28.42	39
浙江	温州	瑞安市	28.06	40
江苏	扬州	高邮市	27.78	41
浙江	金华	永康市	27.20	42
江苏	徐州	新沂市	27.11	43
		邳州市	26.57	44
	镇江	丹阳市	25.67	45
浙江	台州	玉环市	23.37	46
		温岭市	22.87	47
安徽	合肥	巢湖市	21.30	48
	安庆	潜山市	21.03	49
	滁州	天长市	20.77	50

续表

省(直辖市)	地级市	县级市(区)	创新资源得分	排名
浙江	温州	龙港市	18.17	51
江苏	盐城	东台市	17.73	52
	镇江	句容市	17.70	53
	扬州	仪征市	15.39	54
安徽	阜阳	界首市	14.48	55
江苏	泰州	兴化市	13.11	56
安徽	宣城	广德市	12.75	57
浙江	金华	兰溪市	12.74	58
安徽	滁州	明光市	12.40	59
	芜湖	无为市	12.21	60

(二)长三角中小城市创新资源指数分布态势

把长三角中小城市创新环境指数按优(≥60分)、良(60～40分)、一般(40～20分)、弱(<20分)四个等级划分,得到长三角中小城市创新环境指数的分布态势(见表4-3)。

表4-3　　　　　　　**长三角中小城市创新资源指数分布态势**

等级划分	指数均值	城市个数	城市分布
优	68.76	4	崇明区、金山区、嘉定区、吴江区
良	48.68	15	太仓市、奉贤区、昆山市、闵行区、慈溪市、张家港市、嵊州市、青浦区、桐城市、嘉善县、平湖市、海宁市、常熟市、桐乡市、扬中市
一般	30.35	31	海安市、乐清市、宝山区、江阴市、泰兴市、松江区、义乌市、龙泉市、宜兴市、建德市、如皋市、诸暨市、溧阳市、江山市、余姚市、靖江市、临海市、东阳市、宁国市、启东市、瑞安市、高邮市、永康市、新沂市、邳州市、丹阳市、玉环市、温岭市、巢湖市、潜山市、天长市
弱	14.67	10	龙港市、东台市、句容市、仪征市、界首市、兴化市、广德市、兰溪市、明光市、无为市

长三角60个中小城市创新资源指数在优、良、一般、弱四个等级上的城市个数呈现近似正态分布态势(见图4-2)。四个等级的创新环境指数的城市个数分别为4个、15个、31个、10个。四个等级的创新环境指数均值分别对应为68.76、48.68、30.35、14.67。60个中小城市创新环境指数主要分布在良、一般

的等级水平上,占总数的比重为77%。

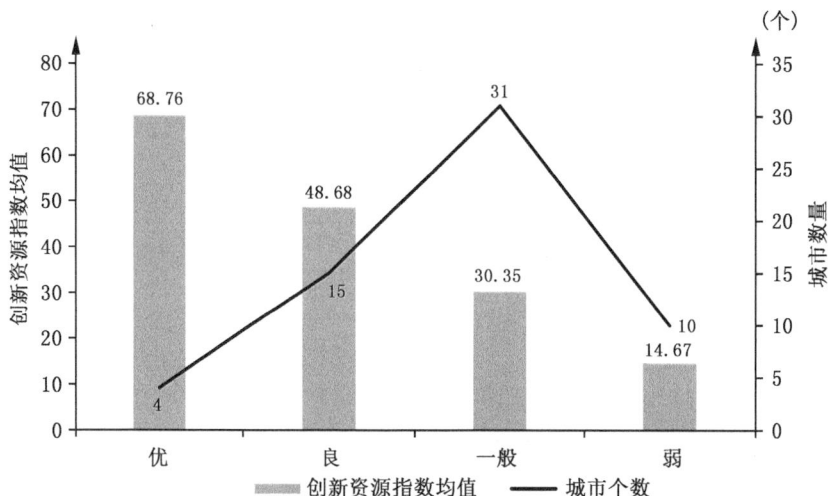

图4-2 长三角中小城市创新资源指数分布态势

(三)长三角中小城市创新资源指数对比分析

对三省一市中小城市的创新资源指数求均值,我们得出三省一市创新资源指数排名,即上海市(55.39)>江苏省(34.43)> 浙江省(33.48)>安徽省(21)。上海市、江苏省、浙江省显著高于安徽省,江苏省略高于浙江省,上海市最具领先优势。

上海市在创新资源指数上表现最佳。这主要是因为上海市非中心城区在省级以上高新产业园区数量上遥遥领先,均值为3个。这得益于上海地理区位优势、丰富的人才资源,以及在科技创新方面具有较强的实力,拥有多所高水平大学和科研机构,以及一批优秀的科技企业。

江苏省在创新资源指数方面高于浙江省0.95点,并且前10名城市中4个来自江苏省,仅有1个来自浙江省。这主要得益于江苏省拥有一批知名的高科技企业和创新型企业,如中天科技、远景科技、长电科技等,这些企业在技术创新和产品研发方面具有较强的实力。在专任教师师生比这一指标,江苏省也好于浙江省,表明在教育投入上具有优势地位。

安徽省在创新资源指数方面低于浙江省12.48个点,表明安徽省在创新资源上还有进步的空间,特别是在省级以上高新产业园区这一指标上表现相对较弱,未来发展高新技术产业,需要政府、企业和社会各方共同努力,加强基础设施建设和政策支持、提高科技水平、推动产业升级。

五、长三角中小城市创新资源各分指标排名分析

(一)省级及以上开发区数排名分析

1. 省级及以上开发区数总体排名分析

(1)省级及以上开发区数描述性统计

对60个长三角中小城市省级及以上开发区数进行统计分析,见表4—4。

表4—4　　　　　　省级及以上开发区数描述性统计

		省级经济技术开发区(工业园区)	省级高新技术产业开发区	国家级经济技术开发区	国家级高新技术产业开发区
个案数	有效	60	60	60	60
	缺失	0	0	0	0
平均值		1.12	0.55	0.30	0.05
中位数		1	1	0	0
众数		1	0ᵃ	0	0
标准偏差		0.691	0.565	0.497	0.220
最小值		0	0	0	0
最大值		3	2	2	1

注:a.存在多个众数。显示了最小的值。

根据表4—4的统计数据可以发现:第一,省级经济技术开发区(工业园区)的最大数量为3,最小为0,中位数和众数为1,平均值为1.12,这就说明省级经济技术开发区数量为1的中小城市相对较多,并且数量超过1的城市也有一定比例。第二,省级高新技术产业开发区的最大数量为2,最小为0,中位数为1,众数为0,平均值为0.55,这就说明省级高新技术产业开发区数量为0和1的中小城市占据绝大多数,数量为2的城市很少。第三,国家级经济技术开发区的最大数量为2,最小为0,中位数和众数都为0,平均值为0.3,这就说明国家级高新技术产业开发区数量为0的中小城市数量很多,数量为1及以上的中小城市很少。第四,国家级高新技术产业开发区的最大数量为1,最小为0,中位数和众数都为0,平均值为0.05,这就说明长三角中小城市国家级高新技术产业开发区数量基本均为0,数量为1的城市极少。

(2)省级及以上开发区数排名分析

对60个长三角中小城市省级及以上开发区数进行排名分析,见图4—3。

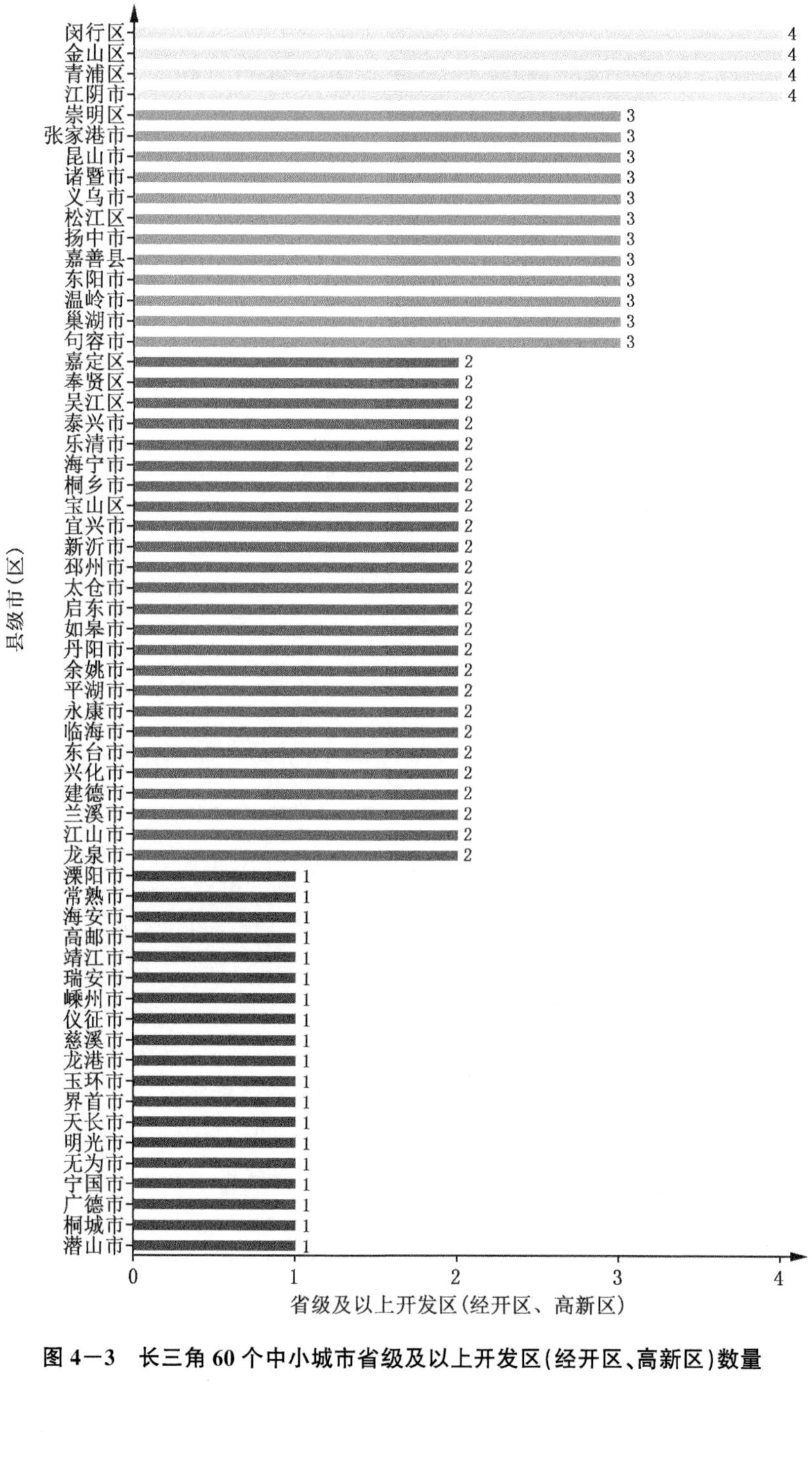

县级市（区）

城市	数量
闵行区	4
金山区	4
青浦区	4
江阴市	4
崇明区	3
张家港市	3
昆山市	3
诸暨市	3
义乌市	3
松江区	3
扬中市	3
嘉善县	3
东阳市	3
温岭市	3
巢湖市	3
句容市	3
嘉定区	2
奉贤区	2
吴江区	2
泰兴市	2
乐清市	2
海宁市	2
桐乡市	2
宝山区	2
宜兴市	2
新沂市	2
邳州市	2
太仓市	2
启东市	2
如皋市	2
丹阳市	2
余姚市	2
平湖市	2
永康市	2
临海市	2
东台市	2
兴化市	2
建德市	2
兰溪市	2
江山市	2
龙泉市	2
溧阳市	1
常熟市	1
海安市	1
高邮市	1
靖江市	1
瑞安市	1
嵊州市	1
仪征市	1
慈溪市	1
龙港市	1
玉环市	1
界首市	1
天长市	1
明光市	1
无为市	1
宁国市	1
广德市	1
桐城市	1
潜山市	1

省级及以上开发区(经开区、高新区)

图4—3 长三角60个中小城市省级及以上开发区(经开区、高新区)数量

　　从图4-3可见,有4个中小城市(区)的省级及以上开发区(经开区、高新区)数为4家,总体占比为6.7%(4/60)。其中,上海市非中心城区占据3席,占比为37.5%(3/8),分别为上海市闵行区、上海市金山区、上海市青浦区;江苏省中小城市占据1席,占比为4.5%(1/22),为江阴市。这说明上海市非中心区在长三角中小城市(区、县)里具有很强的创新能力和经济发展潜力。

　　省级及以上开发区(经开区、高新区)数为3家的长三角中小城市(区、县)有12个,总体占比为20%(12/60)。具体来看,上海市非中心城区占据2席,占比为25%(2/8),分别为上海市崇明区和松江区;江苏省中小城市(区)占据4席,占比为18.2%(4/22),分别为张家港市、昆山市、扬中市和句容市;浙江省中小城市(区、县)占据5席,占比为23.8%(5/21),分别为诸暨市、义乌市、嘉善县、东阳市、温岭市;安徽省中小城市占据1席,占比为11.1%(1/9),为巢湖市。这说明江苏省和浙江省拥有较多的创新资源,吸引较多的创新资源汇聚到这些中小城市,促进创新活动的开展。

　　省级及以上开发区(经开区、高新区)数为2家的长三角中小城市(区)有25个,总体占比为41.7%(25/60)。其中,上海市非中心城区占据3席,占比为37.5%(3/8),分别为上海市嘉定区、上海市奉贤区、上海市宝山区;江苏省中小城市(区)占据11席,占比为50%(11/22),分别为苏州市吴江区、泰兴市、宜兴市、新沂市、邳州市、太仓市、启东市、如皋市、丹阳市、东台市、兴化市;浙江省中小城市同样也占据11席,占比为52.4%(11/21),分别为乐清市、海宁市、桐乡市、余姚市、平湖市、永康市、临海市、建德市、兰溪市、江山市、龙泉市。

　　省级及以上开发区(经开区、高新区)数为1家的长三角中小城市(区)有19个,总体占比为31.7%(19/60)。具体来看,江苏省中小城市占据6席,占比为27.3%(6/22),分别为溧阳市、常熟市、海安市、高邮市、靖江市、仪征市;浙江省中小城市占据5席,占比为23.8%(5/21),分别为瑞安市、嵊州市、慈溪市、龙港市、玉环市;安徽省中小城市占据8席,占比为88.9%(8/9),分别为界首市、天长市、明光市、无为市、宁国市、广德市、桐城市、潜山市。这说明安徽省中小城市的地区性创新活动非常活跃,虽然相比长三角其他省(市)中小城市还有一定差距,但是随着长三角一体化的深入推进,三省一市的创新协调效应日益增强,安徽省中小城市将在以创新发展推动长三角更高质量一体化发展中展现出更大作为。

　　(3)四类性质开发区指标对比分析

　　将省级及以上开发区按照行政等级分为省级和国家级,按照创新要素层次分为经济技术开发区和高新技术开发区,并结合以上两类划分,将样本分为四大层次,分别为省级经济技术开发区(产业园区)、省级高新技术开发区、国家级经济技术开发区、国家级高新技术开发区。综合四类数据进行对比分析,见图4—4。

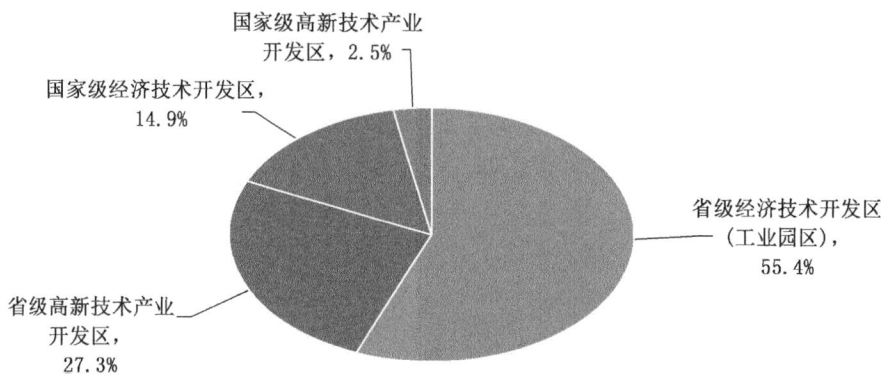

图 4—4 长三角 60 个中小城市(区)经开区(工业园区)、高新区数量占比

统计显示,省级经济技术开发区(工业园区)数量拥有绝对优势,占比高达55.4%。与数量占比为 14.9% 的国家级经济技术开发区相比,这充分说明长三角绝大多数中小城市(区、县)的经济技术开发区行政层级主要停留在省级,也就间接说明绝大多数中小城市经济技术开发区的创新能力还有较大提升空间。

高新技术产业主要包括信息技术、生物技术、新材料技术三大领域,具有知识和技术密集型的特点,是衡量一个国家或地区科技实力的重要标志。分析结果显示,省级高新技术产业开发区的数量占比为 27.3%,仅次于省级经济技术开发区(工业园区),与数量占比为 2.5% 的国家级高新技术产业开发区相比,这表明长三角中小城市拥有一定程度的高水平科技创新能力,但是离实现国家高水平科技自立自强,以及国家创新驱动发展战略的目标还有不少的路要走。

进一步聚焦于长三角各省级行政区域,将各区域四类性质开发区数量再次进行对比分析,见图 4—5。

从图 4—5 可以看出,浙江省在省级经济技术开发区(工业园区)数量上排名第一,拥有 26 家,占三省一市省级经济技术开发区(工业园区)数量的 38.9%(26/67)。紧随其后的分别是江苏省 20 家,占比为 29.9%(20/67);上海市 14家,占比为 20.9%(14/67);安徽省 7 家,占比为 10.4%(7/67)。这说明,浙江省、江苏省和上海市中小城市(区、县)已经具有一定的创新基础和条件,并且创新主要集中在企业技术创新和产业技术创新,但是在科技创新上还有进一步的

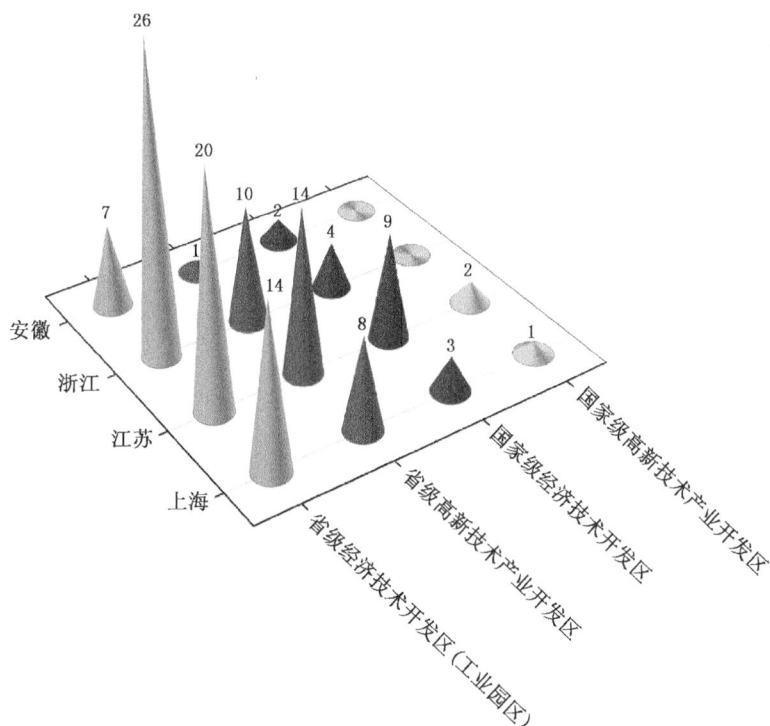

图 4—5　长三角中小城市(区、县)经开区(工业园区)、高新区数量对比三维图

提升空间。相比之下,安徽省在中等层次的创新上还有较大的发展潜力。

在省级高新技术产业开发区数量上,江苏省总体占比为 42.4%(14/33),位列第一,总共有 14 家。紧随其后的分别是浙江省 10 家,总体占比为 30.3%(10/33);上海市 8 家,总体占比为 24.2%(8/33);安徽省 1 家,总体占比为 3%(1/33)。这说明,江苏省、浙江省和上海市中小城市(区、县)在较高级别的创新上已经具备较为深厚的基础条件,接下来的目标是对标国家级高新技术产业开发区,配合国家创新驱动发展战略,加快推进经济高质量转型发展。安徽省在较高级别创新领域也取得了很大的突破,后续就是加快融入长三角科技创新共同体,实现高水平创新的深化发展。

在国家级经济技术开发区数量上,江苏省继续以总体占比 50%(9/18)领先长三角其他省市,拥有 9 家。接下来是浙江省 4 家,总体占比为 22.2%(4/18);上海市 3 家,总体占比为 16.7%(3/18);安徽省 2 家,总体占比为 11.1%(2/18)。这说明江苏省在传统产业高层次技术创新方面具备很强优势,在引进和培育传统产业的技术创新上占据优势地位。相比之下,浙江省、上海市和安徽省在传统产业高层次技术创新上差距不大,这也充分证实了长三角区域在创新一体化上取得的进步,下一步将是进一步缩小差距,实现长三角高质量协调创新。

在国家级高新技术产业开发区数量上,江苏省中小城市(区)共有 2 家,总体占比为 66.7%(2/3);上海市非中心城区共有 1 家,总体占比为 33.3%(1/3)。国家级高新技术产业开发区聚焦于高新技术领域,具有技术创新水平高、创新创业环境优越等特点,代表了最高层次的创新水平。上海以其区位优势、人才优势和政策优势,吸引了大量国内外优秀的高新技术企业入驻。同时,还注重打造创新创业生态系统,为科技创新提供了良好的生态环境。江苏省作为全国重要的制造业基地和外贸大省,依托其地理优势和人力资源优势,同样吸引了大量高新技术企业进入。相比之下,浙江和安徽还需夯基立柱,赶超进位,融圈入核,推动高新技术产业发展,提升高层次创新水平。

(4)四类性质开发区指标相关性分析与检验

对长三角中小城市(区、县)四类性质开发区相关性分析,见图 4—6。

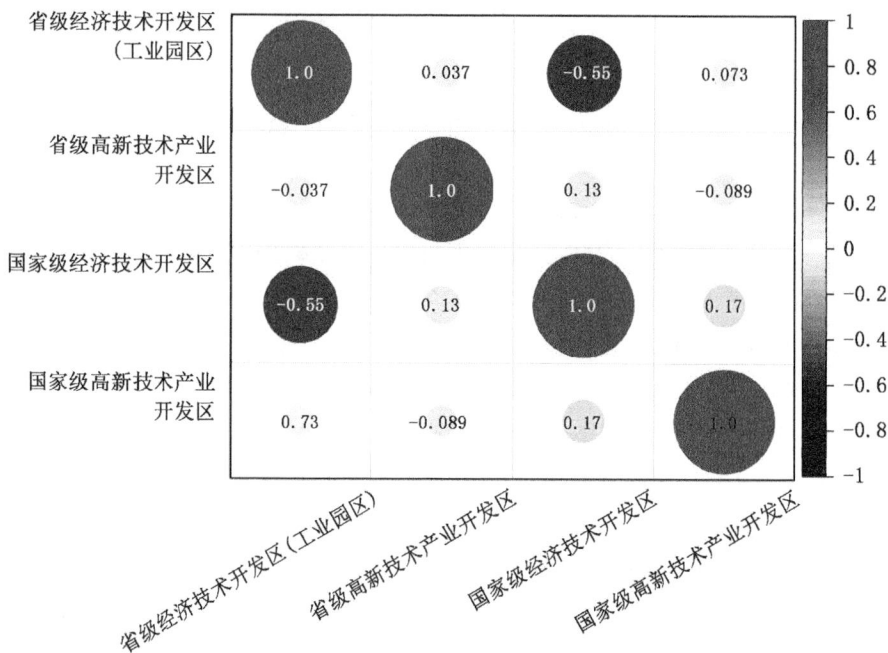

图 4—6 四类性质开发区指标相关系数热点图

同时,针对这四类性质开发区指标进行相关性检验分析,见表4—5。

表4—5　　　　　　　　　四类性质开发区指标相关性分析检验

		省级经济技术开发区(工业园区)	省级高新技术产业开发区	国家级经济技术开发区	国家级高新技术产业开发区
省级经济技术开发区(工业园区)	皮尔逊相关性	1	−0.037	−0.547**	0.073
	显著性(双尾)		0.780	0.000	0.582
	个案数	60	60	60	60
省级高新技术产业开发区	皮尔逊相关性	−0.037	1	0.127	−0.089
	显著性(双尾)	0.780		0.335	0.500
	个案数	60	60	60	60
国家级经济技术开发区	皮尔逊相关性	−0.547**	0.127	1	0.171
	显著性(双尾)	0.000	0.335		0.193
	个案数	60	60	60	60
国家级高新技术产业开发区	皮尔逊相关性	0.073	−0.089	0.171	1
	显著性(双尾)	0.582	0.500	0.193	
	个案数	60	60	60	60

注:**在0.01级别(双尾),相关性显著。

通过图4—6和表4—5可以看出,国家级经济技术开发区和省级经济技术开发区显著性强相关。一方面,两者都致力于发展先进制造业、现代服务业等高附加值产业。同时,两者在基础设施建设、人才培养、科技创新等方面展开合作,共享资源和优势,以实现产业升级和转型。另一方面,两者在政策支持上相互协调和配合。国家级经济技术开发区通常享有更多的政策优惠和支持,而省级经济技术开发区则可以根据本地区的实际情况制定相应的优惠政策,以促进地方经济发展。两者可以在资金、技术、人才等方面交流与合作,实现政策协同效应。

2. 省级经济技术开发区(工业园区)数排名分析

对60个长三角中小城市省级经济技术开发区(工业园区)数据进行统计分析,见图4—7。

由图4—7可见,省级经济技术开发区(工业园区)数为3家的长三角中小城市(区)有1个,总体占比为1.7%(1/60)。上海市嘉定区占据这一席位置,占比为12.5%(1/8)。省级经济技术开发区是地区经济发展和创新活动的重要载体,这说明上海市非中心城区在长三角中小城市里具备很强的经济发展潜力和创新能力。

省级经济技术开发区(工业园区)数为2家的长三角中小城市(区)有15个,总体占比为25%(15/60)。具体来看,上海市非中心城区占据4席,占比为50%

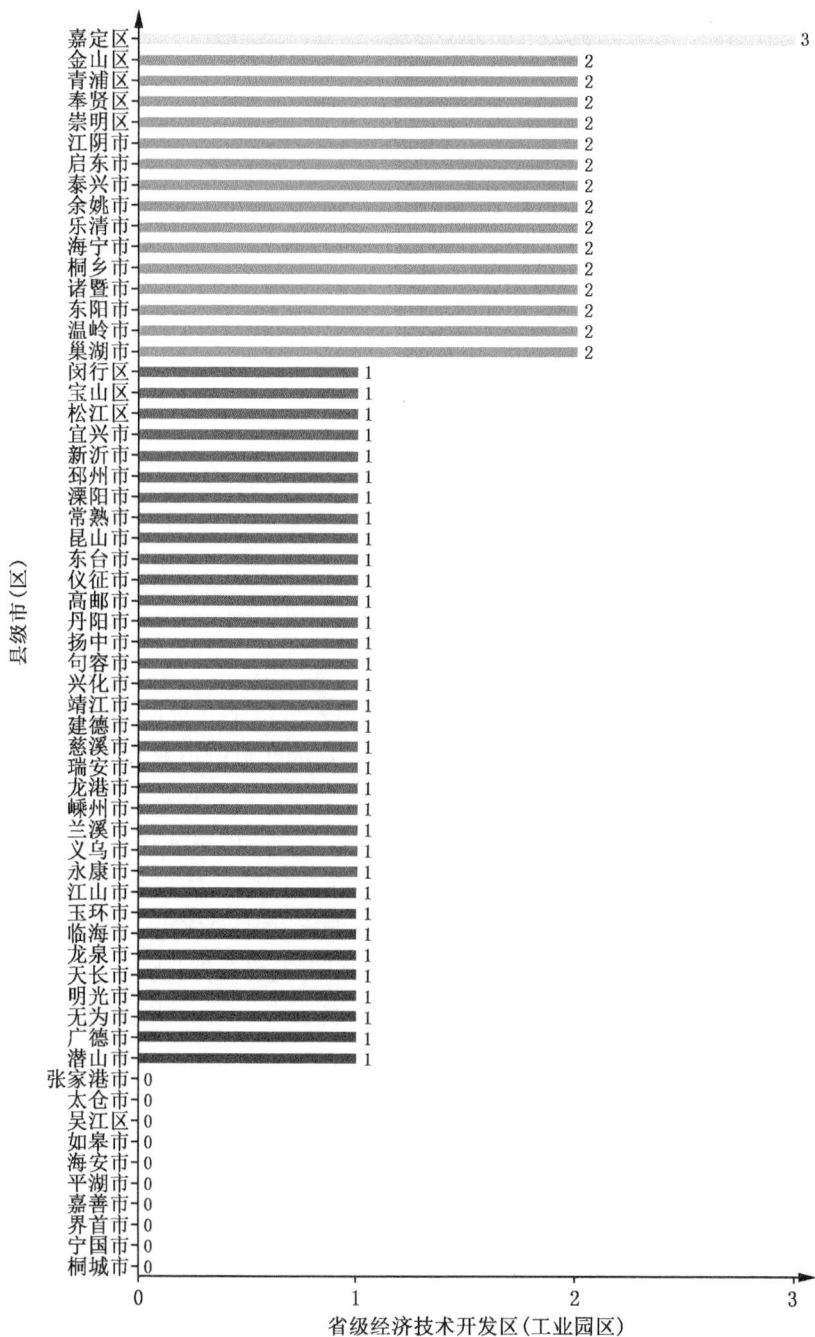

图4-7 长三角60个中小城市(区)省级经济开发区(工业园区)数量

（4/8），分别为金山区、青浦区、奉贤区和崇明区；江苏省中小城市（区）占据 3 席，占比为 13.6%（3/22），分别为江阴市、启东市、泰兴市；浙江省中小城市占据 7 席，占比为 33.3%（7/21），分别为余姚市、乐清市、海宁市、桐乡市、诸暨市、东阳市、温岭市；安徽省中小城市占据 1 席，占比为 11.1%（1/9），为巢湖市。在这一数量层级，浙江省中小城市要明显强于江苏省和安徽省，显示了浙江省中小城市在创新活动上的较强活跃度，体现了传统产业的创新优势。

省级经济技术开发区（工业园区）数为 1 家的长三角中小城市（区）有 34 个，总体占比为 56.7%（34/60）。其中，上海市非中心城区占据 3 席，占比为 37.5%（3/8），分别为闵行区、宝山区和松江区；江苏省中小城市占据 14 席，占比为 63.6%（14/22），分别为宜兴市、新沂市、邳州市、溧阳市、常熟市、昆山市、东台市、仪征市、高邮市、丹阳市、扬中市、句容市、兴化市和靖江市；浙江省中小城市占据 12 席，占比为 57.1%（12/21），分别为建德市、慈溪市、瑞安市、龙港市、嵊州市、兰溪市、义乌市、永康市、江山市、玉环市、临海市、龙泉市。安徽省中小城市占据 5 席，占比为 55.6%（5/9），分别为天长市、明光市、无为市、广德市、潜山市。在这一数量层级，江苏省和浙江省均表现出了较好的经济增长潜力和创新能力。值得一提的是，安徽省在这一数量层级也有很明显的进步，体现出安徽省中小城市创新活力日益凸显。

省级经济开发区（工业园区）数为 0 的长三角中小城市（区、县）有 10 个，总体占比为 16.7%（10/60）。具体来看，江苏省中小城市（区）占据 5 席，占比为 22.7%（5/22），分别为张家港市、太仓市、苏州市吴江区、如皋市、海安市；浙江省中小城市（县）占据 2 席，占比为 9.5%（2/21），分别为平湖市、嘉善县；安徽省中小城市占据 3 席，占比为 33.3%（3/9），分别为界首市、宁国市和桐城市。这说明了长三角中小城市在地区经济增长和创新活力上还存在不平衡和不充分的问题。

3. 省级高新技术产业开发区数量排名分析

对 60 个长三角中小城市省级高新技术产业开发区数据进行统计分析，见图 4—8。

由图 4—8 可见，省级高新技术产业开发区数为 2 家的长三角中小城市（区、县）有 2 个，总体占比为 3.3%（2/60）。其中，上海市非中心城区占据 1 席，占比为 12.5%（1/8），为上海市嘉定区；江苏省中小城市（区）也占据 1 席，占比为 4.5%（1/22），为苏州市吴江区。这说明上海市非中心城区和江苏省中小城市在创新生态系统构建、创新资源利用和创新绩效方面都具有较强的优势和竞争力。

省级高新技术产业开发区数为 1 家的长三角中小城市（区、县）有 29 个，总

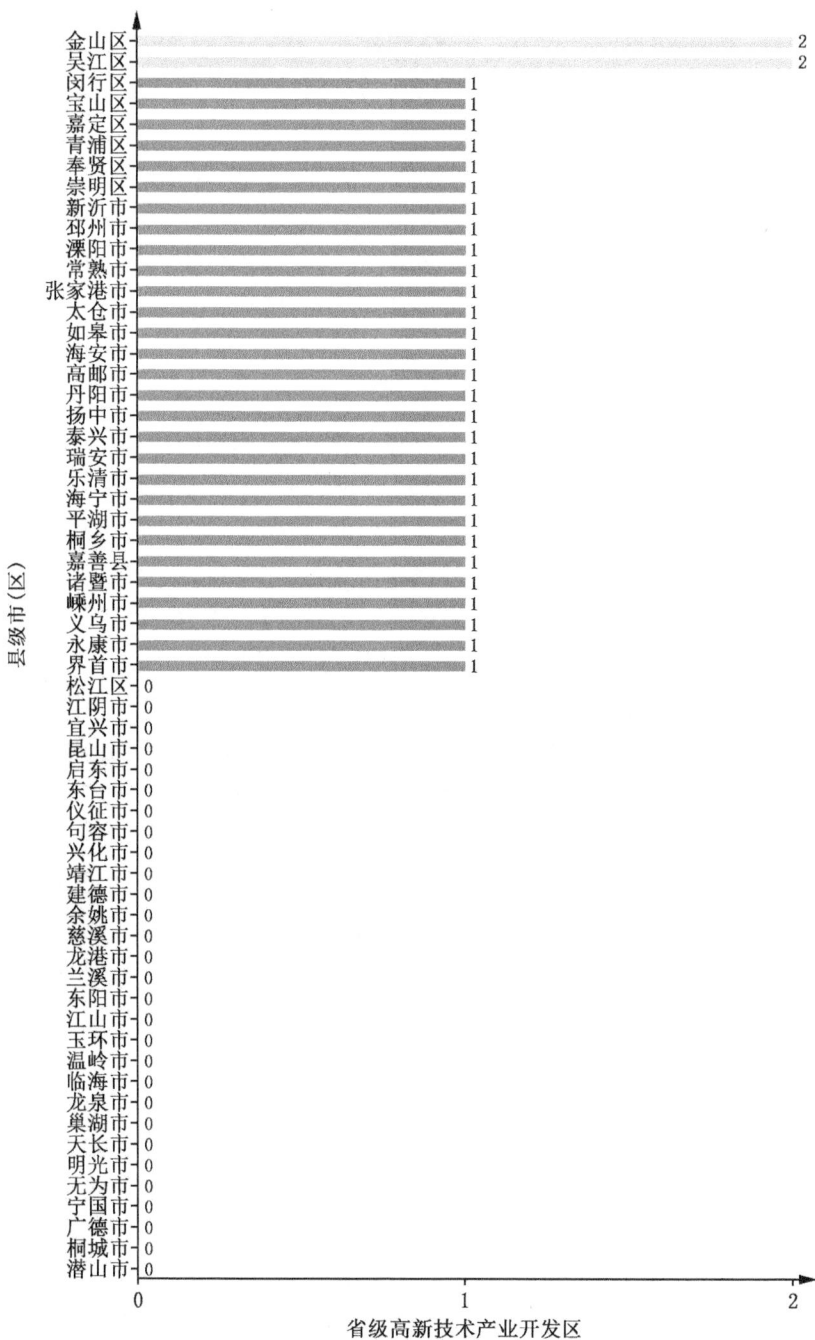

图 4-8 长三角 60 个中小城市(区)省级高新技术产业开发区数量

体占比为 48.3%(29/60)。其中,上海市非中心城区占据 6 席,占比为 75%(6/8),分别为闵行区、宝山区、嘉定区、青浦区、奉贤区和崇明区;江苏省中小城市占据 12 席,占比为 54.5%(12/22),分别为新沂市、邳州市、溧阳市、常熟市、张家港市、太仓市、如皋市、海安市、高邮市、丹阳市、扬中市和泰兴市;浙江省中小城市(县)同样也占据 10 席,占比为 47.6%(10/21),分别为瑞安市、乐清市、海宁市、平湖市、桐乡市、嘉善县、诸暨市、嵊州市、义乌市和永康市;安徽省中小城市只占据 1 席,占比为 11.1%(1/9),为界首市。这表明在这一数量层级,上海市、江苏省和浙江省中小城市(区、县)实力不相伯仲。安徽省在这一数量层级也有显著突破,表明安徽省中小城市在创新领域的发展水平和竞争力潜力巨大。

省级高新技术产业开发区数为 0 的长三角中小城市(区)有 29 个,总体占比为 48.3%(29/60)。具体来看,上海市占据 1 席,占比为 12.5%(1/8),为松江区;江苏省中小城市占据 9 席,占比为 40.9%(9/22),分别为江阴市、宜兴市、昆山市、启东市、东台市、仪征市、句容市、兴化市和靖江市;浙江省中小城市(县)占据 11 席,占比为 52.4%(11/21),分别为建德市、余姚市、慈溪市、龙港市、兰溪市、东阳市、江山市、玉环市、温岭市、临海市、龙泉市;安徽省中小城市占据 8 席,占比为 88.9%(8/9),分别为巢湖市、天长市、明光市、无为市、宁国市、广德市、桐城市、潜山市。这说明长三角中小城市在地区经济增长和创新活力上还存在不平衡和不充分的问题。

4. 国家级经济技术开发区数量排名分析

对 60 个长三角中小城市国家级经济技术开发区数据进行统计分析,见图4—9。

由图 4—9 可见,国家级经济技术开发区数为 2 家的长三角中小城市(区)有 1 个,总体占比为 1.7%(1/60)。江苏省张家港市占据唯一一席位置,占比为 4.8%(1/21)。这说明,相较于长三角其他中小城市(区、县),江苏省中小城市在以创新促进传统产业转型升级上,已经具备了领先优势。

国家级经济技术开发区数为 1 家的长三角中小城市(区、县)有 16 个,总体占比为 26.7%(16/60)。其中,上海市非中心城区占据 3 席,占比为 37.5%(3/8),分别为闵行区、奉贤区和松江区;江苏省中小城市(区)占据 7 席,占比为 31.8%(7/22),分别为昆山市、苏州市吴江区、宜兴市、太仓市、如皋市、海安市和靖江市;浙江省中小城市(县)同样也占据 4 席,占比为 19%(4/21),分别为义乌市、平湖市、嘉善县和临海市;安徽省中小城市占据 2 席,占比为 22.2%(2/9),分别为宁国市和桐城市。这表明,上海市非中心城区和江苏省在国家级经济技术开发区数量上不分伯仲,浙江省则相对落后。值得一提的是,安徽省中小城市

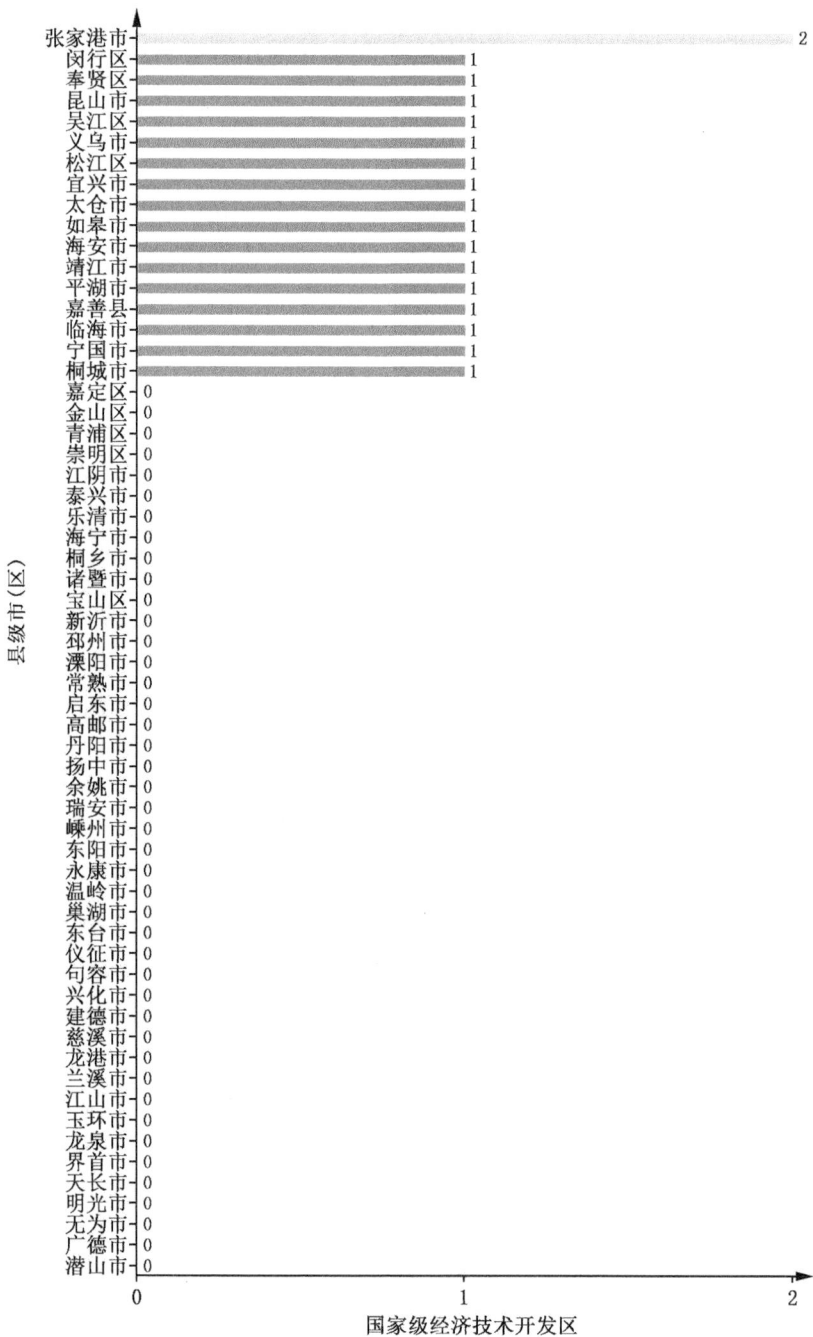

图4—9 长三角60个中小城市(区)国家级经济技术开发区数量

在推进国家级经济技术开发区建设上取得了不错的成绩,这也说明安徽省中小城市在传统产业改造升级、新兴产业培育上富有成效。

国家级经济技术开发区数为 0 的长三角中小城市(区)有 43 个,总体占比为 71.7%(43/60)。具体来看,上海市占据 5 席,占比为 62.5%(5/8),为嘉定区、金山区、青浦区、崇明区和宝山区;江苏省中小城市占据 14 席,占比为 63.6%(14/22),分别为江阴市、泰兴市、新沂市、邳州市、溧阳市、常熟市、启东市、高邮市、丹阳市、扬中市、东台市、仪征市、句容市和兴化市;浙江省中小城市(县)占据 11 席,占比为 81%(17/21),分别为乐清市、海宁市、桐乡市、诸暨市、余姚市、瑞安市、嵊州市、东阳市、永康市、温岭市、建德市、慈溪市、龙港市、兰溪市、江山市、玉环市和龙泉市;安徽省中小城市占据 7 席,占比为 77.8%(7/9),分别为巢湖市、界首市、天长市、明光市、无为市、广德市、潜山市。上述统计结果显示长三角大部分中小城市(区)国家级经济技术开发区数量偏少,这说明长三角大部分中小城市(区)需要统筹推进传统产业转型和升级,夯实现代化产业体系基底。

5. 国家级高新技术产业开发区排名统计分析

对 60 个长三角中小城市国家级高新技术产业开发区数据进行统计分析,见图 4—10。

从图 4—10 可见,国家级高新技术产业开发区数为 1 家的长三角中小城市(区、县)有 3 个,总体占比为 5%(3/60)。其中,上海市非中心城区占据 1 席,占比为 12.5%(1/8),为闵行区;江苏省中小城市占据 2 席,占比为 9%(2/22),分别为江阴市和昆山市。国家级高新技术产业开发区作为推动区域创新发展的重要载体和平台,上述统计结果表明,上海市和江苏省非中小城市(区)在创新方面具有较高的发展水平和潜力。

国家级高新技术产业开发区数为 0 的长三角中小城市(区)有 57 个,总体占比为 95%(57/60)。具体来看,上海市占据 7 席,占比为 87.5%(7/8),包括除闵行区之外的所有非中心城区;江苏省中小城市占据 20 席,占比为 91%(20/22),包括除江阴市和昆山市之外的所有中小城市(区);浙江省中小城市(县)占据 21 席,占比为 100%(21/21),包括浙江省所有样本中小城市(县);安徽省中小城市占 9 席,占比为 100%(9/9),包括安徽省所有样本中小城市。国家级高新技术产业开发区属于创新生态系统中的高层次部分,三省一市中小城市(区、县)国家级高新技术产业开发区数量偏少,说明这些城市创新生态系统构建还需要时间和经验的积累。在未来的发展中,这些中小城市(区、县)应加强政策引导和投入,促进创新生态系统的建设和发展,推动经济实现高质量发展。

图 4—10　长三角 60 个中小城市(区)国家级高新技术产业开发区数量

(二)科学技术支出占 GDP 比重排名分析

1. 长三角中小城市科学技术支出排名分析

依据 60 个城市的科学技术支出的数据,长三角 60 个中小城市(区)总的科学技术支出额为 408.81 亿元,整体占全国总科学技术支出 4.21%,60 个城市平均科学技术支出为 6.8 亿元。从长三角中小城市科学技术支出的数据(见表 4—6)看出,其中昆山市科学技术支出额度最高,达到 399 298 万元。第二名为慈溪市,2021 年科学技术支出为 374 661 万元。第三名为吴江区,科学技术支出达到 239 452 万元。上海八大非中心城区的科学技术支出总额为 771 651 万元,平均为 96 451.88 万元。苏州的常熟市、张家港市、昆山市、太仓市、吴江区 5 个县级市及区的 2021 年科学技术支出总额为 1 270 655 万元,是上海八大非中心城区的 1.65 倍,高于上海八大非中心城区总额 499 004 万元,苏州 5 个地区的平均科学技术支出总额为 254 131 万元,是上海八大非中心城区平均值的 2.63 倍。长三角 60 个中小城市(区)共有 9 个县级市(区)的科学技术支出超出 10 亿元,分别为闵行区、宝山区、嘉定区、常熟市、张家港市、昆山市、太仓市、吴江区、慈溪市。

表 4—6　　　　　　　　　长三角中小城市科学技术支出排名

省(直辖市)	地级市	县级市(区)	科学技术支出(万元)	排名
江苏	苏州	昆山市	399 298	1
浙江	宁波	慈溪市	374 661	2
江苏	苏州	吴江区	239 452	3
上海		嘉定区	232 785	4
江苏	苏州	张家港市	232 011	5
江苏	苏州	常熟市	213 256	6
江苏	苏州	太仓市	186 638	7
上海		宝山区	106 800	8
上海		闵行区	104 228	9
上海		松江区	99 074	10
江苏	无锡	江阴市	94 489	11
浙江	金华	义乌市	71 802	12
江苏	南通	海安市	71 711	13

续表

省(直辖市)	地级市	县级市(区)	科学技术支出(万元)	排名
浙江	宁波	余姚市	71 542	14
上海		青浦区	65 121	15
浙江	嘉兴	平湖市	64 769	16
浙江	绍兴	嵊州市	64 503	17
浙江	嘉兴	嘉善县	63 313	18
江苏	无锡	宜兴市	60 979	19
江苏	南通	如皋市	59 116	20
上海		崇明区	58 571	21
浙江	温州	乐清市	57 567	22
浙江	嘉兴	海宁市	57 349	23
上海		奉贤区	55 502	24
安徽	安庆	桐城市	52 254	25
浙江	嘉兴	桐乡市	51 678	26
上海		金山区	49 570	27
浙江	温州	瑞安市	49 208	28
浙江	台州	温岭市	47 191	29
江苏	徐州	邳州市	40 167	30

长三角60个中小城市科学技术支出前10名的有昆山市、慈溪市、吴江区、嘉定区、张家港市、常熟市、太仓市、宝山区、闵行区、松江区。结果显示,上海市嘉定区、宝山区、闵行区、松江区上榜。入围前10名的还有浙江省慈溪市。江苏省进入前10名的县级市有昆山市、吴江区、张家港市、常熟市、太仓市。安徽没有县级市进入前10名。从上榜前10名的情况来看,江苏和上海科学技术支出显著高于浙江和安徽。

2. 长三角中小城市科学技术支出占GDP比重排名分析

一个城市的科学技术支出的高低与地区的经济水平有着很大的关系,因此,为了更好地体现城市在科学技术方面的重视程度,我们采用了科学技术支出占GDP比重这个指标来表征。从60个中小城市科学技术支出占GDP比重,我们发现进入前15名的城市为:慈溪市、崇明区、桐城市、太仓市、吴江区、嵊州市、嘉定区、江山市、昆山市、宁国市、嘉善县、常熟市、张家港市、龙泉市、平湖市(见图4—11)。

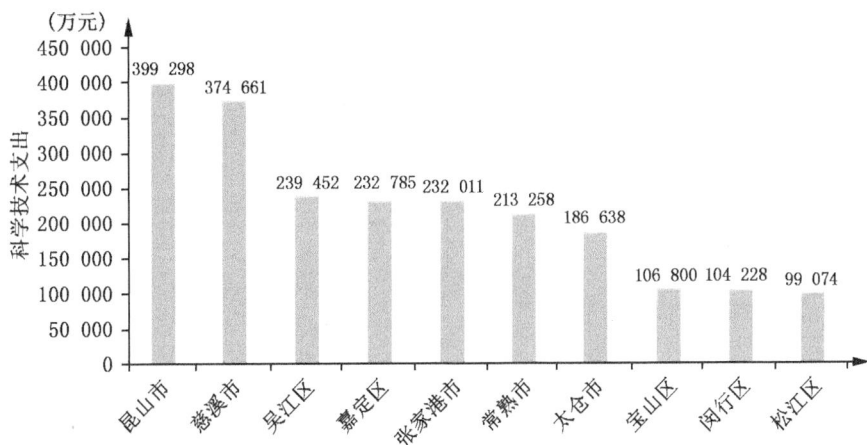

图 4—11　长三角中小城市科学技术支出前 15 名

　　表 4—7 展示的是长三角中小城市科学技术支出占 GDP 比重的前 30 名的得分情况。上海市崇明区、嘉定区、宝山区、松江区、青浦区、金山区、奉贤区进入前 30 名,占上海 8 个非中心城区的比重为 87.50%,只有闵行区未进入前 30 名。浙江省有 13 座城市进入前 30 名,占浙江省中小城市的比重为 61.90%。江苏省有 7 座城市进入前 30 名,占江苏省中小城市的比重为 31.82%。安徽省有 3 座城市进入前 30 名,占安徽省中小城市的比重为 33.33%。

表 4—7　　　　　长三角中小城市科学技术支出占 GDP 比重(前 30 名)

省(直辖市)	地级市	县级市(区)	科学技术支出占 GDP 比重(%)	排名
浙江	宁波	慈溪市	1.57	1
上海		崇明区	1.43	2
安徽	安庆	桐城市	1.25	3
江苏	苏州	太仓市	1.19	4
江苏	苏州	吴江区	1.08	5
浙江	绍兴	嵊州市	0.98	6
上海		嘉定区	0.86	7
浙江	衢州	江山市	0.84	8
江苏	苏州	昆山市	0.84	9
安徽	宣城	宁国市	0.82	10

续表

省(直辖市)	地级市	县级市(区)	科学技术支出占GDP比重(%)	排名
浙江	嘉兴	嘉善县	0.80	11
江苏	苏州	常熟市	0.80	12
江苏	苏州	张家港市	0.77	13
浙江	丽水	龙泉市	0.75	14
浙江	嘉兴	平湖市	0.71	15
浙江	杭州	建德市	0.71	16
安徽	阜阳	界首市	0.62	17
上海		宝山区	0.62	18
上海		松江区	0.56	19
江苏	镇江	扬中市	0.55	20
浙江	温州	龙港市	0.54	21
江苏	南通	海安市	0.53	22
浙江	宁波	余姚市	0.50	23
上海		青浦区	0.49	24
浙江	台州	临海市	0.49	25
浙江	嘉兴	海宁市	0.48	26
浙江	嘉兴	桐乡市	0.45	27
浙江	温州	瑞安市	0.43	28
上海		金山区	0.42	29
上海		奉贤区	0.42	30

另外,把三省一市的中小城市(区)的科学技术支出、科学技术支出占GDP比重进行统计分析,结果见表4—8。

表4—8　三省一市科学技术支出以及科学技术支出占GDP比重分析

省(直辖市)	上海	浙江	江苏	安徽
科学技术支出(均值)(万元)	96 456.38	57 409.48	87 216.36	21 339.22
科技技术支出占GDP比重(%)	0.65	0.56	0.44	0.51

依据长三角中小城市三省一市的科学技术支出均值数据,我们发现上海平均科学技术支出(96 456.38 万元)＞江苏(87 216.36 万元)＞浙江(57 409.48 万元)＞安徽(21 339.22 万元)。上海市 8 个非中心城区均值高于江苏均值 9 240.02 万元,高于浙江均值 39 046.9 万元,高于安徽均值 75 117.16 万元。上海市和江苏省平均科学技术支出方面显著高于浙江和安徽。

从科学技术支出占 GDP 比重来看,上海占比最高,达到 0.65％,显著高于浙江、安徽和江苏。三省一市科学技术支出占 GDP 比重排名为:上海＞浙江＞安徽＞江苏。具体数据见图 4—12。

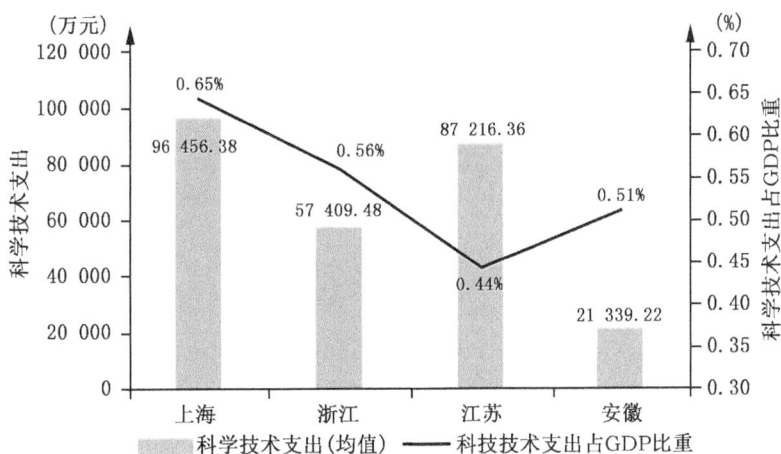

图 4—12 长三角中小城市三省一市科学技术支出以及占 GDP 比重分析

对比分析 60 个中小城市的创新资源指数与科学技术支出的分布状况,我们通过二者的散点图(见图 4—13)发现,科学技术支出低于 10 亿元时,随着科学技术支出的升高,相对应的创新资源指数呈现显著直线上升趋势。强烈建议目前科学技术支出额度低于 10 亿元的县级市,加大科学技术支出力度,能够非常高效地提高城市的创新资源指数。当城市科学技术支出大于 10 亿元时,随着科学技术支出额度变大,创新资源指数有增长的趋势,但是增速显著减缓。

对比分析 60 个中小城市的创新资源指数与科学技术支出占 GDP 比重的散点分布状况,我们通过二者的散点图(见图 4—14)发现,科学技术支出比重越高的地方,创新资源指数越高,基本上呈现直线上线趋势。也就是说科学技术支出占 GDP 比重越大,县级市/区的创新资源越丰富。

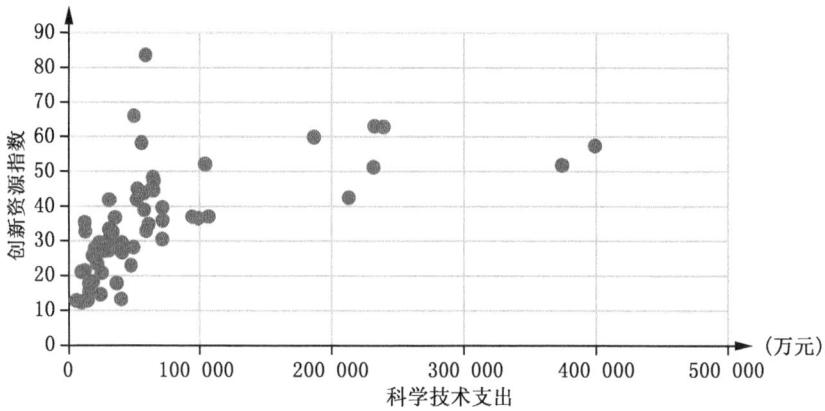

图4-13　创新资源指数与科学技术支出散点图

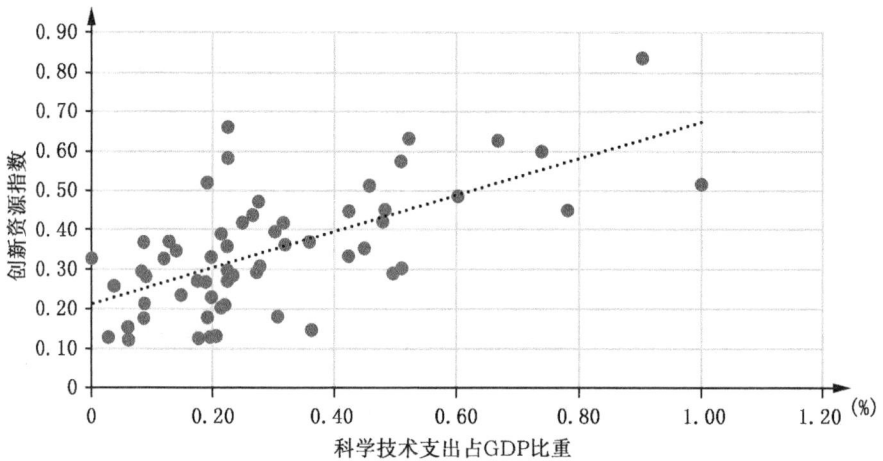

图4-14　创新资源指数与科学技术支出占 GDP 比重散点图

(三)人均教育支出排名分析

表4-9显示了人均教育支出前30名的城市及其具体得分。全部城市的人均教育支出分布情况见图 4－15。最大值是 3 746.76 元/人,最小值是 1 241.54 元/人,平均值是 2 340.41 元/人,中位数是 2 294.23 元/人。

表 4—9 人均教育支出前 30 名

省(直辖市)	地级市	县级市(区)	人均教育支出(元/人)	排名
上海		金山区	3 746.76	1
上海		崇明区	3 577.26	2
江苏	苏州	太仓市	3 429.86	3
浙江	丽水	龙泉市	3 186.37	4
江苏	苏州	昆山市	3 152.83	5
江苏	镇江	扬中市	3 050.30	6
江苏	无锡	宜兴市	2 989.01	7
浙江	嘉兴	平湖市	2 942.21	8
浙江	嘉兴	嘉善县	2 904.40	9
江苏	常州	溧阳市	2 884.23	10
上海		奉贤区	2 822.24	11
江苏	苏州	吴江区	2 685.40	12
上海		闵行区	2 621.24	13
浙江	杭州	建德市	2 576.58	14
江苏	南通	如皋市	2 538.73	15
江苏	苏州	张家港市	2 528.67	16
江苏	镇江	丹阳市	2 523.93	17
上海		青浦区	2 501.73	18
江苏	无锡	江阴市	2 464.94	19
浙江	嘉兴	海宁市	2 453.16	20
江苏	苏州	常熟市	2 422.08	21
上海		松江区	2 420.05	22
江苏	南通	海安市	2 356.30	23
上海		宝山区	2 344.34	24
浙江	金华	兰溪市	2 335.24	25
江苏	徐州	新沂市	2 317.62	26
江苏	南通	启东市	2 308.13	27
浙江	绍兴	诸暨市	2 303.51	28
浙江	嘉兴	桐乡市	2 302.12	29
江苏	泰州	靖江市	2 294.27	30

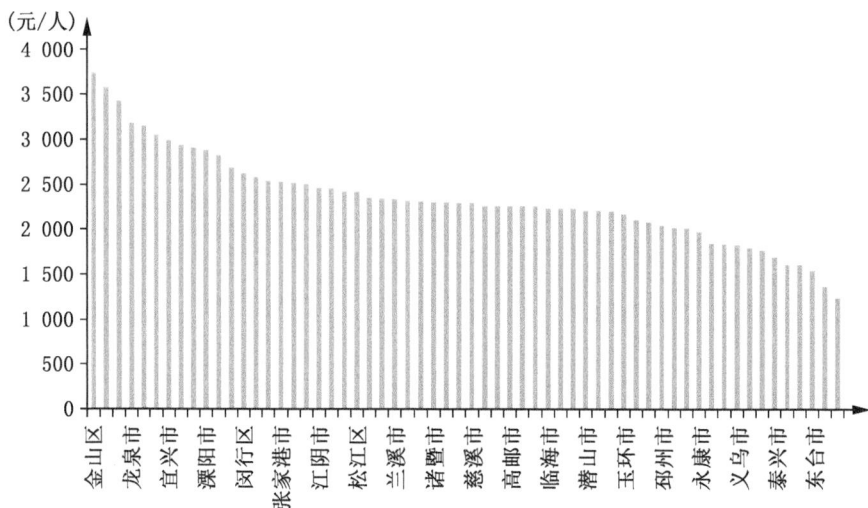

图4—15 人均教育支出条形图

基于人均教育支出,可以把长三角中小城市分为4类,见表4—10。

表4—10　　　　　　　基于人均教育支出的长三角中小城市分类

A(3 000元以上)	金山区、崇明区、太仓市、龙泉市、昆山市、扬中市
B(2 500~3 000元)	宜兴市、平湖市、嘉善县、溧阳市、奉贤区、吴江区、闵行区、建德市、如皋市、张家港市、丹阳市、青浦区
C(2 000~2 500元)	江阴市、海宁市、常熟市、松江区、海安市、宝山区、兰溪市、新沂市、启东市、诸暨市、桐乡市、靖江市、慈溪市、乐清市、句容市、高邮市、东阳市、嘉定区、临海市、天长市、仪征市、潜山市、嵊州市、桐城市、玉环市、江山市、余姚市、邳州市、无为市、瑞安市
D(2 000元以下)	永康市、巢湖市、宁国市、义乌市、温岭市、龙港市、泰兴市、广德市、明光市、东台市、兴化市、界首市

第1类是A,是指人均教育支出在3 000元以上的城市,共6个,包括金山区、崇明区、太仓市、龙泉市、昆山市、扬中市。以上城市人均教育支出很高。A类城市中,上海占2席,为金山区和崇明区,这两个区虽然相对上海其他区来讲常住人口较少,但按常住人口平均的教育支出很高。浙江占1席,为隶属于丽水市的龙泉市,2021年年底常住人口只有24.95万人,按常住人口平均的教育支出高达3 186.37元/人。江苏省占3席,分别是由苏州市代管的太仓市、昆山市和镇江市代管的扬中市。这三个城市均位于江苏经济比较发达的苏南地区。太

仓市常住人口为 83.9 万人,扬中市常住人口为 31.59 万人。尤为难能可贵的是,昆山市常住人口高达 211.18 万人,按常住人口平均的教育支出仍然高达 3 152.83 元/人,这充分说明昆山市政府对于教育投入的力度之大。

第 2 类是 B,是指人均教育支出在 2 500～3 000 元的城市,共 12 个,包括宜兴市、平湖市、嘉善县、溧阳市、奉贤区、吴江区、闵行区、建德市、如皋市、张家港市、丹阳市、青浦区。以上城市人均教育支出比较高。

第 3 类是 C,是指人均教育支出在 2 000～2 500 元的城市,共 30 个,包括江阴市、海宁市、常熟市、松江区、海安市、宝山区、兰溪市、新沂市、启东市、诸暨市、桐乡市、靖江市、慈溪市、乐清市、句容市、高邮市、东阳市、嘉定区、临海市、天长市、仪征市、潜山市、嵊州市、桐城市、玉环市、江山市、余姚市、邳州市、无为市、瑞安市。以上城市人均教育支出中等。

第 4 类是 D,是指人均教育支出在 1 000 元以下的城市,共 12 个,包括永康市、巢湖市、宁国市、义乌市、温岭市、龙港市、泰兴市、广德市、明光市、东台市、兴化市、界首市。以上城市人均教育支出比较低。

在所有 4 类城市中,处于 C 类(中等)的城市数量最多,一半的城市人均教育支出在 2 000～2 500 元。可见,人均教育支出这个指标呈现出一个纺锤形,中间大,两头小。

从人均教育支出分省平均值(见图 4—16)来看,最高的是上海市,平均值为 2 786.57 元/人。第二名是江苏省,平均值为 2 424.86 元/人。第三名是浙江省,平均值为 2 284.82 元/人。第四名是安徽省,平均值为 1 867.08 元/人。长

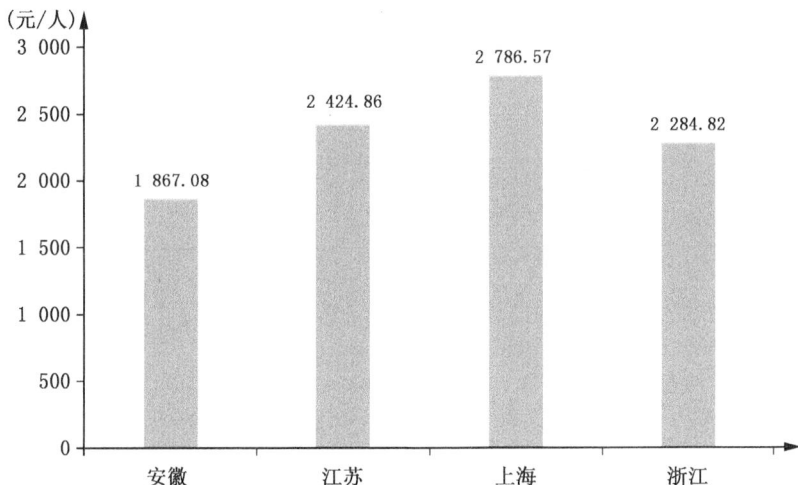

图 4—16　人均教育支出分省条形图

三角三省一市在人均教育支出方面差异不算特别大。上海市人均教育支出平均值虽然位列第一,但是内部各区之间离散程度较大(标准差为532.11),有2个区进入A类,有3个区位于B类,有3个区位于C类。江苏省内部离散程度也比较大,标准差为490.02。浙江省和安徽省内部离散程度相对较小,标准差分别为361.43和319.43。

(四)专任教师师生比排名分析

专任教师师生比这项指标的平均值是9.24%,最大值是13.26%,最小值是6.42%。

表4-11显示了专任教师师生比前30名的城市,图4-17显示了专任教师师生比前15名的城市。专任教师师生比前15名的城市分别是玉环市、崇明区、海安市、泰兴市、东台市、靖江市、金山区、奉贤区、嵊州市、启东市、青浦区、句容市、高邮市、桐城市、建德市。

表4-11 **专任教师师生比前30名**

省(直辖市)	地级市	县级市(区)	专任教师师生比(%)	排名
浙江	台州	玉环市	13.26	1
上海		崇明区	12.40	2
江苏	南通	海安市	12.27	3
江苏	泰州	泰兴市	11.79	4
江苏	盐城	东台市	11.70	5
江苏	泰州	靖江市	11.69	6
上海		金山区	11.07	7
上海		奉贤区	10.90	8
浙江	绍兴	嵊州市	10.85	9
江苏	南通	启东市	10.77	10
上海		青浦区	10.63	11
江苏	镇江	句容市	10.59	12
江苏	扬州	高邮市	10.57	13
安徽	安庆	桐城市	10.56	14
浙江	杭州	建德市	10.30	15
江苏	扬州	仪征市	9.90	16

续表

省（直辖市）	地级市	县级市（区）	专任教师师生比（%）	排名
江苏	无锡	宜兴市	9.86	17
江苏	镇江	扬中市	9.60	18
江苏	常州	溧阳市	9.59	19
江苏	南通	如皋市	9.58	20
江苏	苏州	吴江区	9.55	21
安徽	安庆	潜山市	9.50	22
安徽	宣城	宁国市	9.48	23
上海		松江区	9.37	24
安徽	滁州	天长市	9.33	25
浙江	绍兴	诸暨市	9.31	26
浙江	嘉兴	平湖市	9.17	27
上海		嘉定区	9.11	28
江苏	镇江	丹阳市	9.10	29
江苏	泰州	兴化市	9.09	30

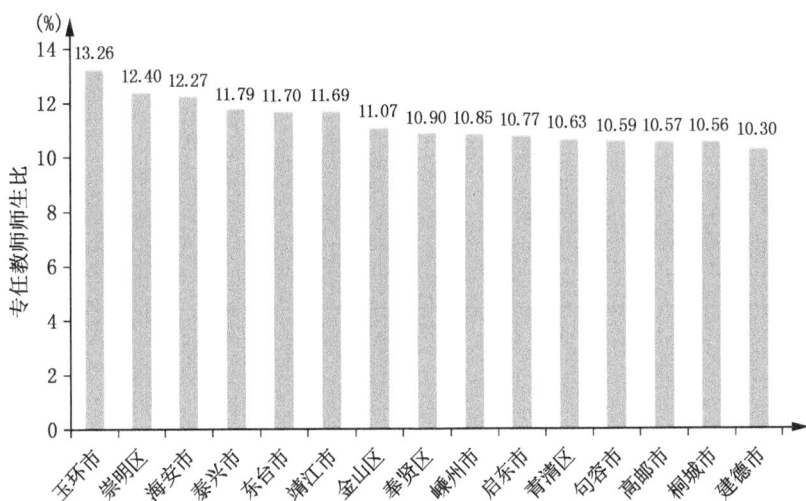

图4-17　专任教师师生比前15名

从专任教师师生比分省平均值(见图4-18)来看,排名第一位的是上海市,平均专任教师师生比为10.15%;排名第二位的是江苏省,平均专任教师师生比为9.71%;排名第三位的是安徽省,平均专任教师师生比为8.72%;排名第四位的是浙江省,平均专任教师师生比为8.64%。可见,长三角三省一市在专任教师师生比方面,上海较具优势,江苏省紧跟其后,安徽省以微弱优势高于浙江省,浙江省具有较大提升空间。

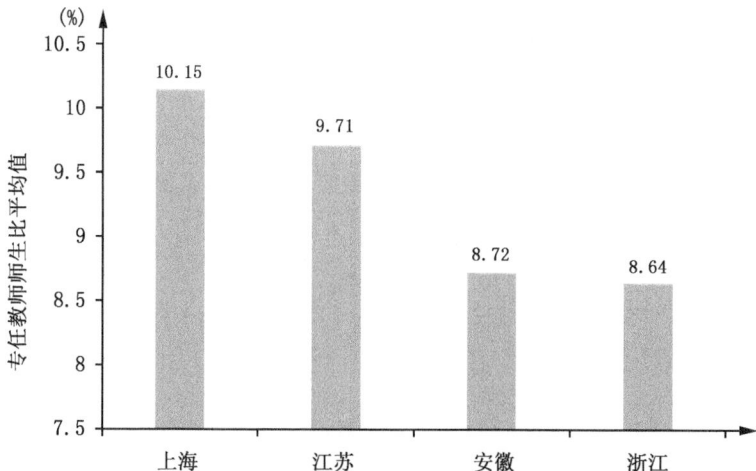

图4-18 专任教师师生比分省平均值

把长三角中小城市专任教师师生比按优(≥11)、良(11~9)、一般(9~8)、弱(≤8)四个等级划分,得到长三角中小城市专任教师师生比的分布态势(见表4-12)。

表4-12 长三角中小城市专任教师师生比分布态势

专任教师师生比（%）	专任教师师生比等级划分	专任教师师生比均值(%)	城市个数	城市分布
≥11	优	12.03	7	上海:崇明区、金山区 江苏:海安市、泰兴市、东台市、靖江市 浙江:玉环市
11~9	良	9.82	24	上海:奉贤区、青浦区、松江区、嘉定区 江苏:启东市、句容市、高邮市、仪征市、宜兴市、扬中市、溧阳市、如皋市、吴江区、丹阳市、兴化市、常熟市 浙江:嵊州市、建德市、诸暨市、平湖市 安徽:桐城市、潜山市、宁国市、天长市

续表

专任教师师生比（%）	专任教师师生比等级划分	专任教师师生比均值（%）	城市个数	城市分布
9～8	一般	8.49	18	上海：宝山区、闵行区 江苏：江阴市、邳州市、张家港市 浙江：桐乡市、海宁市、太仓市、慈溪市、江山市、兰溪市、余姚市、瑞安市、永康市、嘉善县 安徽：无为市、巢湖市、明光市
≤8	弱	7.44	11	江苏：昆山市、新沂市 浙江：东阳市、义乌市、乐清市、龙泉市、龙港市、温岭市、临海市 安徽：广德市、界首市

　　长三角 60 个中小城市专任教师师生比在优、良、一般、弱四个等级上的城市个数呈现正态分布态势（见图 4—19）。四个等级的专任教师师生比的城市个数分别为 7 个、24 个、18 个和 11 个。四个等级的专任教师师生比均值分别对应为 12.03%、9.82%、8.49%、7.44%。60 个城市专任教师师生比主要分布在良、一般的等级水平上，占总数的比重为 70%。

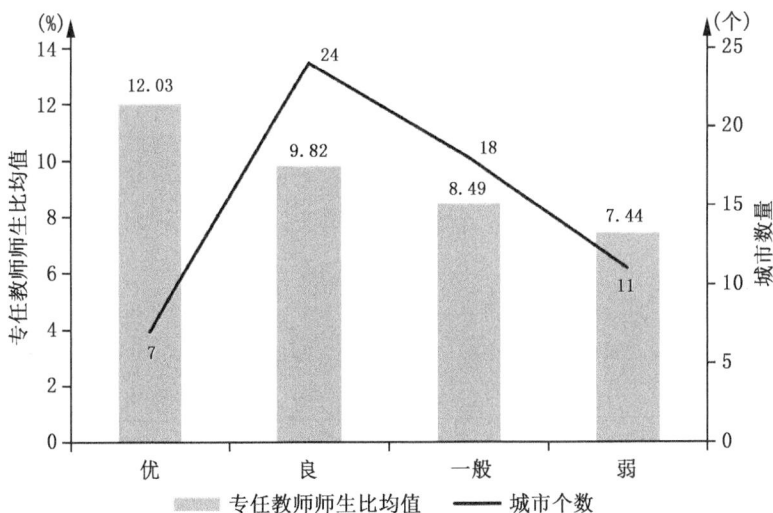

图 4—19　长三角中小城市专任教师师生比分布态势

六、长三角中小城市创新资源指数分报告结论与建议

　　基于创新资源指数的排名及其各分指数排名，结合长三角中小城市（区、县）

创新资源指数的分布态势,总结长三角中小城市(区、县)的创新资源状况,并提出相应的对策建议。

(一)结论

从排名情况来看,前10名的长三角中小城市(区、县)的创新资源得分较高,表明这些地区的创新能力和发展潜力较强;而后20名的长三角中小城市(区、县)的创新资源得分较低,存在一定的创新瓶颈和不足之处。具体来说,崇明区、金山区、嘉定区、吴江区、太仓市、奉贤区、昆山市、闵行区等市(区)的创新资源得分均在50分以上,属于创新资源较好的地区。这些地区的经济发展水平较高,科技创新能力较强,政策支持力度也较大,因此能够吸引更多的人才和资本投入创新创业领域。慈溪市、张家港市、嵊州市、青浦区、桐城市、嘉善县、平湖市、海宁市等市(区)的创新资源得分较低,可能存在一些制约创新的因素。例如,这些地区的产业结构相对单一,科技创新能力相对较弱,政策支持力度也不够强,因此难以形成良好的创新生态圈。

长三角60个中小城市(区)总的科学技术支出额为408.81亿元,整体占全国总科学技术支出4.21%,60个城市平均科学技术支出为6.8亿元。长三角60个中小城市(区)共有9个县级市(区)的科学技术支出超出10亿元,分别为闵行区、宝山区、嘉定区、常熟市、张家港市、昆山市、太仓市、吴江区、慈溪市。上海八大非中心城区的科学技术支出总额为771 651万元,平均为96 451.88万元。苏州的常熟市、张家港市、昆山市、太仓市、吴江区5个县级市(区)2021年科学技术支出总额为1 270 655万元,是上海八大非中心城区的1.65倍,高于上海八大非中心城区总额499 004万元,苏州5个地区的平均科学技术支出金额为254 131万元,是上海八大非中心城区平均值的2.63倍。可见,上海八大非中心城区要加大科学技术投入,持续实现创新驱动高质量发展,做好领头示范作用。

对比分析60个中小城市的创新资源指数与科学技术支出的分布状况,我们通过二者的散点图发现,当科学技术支出低于10亿元时,随着科学技术支出的升高,相对应的创新资源指数呈现显著直线上升趋势。强烈建议目前科学技术支出额度低于10亿元的县级市,加大科学技术支出力度,能够高效地提高城市的创新资源指数。当城市科学技术支出大于10亿元时,随着科学技术支出额度变大,创新资源指数有增长的趋势,但是增速显著减缓。

我们通过60个中小城市的创新资源指数与科学技术支出占GDP比重的散点图发现,科学技术支出比重越高的地方,创新资源指数越高,基本上呈现直线上升趋势。这也就是说科学技术支出占GDP比重越大,说明政府对科学技术的支持度越高,重视程度也越高,致使县级市(区)的创新资源越丰富。

就专任教师师生比这项指标,各个城市之间差异相对来说不算大,平均值是9.24%,最大值是13.26%,最小值是6.42%。各省之间差异也不大,上海较具优势,江苏省紧跟其后,安徽省以微弱优势高于浙江省,浙江省具有较大提升空间。60个城市专任教师师生比主要分布在良、一般的等级水平上,占总数的比重为70%。

(二)建议

1. 加大省级及以上高新技术产业开发区的建设和支持力度

随着长三角一体化的快速发展,高新技术产业已经成为推动长三角经济发展的重要引擎,而省级及以上高新技术产业开发区则是高新技术产业发展的重要载体和支撑平台。为了促进长三角中小城市经济转型升级以及可持续发展,加大高新技术产业开发区的建设和支持力度对于长三角高质量发展有重要意义。

首先,长三角中小城市政府可以出台一系列优惠政策,包括税收优惠、土地优惠、融资支持等,吸引更多的高新技术企业入驻省级及以上高新技术产业开发区。同时,加强对高新技术企业知识产权的保护,打击侵权行为,提高企业的创新积极性和竞争力。此外,建立科技创新基金,鼓励企业进行技术创新和研发投入,提高企业的自主创新能力。

其次,长三角中小城市政府可以加大对省级及以上高新技术产业开发区的财政投入,提供资金支持,改善基础设施建设和公共服务设施,还可以通过PPP等方式,引导社会资本参与省级及以上高新技术产业开发区的建设和发展。

最后,长三角中小城市可以通过提高高新技术企业和科技人才的待遇,吸引更多优秀人才到高新技术产业开发区工作和创业。此外,政府还可以加强高校和科研机构与企业合作,开展产学研合作,培养更多的创新人才和技术人才。

2. 提升教育支出,提高社会员工的技术知识和管理知识

以往的研究发现,财政性教育支出与区域创新水平有正相关关系,教育经费投入可以提升科技创新。建议各市政府,提升教育支出,为学校发展提供物质基础,提高社会员工的技术知识和管理知识,通过教育投入提升当地劳动力水平,进而推动社会劳动生产力的提高和技术的进步。另外,政府教育支出还可以发挥资金杠杆的作用,吸引社会其他资金进入科技成果转化过程。

3. 重视和优化师生比,提高教育质量

注重教育体系中师生比的优化。教育代表着对知识和技能的传承与创新,没有良好的教育,就没有优秀的创新人才,一座城市也就没有了未来。城市的创

新发展,一方面为教育的发展搭建了平台,但也需要教育的不断创新,使其紧跟城市发展的步伐。另一方面,教育通过创新发展也会为城市的创新输入源源不断的人才,为社会提供智力支持和人才储备,二者密不可分、相辅相成。而师生关系是教育过程中最基本、最核心的关系,提高师生比是提高教育质量的根本,因此,重视和优化师生比,是城市创新发展中不可忽视的一环。

(作者:梅燃、王桂林、高昉、兰晓敏)

第五章

长三角中小城市创新成果指数报告

一、长三角中小城市创新成果指数指标体系

科技创新成果是指应用新知识、新技术、新工艺,采用新的生产方式和经营管理模式,开拓生产新领域,开发高新产品,提高产品质量,提供新服务,占据新市场,取得新效益的科技成果。一个城市的科技创新成果,是在这个城市的范围内各创新主体所取得的代表性成果。综合考虑指标的代表性、合理性和数据的可得性,本研究选取了四个指标来形成长三角中小城市创新成果指数。具体是:科技型企业数量、科创上市企业数量、专利授权量近五年平均增长率、论文发表数(见表5-1)。

表5-1 长三角中小城市创新成果指数指标体系

指数名称	指标名称	权重
创新成果	科技型企业数量	0.25
	科创上市企业数量	0.25
	专利授权量近五年平均增长率	0.25
	论文发表数	0.25

二、长三角中小城市创新成果指数指标说明

(一)科技型企业数量

指标说明:科技型企业包括高新技术企业[1]、独角兽企业[2]、瞪羚企业[3]、科技

---

[1] 高新技术企业:在《国家重点支持的高新技术领域》内,持续进行研究开发与技术成果转化,形成企业核心自主知识产权,并以此为基础开展经营活动,在中国境内(不包括港、澳、台地区)注册的居民企业。

[2] 独角兽企业:一般指10亿美元以上估值,并且创办时间相对较短(一般为10年内)且还未上市的企业。

[3] 瞪羚企业:一般指创业后跨过死亡谷以科技创新或商业模式创新为支撑进入高成长期的中小企业。

小巨人企业①、工程技术研究中心②、专精特新中小企业③、雏鹰企业④、企业技术中心⑤、科技企业孵化器⑥、技术创新示范企业⑦、科技型中小企业⑧、众创空间⑨、隐形冠军企业⑩、技术先进型服务企业⑪、民营科技企业⑫、专精特新小巨人企业⑬、创新型中小企业⑭。

指标单位:家。

指标性质:正向。

数据来源:全国企业信用查询系统、官方备案企业征信机构。

数据采集日期:2023 年 5 月 8 日。

---

① 科技小巨人企业:一般指企业在研究、开发、生产、销售和管理过程中,通过技术创新、管理创新、服务创新或模式创新取得核心竞争力,提供高新技术产品或服务,具有较高成长性或发展潜力巨大的科技创新中小企业。

② 工程技术研究中心:一般指综合实力和创新能力较强的企业、高校或科研院所,具有较完备的工程技术综合配套试验条件,有一支高素质的研究开发、工程设计和试验的专业科技队伍,有稳定的经费来源,并能提供多种综合性技术服务的工程技术研究开发机构。

③ 专精特新中小企业:一般指具有"专业化、精细化、特色化、新颖化"特征的工业中小企业。

④ 雏鹰企业:一般指技术水平领先、竞争能力强、成长性好的科技型初创企业。

⑤ 企业技术中心:企业根据市场竞争需要设立的技术研发与创新机构,负责制定企业技术创新规划、开展产业技术研发、创造运用知识产权、建立技术标准体系、凝聚培养创新人才、构建协同创新网络、推进技术创新全过程实施。

⑥ 科技企业孵化器:是以促进科技成果转化,培育科技企业和企业家精神为宗旨,提供物理空间、共享设施和专业化服务的科技创业服务机构,是国家创新体系的重要组成部分、创新创业人才的培养基地、大众创新创业的支撑平台。

⑦ 技术创新示范企业:指在工业主要产业中技术创新能力较强、创新业绩显著、具有重要示范和导向作用的企业。

⑧ 科技型中小企业:指依托一定数量的科技人员从事科学技术研究开发活动,取得自主知识产权并将其转化为高新技术产品或服务,从而实现可持续发展的中小企业。

⑨ 众创空间:指为满足大众创新创业需求,提供工作空间、网络空间、社交空间和资源共享空间,积极利用众筹、众扶、众包等新手段,以社会化、专业化、市场化、网络化为服务特色,实现低成本、便利化、全要素、开放式运营的创新创业平台。

⑩ 隐形冠军企业:指那些不为公众所熟知,却在某个细分行业或市场占据领先地位,拥有核心竞争力和明确战略,其产品、服务难以被超越和模仿的中小型企业。

⑪ 技术先进型服务企业:国家为了扶持高端技术性服务业的发展,对从事技术外包、业务外包和知识外包服务的企业进行税收等多项政策支持的企业类型。

⑫ 民营科技企业:指以科技人员为主体,以技术密集型产品研制、生产、销售以及技术开发、技术转让、技术咨询和技术服务为主要业务,按照自筹资金、自愿组合、自主经营、自负盈亏原则依法创办和经营的经济实体。

⑬ 专精特新小巨人企业:是专精特新企业中的佼佼者,是专注于细分市场、创新能力强、市场占有率高、掌握关键核心技术、质量效益优的排头兵企业。

⑭ 创新型中小企业:指具有较高专业化水平、较强创新能力和发展潜力的企业,是优质中小企业的基础力量。

(二)科创上市企业数量

指标说明:科创上市企业包括 A 股[①]科创板和创业板中的已上市[②]、待上市[③]、IPO 申报[④]企业。

科创板(The Science and Technology Innovation Board)是由国家主席习近平于 2018 年 11 月 5 日在首届中国国际进口博览会开幕式上宣布设立的,独立于现有主板市场的新设板块。中国证监会 2019 年 1 月 30 日发布的《关于在上海证券交易所设立科创板并试点注册制的实施意见》指出,在上海证券交易所新设科创板,主要服务于符合国家战略、突破关键核心技术、市场认可度高的科技创新企业。重点支持新一代信息技术、高端装备、新材料、新能源、节能环保以及生物医药等高新技术产业和战略性新兴产业,推动互联网、大数据、云计算、人工智能和制造业深度融合,引领中高端消费,推动质量变革、效率变革、动力变革。

创业板(Growth Enterprises Market)又称二板市场(Second-board Market)。创业板自 2009 年开板以来,一直以服务成长型创新企业为底色,成为创新企业的聚集地。近年来创业板的科技创新特征日趋鲜明。2020 年 8 月 24 日,创业板改革并试点注册制平稳落地。注册制改革进一步凸显了创业板的创新属性,吸引了更多科技创新企业。据统计,创业板注册制下新上市公司近 9 成为高新技术企业。[⑤] 创业板的主要优势是较主板相对降低了上市门槛,给高成长性、高创新性的中小企业提供了融资途径和成长空间,创业板强调两个核心:一个是成长性,一个是创新性,支持创新企业持续成长。

指标单位:家。

指标性质:正向。

数据来源:全国企业信用查询系统、官方备案企业征信机构。

数据采集日期:2023 年 5 月 8 日。

(三)专利授权量近五年平均增长率

指标说明:反映人才技术产出。从 2017 年到 2021 年专利授权量的年平均

---

① A 股即人民币普通股票,是由中国境内注册公司发行,在境内上市,以人民币标明面值,供境内机构、组织或个人(2013 年 4 月 1 日起,境内港澳台居民可开立 A 股账户)以人民币认购和交易的普通股。

② A 股-已上市,是指企业通过证券交易所首次公开向投资者发行股票,并成功上市交易。

③ A 股-待上市,是指发行人申报的证券发行上市申请经证券主管机构核准或审核通过后,进入的上市前的证券发行阶段。

④ A 股-IPO 申报,是指发行人在准备发行证券时,依法将公开的各种资料完整、真实、准确地向证券主管机构申报的阶段。IPO 申报分为核准制和注册制。

⑤ 彭江.落地实施两周年! 这项改革交出怎样的成绩单?［EB/OL］. 金融界.（2022－08－24）［2020－05－25］. https://baijiahao.baidu.com/s? id＝1742039233392809879&wfr＝spider&for＝pc.

增长率。

指标单位：％。

指标性质：正向。

数据来源：各级政府统计年鉴。

数据周期：2017—2021 年。

(四)论文发表数

指标说明：反映知识产出。知网学术期刊库包含的 2022 年度发表的作者单位显示在各城市的论文数。

指标单位：篇。

指标性质：正向。

数据来源：知网学术期刊库。

数据周期：2022 年。

三、长三角中小城市创新成果指数排名

(一)创新成果指数排名

表5—2 显示了创新成果指数前 30 名的城市及其具体得分。全部城市的创新成果指数分布情况见图5—1。

表 5—2   **创新成果指数前 30 名**

省(直辖市)	地级市	县级市(区)	创新成果指数	排名
江苏	苏州	昆山市	74.28	1
上海		闵行区	60.78	2
上海		嘉定区	51.57	3
江苏	苏州	常熟市	50.60	4
上海		松江区	50.53	5
江苏	苏州	张家港市	44.52	6
江苏	无锡	江阴市	43.96	7
江苏	苏州	吴江区	39.00	8
上海		奉贤区	36.72	9
上海		崇明区	34.80	10
浙江	宁波	慈溪市	33.40	11
上海		宝山区	32.53	12
上海		金山区	32.48	13

续表

省(直辖市)	地级市	县级市(区)	创新成果指数	排名
浙江	宁波	余姚市	31.29	14
浙江	温州	乐清市	30.92	15
江苏	无锡	宜兴市	28.84	16
上海		青浦区	28.52	17
江苏	苏州	太仓市	28.05	18
浙江	金华	义乌市	26.80	19
浙江	温州	瑞安市	22.78	20
安徽	合肥	巢湖市	22.36	21
江苏	徐州	邳州市	21.89	22
江苏	南通	如皋市	21.16	23
浙江	绍兴	诸暨市	20.68	24
浙江	台州	温岭市	20.04	25
浙江	嘉兴	嘉善县	19.34	26
江苏	徐州	新沂市	19.22	27
浙江	嘉兴	海宁市	19.10	28
浙江	金华	东阳市	18.42	29
江苏	南通	海安市	18.05	30

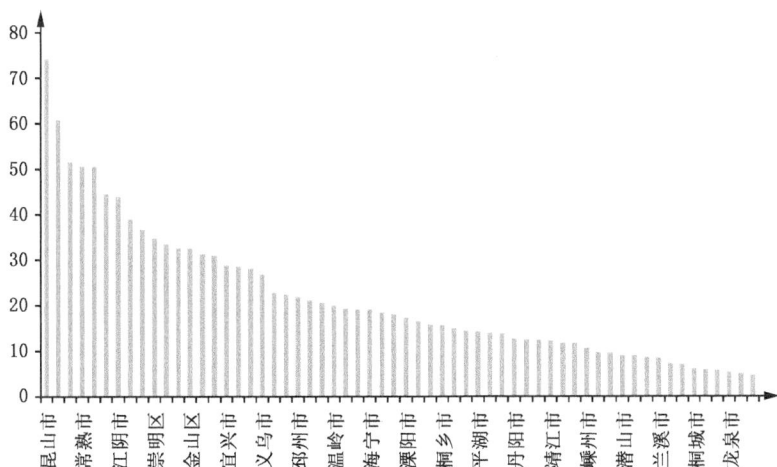

图 5—1 创新成果指数条形图

基于创新成果指数得分,可以把长三角中小城市分为 5 类,见表 5—3。第一类是A+,是指创新成果指数得分在50分以上的城市,包括:昆山市、闵行区、嘉定区、常熟市、松江区。这表明,以上这些城市在创新成果方面表现卓越,是长三角中小城市在创新成果方面的第一梯队。第二类是A,是指创新成果指数得分在30~50分的城市,包括:张家港市、江阴市、吴江区、奉贤区、崇明区、慈溪市、宝山区、金山区、余姚市、乐清市。以上这些城市在创新成果方面表现优秀。第三类是B,是指创新成果指数得分在20~30分的城市,包括:宜兴市、青浦区、太仓市、义乌市、瑞安市、巢湖市、邳州市、如皋市、诸暨市、温岭市。以上这些城市在创新成果方面表现良好。第四类是C,是指创新成果指数得分在10~20分的城市,包括:嘉善县、新沂市、海宁市、东阳市、海安市、溧阳市、临海市、泰兴市、桐乡市、东台市、玉环市、平湖市、龙港市、永康市、丹阳市、建德市、启东市、靖江市、兴化市、天长市、嵊州市。以上这些城市在创新成果方面表现一般。第五类是D,是指创新成果指数得分在10分以下的城市,包括:广德市、高邮市、潜山市、明光市、仪征市、兰溪市、扬中市、江山市、桐城市、句容市、界首市、龙泉市、无为市、宁国市。以上这些城市在创新成果方面表现较为落后。处于C类(一般)的城市数量最多。

表5—3　　　　　　　　　基于创新成果指数的长三角中小城市分类

A+(50分以上)	昆山市、闵行区、嘉定区、常熟市、松江区
A(30~50分)	张家港市、江阴市、吴江区、奉贤区、崇明区、慈溪市、宝山区、金山区、余姚市、乐清市
B(20~30分)	宜兴市、青浦区、太仓市、义乌市、瑞安市、巢湖市、邳州市、如皋市、诸暨市、温岭市
C(10~20分)	嘉善县、新沂市、海宁市、东阳市、海安市、溧阳市、临海市、泰兴市、桐乡市、东台市、玉环市、平湖市、龙港市、永康市、丹阳市、建德市、启东市、靖江市、兴化市、天长市、嵊州市
D(10分以下)	广德市、高邮市、潜山市、明光市、仪征市、兰溪市、扬中市、江山市、桐城市、句容市、界首市、龙泉市、无为市、宁国市

(二)创新成果指数分省分析

从创新成果指数分省平均值(见图5—2)来看,最高的是上海市,平均值为40.99。第二名是江苏省,平均值为23.55。第三名是浙江省,平均值为17.89。第四名是安徽省,平均值为9.25。可见长三角三省一市在创新成果方面差异较大。上海市创新成果表现亮眼,平均得分与其他三省相比明显较高。上海市所属的8个非中心城区全部进入前17名。

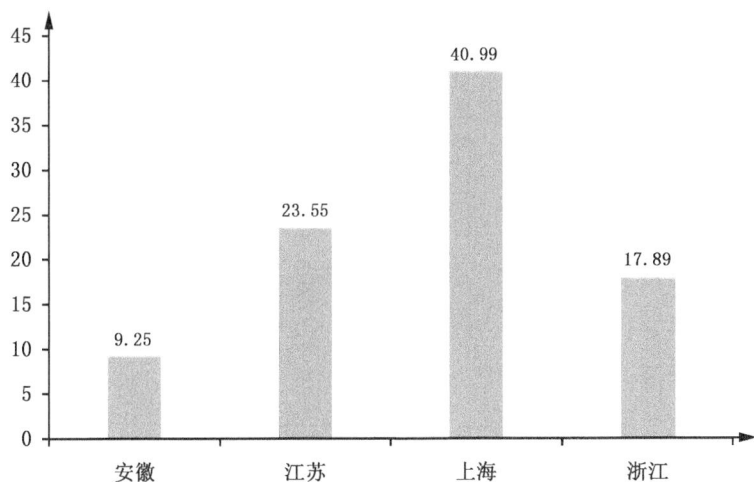

图 5-2　创新成果指数分省平均值

四、长三角中小城市创新成果指数各指标排名

(一)科技型企业数量

表 5-4 显示了科技型企业数量前 30 名的城市及其具体得分。全部城市的科技型企业数量分布情况见图 5-3。最大值是 4 200,最小值是 77,平均值是 1 174,中位数是 804。

表 5-4　　　　　　　　　科技型企业数量前 30 名

省(直辖市)	地级市	县级市(区)	科技型企业数量 (家)	排名
上海		闵行区	4 200	1
江苏	苏州	昆山市	3 812	2
上海		嘉定区	3 288	3
浙江	宁波	慈溪市	3 097	4
上海		松江区	3 056	5
浙江	温州	乐清市	2 896	6
上海		宝山区	2 427	7
上海		奉贤区	2 233	8

续表

省(直辖市)	地级市	县级市(区)	科技型企业数量(家)	排名
浙江	宁波	余姚市	2 195	9
浙江	温州	瑞安市	2 129	10
浙江	绍兴	诸暨市	2 093	11
江苏	苏州	吴江区	2 017	12
浙江	台州	温岭市	1 933	13
江苏	苏州	太仓市	1 831	14
江苏	苏州	常熟市	1 609	15
浙江	金华	义乌市	1 558	16
上海		金山区	1 481	17
江苏	无锡	江阴市	1 479	18
浙江	嘉兴	桐乡市	1 450	19
浙江	嘉兴	海宁市	1 447	20
江苏	苏州	张家港市	1 389	21
江苏	无锡	宜兴市	1 366	22
浙江	嘉兴	嘉善县	1 364	23
浙江	嘉兴	平湖市	1 357	24
上海		青浦区	1 313	25
浙江	台州	玉环市	1 276	26
浙江	金华	永康市	1 086	27
浙江	绍兴	嵊州市	1 039	28
浙江	台州	临海市	998	29
上海		崇明区	825	30

基于科技型企业数量,可以把长三角中小城市分为4类,见表5-5。第一类是A,是指科技型企业数量在3 000家以上的城市,包括:闵行区、昆山市、嘉定区、慈溪市、松江区。以上城市科技型企业数量表现优秀。第二类是B,是指科技型企业数量在2 000~2 999家的城市,包括:乐清市、宝山区、奉贤区、余姚市、瑞安市、诸暨市、吴江区。以上城市科技型企业数量表现良好。第三类是C,是指科技型企业数量在1 000~1 999家的城市,包括:温岭市、太仓市、常熟市、

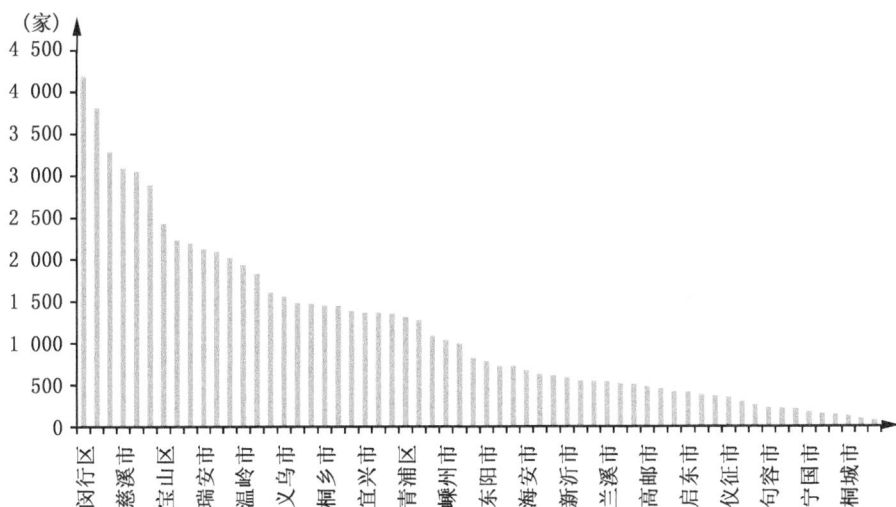

图 5—3　科技型企业数量条形图

义乌市、金山区、江阴市、桐乡市、海宁市、张家港市、宜兴市、嘉善县、平湖市、青浦区、玉环市、永康市、嵊州市。以上城市科技型企业数量表现一般。第四类是D，是指科技型企业数量在 1 000 家以下的城市，包括：临海市、崇明区、东阳市、龙港市、如皋市、海安市、靖江市、建德市、新沂市、溧阳市、江山市、兰溪市、泰兴市、丹阳市、高邮市、东台市、兴化市、启东市、扬中市、邳州市、仪征市、天长市、龙泉市、句容市、巢湖市、界首市、宁国市、广德市、无为市、桐城市、明光市、潜山市。以上城市科技型企业数量表现较为落后。处于 D 类（较为落后）的城市数量最多。

表 5—5　　　　　　　基于科技型企业数量的长三角中小城市分类

A(3 000 家以上)	闵行区、昆山市、嘉定区、慈溪市、松江区
B(2 000～2 999 家)	乐清市、宝山区、奉贤区、余姚市、瑞安市、诸暨市、吴江区
C(1 000～1 999 家)	温岭市、太仓市、常熟市、义乌市、金山区、江阴市、桐乡市、海宁市、张家港市、宜兴市、嘉善县、平湖市、青浦区、玉环市、永康市、嵊州市
D(1 000 家以下)	临海市、崇明区、东阳市、龙港市、如皋市、海安市、靖江市、建德市、新沂市、溧阳市、江山市、兰溪市、泰兴市、丹阳市、高邮市、东台市、兴化市、启东市、扬中市、邳州市、仪征市、天长市、龙泉市、句容市、巢湖市、界首市、宁国市、广德市、无为市、桐城市、明光市、潜山市

　　从科技型企业数量分省平均值（见图 5—4）来看，最高的是上海市，平均值

为 2 353 家。第二名是浙江省,平均值为 1 399 家。第三名是江苏省,平均值为 944 家。第四名是安徽省,平均值为 167 家。可见长三角三省一市在科技型企业数量方面差异较大。上海市科技型企业数量表现亮眼,平均值与其他三省相比明显较高,遥遥领先。上海市所属的 8 个非中心城区全部进入前 30 名。

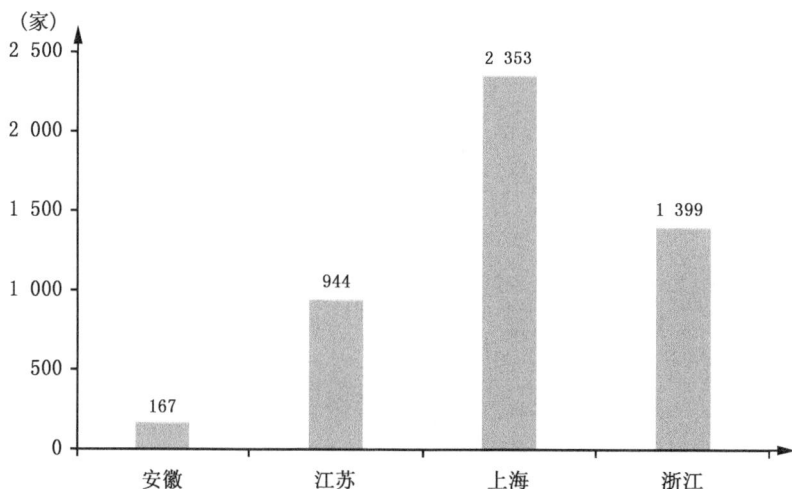

图 5—4　科技型企业数量分省条形图

(二)科创上市企业数量

表 5—6 显示了科创上市企业数量前 30 名的城市及其具体得分。全部城市的科创上市企业数量分布情况见图 5—5。科创上市企业数量最大值是 22,最小值是 0,平均值是 3.97,中位数是 2。

表 5—6　　　　　　　　科创上市企业数量前 30 名

省(直辖市)	地级市	县级市(区)	科创上市企业数量 (家)	排名
江苏	苏州	昆山市	22	1
上海		闵行区	21	2
上海		嘉定区	15	3
上海		松江区	15	3
江苏	苏州	张家港市	15	3
江苏	苏州	吴江区	13	6
上海		金山区	11	7
上海		青浦区	11	7

续表

省(直辖市)	地级市	县级市(区)	科创上市企业数量（家）	排名
上海		奉贤区	10	9
江苏	无锡	江阴市	10	9
江苏	苏州	常熟市	9	11
浙江	宁波	余姚市	7	12
浙江	宁波	慈溪市	7	12
浙江	温州	乐清市	7	12
上海		宝山区	6	15
江苏	无锡	宜兴市	4	16
浙江	温州	瑞安市	4	16
浙江	嘉兴	海宁市	4	16
浙江	嘉兴	嘉善县	4	16
浙江	金华	东阳市	4	16
江苏	苏州	太仓市	3	21
江苏	南通	如皋市	3	21
江苏	镇江	丹阳市	3	21
江苏	镇江	扬中市	3	21
浙江	台州	玉环市	3	21
江苏	常州	溧阳市	2	26
江苏	南通	启东市	2	26
浙江	绍兴	嵊州市	2	26
浙江	台州	温岭市	2	26
浙江	台州	临海市	2	26

　　基于科创上市企业数量，可以把长三角中小城市分为5类，见表5－7。第一类是A＋，是指科创上市企业数量在15家以上的城市，包括：昆山市、闵行区、嘉定区、松江区、张家港市。以上城市科创上市企业数量表现卓越，是长三角中小城市中的第一梯队。第二类是A，是指科创上市企业数量在10～14家的城市，包括：吴江区、金山、青浦区、奉贤区、江阴市。以上城市科创上市企业数量表现优秀。第三类是B，是指科创上市企业数量在5～9家的城市，包括：常熟市、余姚市、慈溪市、乐清市、宝山区。以上城市科创上市企业数量表现良好。第四类是C，是指科创上市企业数量在1～4家的城市，包括：宜兴市、瑞安市、海宁市、嘉善县、东阳市、太仓市、如皋市、丹阳市、扬中市、玉环市、溧阳市、启东市、嵊

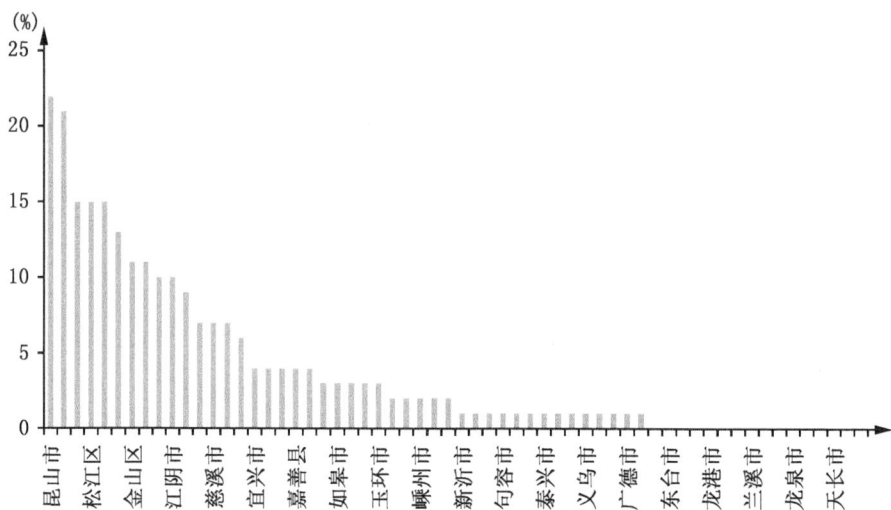

图5—5 科创上市企业数量条形图

州市、温岭市、临海市、新沂市、邳州市、海安市、句容市、兴化市、靖江市、泰兴市、建德市、诸暨市、义乌市、明光市、宁国市、广德市、潜山市。以上城市科创上市企业数量表现一般。第五类是D,是指科创上市企业数量为0家的城市,包括:崇明区、东台市、仪征市、高邮市、龙港市、平湖市、桐乡市、兰溪市、永康市、江山市、龙泉市、巢湖市、界首市、天长市、无为市、桐城市。以上城市科创上市企业数量表现较为落后。处于C类(一般)的城市数量最多。

表5—7   基于科创上市企业数量的长三角中小城市分类

A+(15家以上)	昆山市、闵行区、嘉定区、松江区、张家港市
A(10~14家)	吴江区、金山区、青浦区、奉贤区、江阴市
B(5~9家)	常熟市、余姚市、慈溪市、乐清市、宝山区
C(1~4家)	宜兴市、瑞安市、海宁市、嘉善县、东阳市、太仓市、如皋市、丹阳市、扬中市、玉环市、溧阳市、启东市、嵊州市、温岭市、临海市、新沂市、邳州市、海安市、句容市、兴化市、靖江市、泰兴市、建德市、诸暨市、义乌市、明光市、宁国市、广德市、潜山市
D(0家)	崇明区、东台市、仪征市、高邮市、龙港市、平湖市、桐乡市、兰溪市、永康市、江山市、龙泉市、巢湖市、界首市、天长市、无为市、桐城市

从科创上市企业数量分省平均值(见图5—6)来看,最高的是上海市,平均值为11.13家。第二名是江苏省,平均值为4.36家。第三名是浙江省,平均值为2.33家。第四名是安徽省,平均值为0.44家。可见长三角三省一市在科创

上市企业数量方面差异较大。上海市科创上市企业数量平均值与其他三省相比明显较高。但上海市所属的 8 个非中心城区内部差异较大,闵行区、嘉定区、松江区、金山区、青浦区、奉贤区、宝山区科创上市企业数量在 6～15 家,均进入前15 名,而崇明区截至本研究统计时间尚未有科创上市企业。

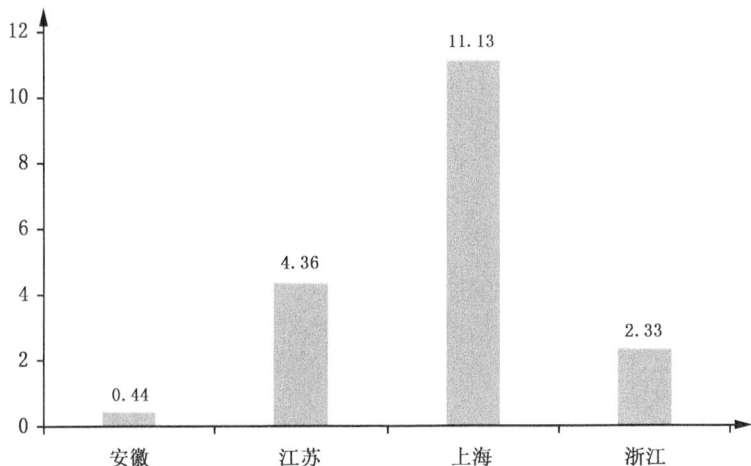

图 5-6 科创上市企业数量分省条形图

(三)专利授权量近五年平均增长率

表 5-8 显示了专利授权量近五年平均增长率前 30 名的城市及其具体得分。全部城市的专利授权量近五年平均增长率分布情况见图 5-7。专利授权量最近五年平均增长率最大值是 228.87%,最小值是 -1.11%,平均值是41.23%,中位数是 34.67%。

表 5-8 专利授权量近五年平均增长率前 30 名

省(直辖市)	地级市	县级市(区)	专利授权量近五年平均增长率(%)	排名
上海		崇明区	228.87	1
江苏	徐州	邳州市	126.55	2
江苏	徐州	新沂市	105.09	3
浙江	温州	龙港市①	87.12	4

---

① 龙港市由于设市较晚,未形成 5 年数据,表中数据为 2020—2021 年增长率。

省（直辖市）	地级市	县级市（区）	专利授权量近五年平均增长率（%）	排名
安徽	滁州	天长市	85.32	5
安徽	合肥	巢湖市	80.77	6
安徽	宣城	广德市	72.41	7
安徽	滁州	明光市	68.43	8
江苏	泰州	泰兴市	62.28	9
江苏	苏州	太仓市	60.63	10
安徽	安庆	潜山市	59.90	11
江苏	苏州	吴江区	56.49	12
江苏	常州	溧阳市	56.01	13
江苏	苏州	常熟市	54.82	14
江苏	苏州	昆山市	54.66	15
江苏	盐城	东台市	52.46	16
上海		奉贤区	48.67	17
上海		松江区	45.57	18
浙江	金华	义乌市	45.40	19
浙江	杭州	建德市	42.54	20
江苏	泰州	兴化市	42.44	21
浙江	台州	临海市	41.57	22
安徽	芜湖	无为市	39.84	23
江苏	无锡	宜兴市	39.45	24
江苏	苏州	张家港市	37.37	25
安徽	阜阳	界首市	37.10	26
上海		金山区	36.89	27
安徽	安庆	桐城市	35.90	28
浙江	金华	东阳市	35.78	29
浙江	嘉兴	嘉善县	34.88	30

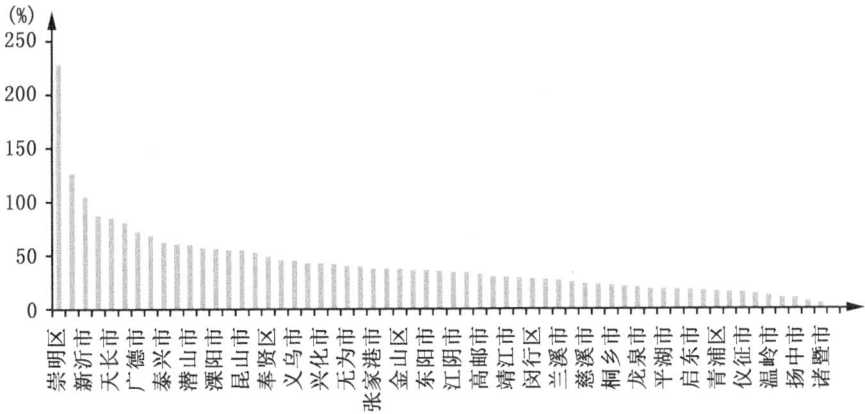

图 5—7　专利授权量近五年平均增长率条形图

　　基于专利授权量近五年平均增长率,可以把长三角中小城市分为 4 类,见表 5—9。第一类是 A,是指专利授权量近五年平均增长率在 50% 以上的城市,包括:崇明区、邳州市、新沂市、龙港市、天长市、巢湖市、广德市、明光市、泰兴市、太仓市、潜山市、吴江区、溧阳市、常熟市、昆山市、东台市。以上城市专利授权量近五年平均增长率表现优秀。第二类是 B,是指专利授权量近五年平均增长率在 35%～50% 的城市,包括:奉贤区、松江区、义乌市、建德市、兴化市、临海市、无为市、宜兴市、张家港市、界首市、金山区、桐城市、东阳市。以上城市专利授权量近五年平均增长率表现良好。第三类是 C,是指专利授权量近五年平均增长率在 20%～35% 的城市,包括:嘉善县、江阴市、嘉定区、高邮市、余姚市、靖江市、乐清市、闵行区、如皋市、兰溪市、瑞安市、慈溪市、宝山区、桐乡市、永康市、龙泉市。以上城市专利授权量近五年平均增长率表现中等。第四类是 D,是指专利授权量近五年平均增长率在 20% 以下的城市,包括:丹阳市、平湖市、海宁市、启东市、宁国市、青浦区、玉环市、仪征市、海安市、温岭市、嵊州市、扬中市、江山市、诸暨市、句容市。以上城市专利授权量近五年平均增长率表现稍低。全部 60 个中小城市中,3/4 的城市专利授权量近五年平均增长率超过了 20%,而且这个指标的平均值和中位数也较高,说明从整体上来看,长三角中小城市专利授权量每年均有较大幅度的增长,表现相当亮眼。

表5-9 基于专利授权量近五年平均增长率的长三角中小城市分类

A(增长率 50%以上)	崇明区、邳州市、新沂市、龙港市、天长市、巢湖市、广德市、明光市、泰兴市、太仓市、潜山市、吴江区、溧阳市、常熟市、昆山市、东台市
B(增长率 35%~50%)	奉贤区、松江区、义乌市、建德市、兴化市、临海市、无为市、宜兴市、张家港市、界首市、金山区、桐城市、东阳市
C(增长率 20%~35%)	嘉善县、江阴市、嘉定区、高邮市、余姚市、靖江市、乐清市、闵行区、如皋市、兰溪市、瑞安市、慈溪市、宝山区、桐乡市、永康市、龙泉市
D(增长率 20%以下)	丹阳市、平湖市、海宁市、启东市、宁国市、青浦区、玉环市、仪征市、海安市、温岭市、嵊州市、扬中市、江山市、诸暨市、句容市

从专利授权量近五年平均增长率分省平均值(见图5-8)来看,相对来讲,长三角三省一市在专利授权量近五年平均增长率方面差异不是特别大。最高的是上海市,平均值为57.63%。第二名是安徽省,平均值为55.20%。第三名是江苏省,平均值为42.96%。第四名是浙江省,平均值为27.19%。浙江省中小城市专利授权量近五年平均增长率明显低于其他两省一市。特别值得注意的是,安徽省这个指标的平均值与上海市仅有微小差距,大幅度超过了江苏省和浙江省。可见,安徽省中小城市在科技创新方面追赶的速度非常快,展现出了强劲的发展潜力。

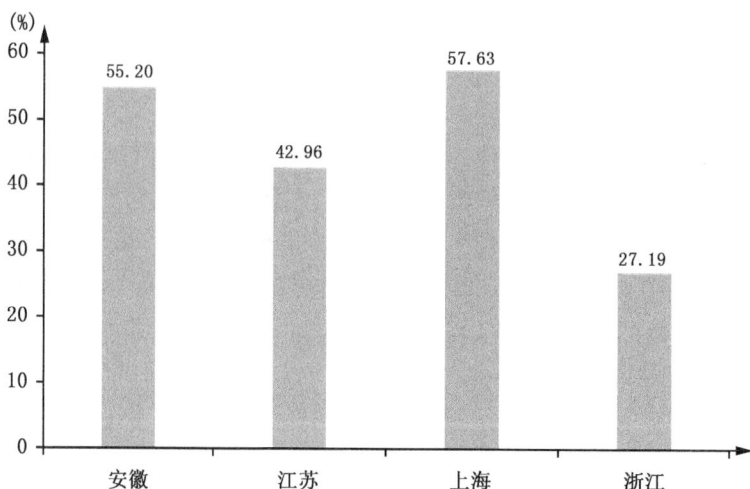

图5-8 专利授权量近五年平均增长率分省条形图

(四)论文发表数

表5-10显示了论文发表数前30名的城市及其具体得分。全部城市的论

文发表数分布情况见图 5—9。论文发表数最大值是 1 111,最小值是 38,平均值是 295,中位数是 250。

表 5—10   论文发表数前 30 名

省(直辖市)	地级市	县级市(区)	论文发表数(篇)	排名
江苏	苏州	常熟市	1 111	1
江苏	苏州	昆山市	921	2
江苏	无锡	江阴市	906	3
江苏	苏州	张家港市	696	4
安徽	合肥	巢湖市	579	5
江苏	无锡	宜兴市	556	6
江苏	南通	海安市	540	7
浙江	金华	义乌市	537	8
上海		嘉定区	520	9
江苏	南通	如皋市	501	10
上海		松江区	482	11
上海		宝山区	418	12
上海		闵行区	412	13
上海		金山区	353	14
江苏	苏州	太仓市	351	15
浙江	宁波	余姚市	343	16
上海		奉贤区	333	17
江苏	盐城	东台市	329	18
上海		青浦区	325	19
浙江	绍兴	诸暨市	323	20
江苏	苏州	吴江区	304	21
江苏	南通	启东市	297	22
江苏	常州	溧阳市	292	23
浙江	金华	东阳市	278	24
上海		崇明区	264	25

续表

省（直辖市）	地级市	县级市（区）	论文发表数（篇）	排名
浙江	金华	永康市	264	26
江苏	扬州	仪征市	261	27
江苏	泰州	泰兴市	259	28
江苏	徐州	邳州市	258	29
浙江	台州	温岭市	256	30

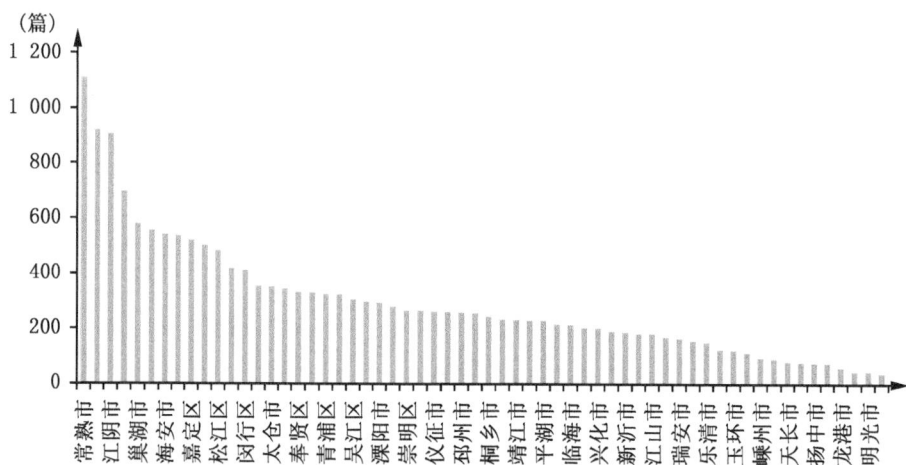

图 5—9　论文发表数条形图

基于论文发表数，可以把长三角中小城市分为 4 类，见表 5—11。第一类是A，是指论文发表数在 600 篇以上的城市，包括：常熟市、昆山市、江阴市、张家港市。以上城市论文发表数表现优秀。第二类是 B，是指论文发表数在 400～599篇的城市，包括：巢湖市、宜兴市、海安市、义乌市、嘉定区、如皋市、松江区、宝山区、闵行区。以上城市论文发表数表现良好。第三类是 C，是指论文发表数在200～399 篇的城市，包括：金山区、太仓市、余姚市、奉贤区、东台市、青浦区、诸暨市、吴江区、启东市、溧阳市、东阳市、崇明区、永康市、仪征市、泰兴市、邳州市、温岭市、桐乡市、丹阳市、靖江市、慈溪市、平湖市、海宁市、临海市、句容市、兴化市。以上城市论文发表数表现中等。第四类是 D，是指论文发表数在 200 篇以下的城市，包括：高邮市、新沂市、建德市、江山市、嘉善县、瑞安市、兰溪市、乐清市、龙泉市、玉环市、桐城市、嵊州市、潜山市、天长市、宁国市、扬中市、界首市、龙港市、无为市、明光市、广德市。可见,大部分城市年论文发表数集中在200～399篇与200篇以下两个区间,少部分城市年论文发表数达到了400篇以上,遥遥领先。

表5-11 基于论文发表数的长三角中小城市分类

A(600篇以上)	常熟市、昆山市、江阴市、张家港市
B(400～599篇)	巢湖市、宜兴市、海安市、义乌市、嘉定区、如皋市、松江区、宝山区、闵行区
C(200～399篇)	金山区、太仓市、余姚市、奉贤区、东台市、青浦区、诸暨市、吴江区、启东市、溧阳市、东阳市、崇明区、永康市、仪征市、泰兴市、邳州市、温岭市、桐乡市、丹阳市、靖江市、慈溪市、平湖市、海宁市、临海市、句容市、兴化市
D(200篇以下)	高邮市、新沂市、建德市、江山市、嘉善县、瑞安市、兰溪市、乐清市、龙泉市、玉环市、桐城市、嵊州市、潜山市、天长市、宁国市、扬中市、界首市、龙港市、无为市、明光市、广德市

从论文发表数分省平均值(见图5-10)来看,相对来讲,长三角三省一市在论文发表数方面差异不是特别大。最高的是江苏省,平均值为405篇。第二名是上海市,平均值为388篇。第三名是浙江省,平均值为216篇。第四名是安徽省,平均值为127篇。

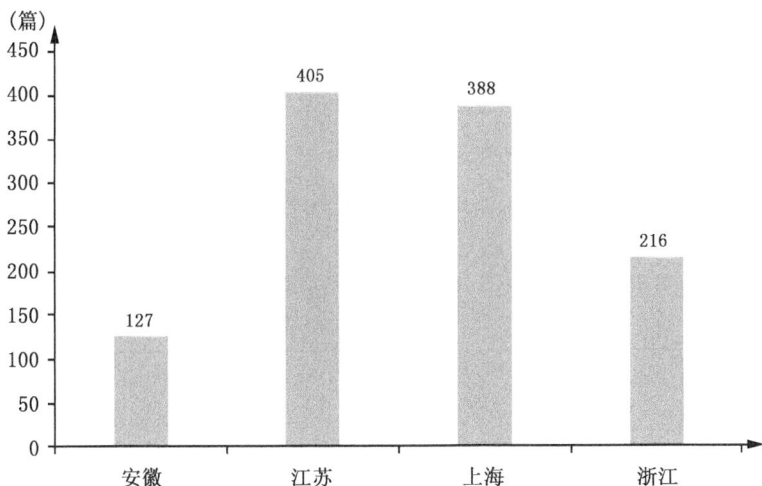

图5-10 论文发表数分省条形图

五、长三角中小城市创新成果指数分报告结论与建议

(一)结论

本研究选取了四个指标来形成长三角中小城市创新成果指数。具体是:科技型企业数量、科创上市企业数量、专利授权量近五年平均增长率、论文发表数。

从创新成果指数分省平均值来看,最高的是上海市,平均值为40.99。第二名是江苏省,平均值为23.55。第三名是浙江省,平均值为17.89。第四名是安徽省,平均值为9.25。可见长三角三省一市在创新成果方面差异较大。上海市创新成果表现亮眼,平均得分与其他三省相比明显较高。上海市所属的8个非中心城区全部进入前17名。

全部城市的科技型企业数量最大值是4 200,最小值是77,平均值是1 174,中位数是804。从科技型企业数量分省平均值来看,最高的是上海市,平均值为2 353家。第二名是浙江省,平均值为1 399家。第三名是江苏省,平均值为944家。第四名是安徽省,平均值为167家。可见长三角三省一市在科技型企业数量方面差异较大。上海市科技型企业数量平均值与其他三省相比明显较高,遥遥领先。上海市所属的8个非中心城区全部进入前30名。

全部城市的科创上市企业数量最大值是22,最小值是0,平均值是3.97,中位数是2。从科创上市企业数量分省平均值来看,最高的是上海市,平均值为11.13家。第二名是江苏省,平均值为4.36家。第三名是浙江省,平均值为2.33家。第四名是安徽省,平均值为0.44家。可见长三角三省一市在科创上市企业数量方面差异较大。上海市科创上市企业数量平均值与其他三省相比明显较高。但上海市所属的8个非中心城区内部差异较大。

全部城市的专利授权量近五年平均增长率最大值是228.87%,最小值是−1.11%,平均值是41.23%,中位数是34.67%。四分之三的城市专利授权量近五年平均增长率超过了20%,而且这个指标的平均值和中位数也较高,说明从整体上来看,长三角中小城市专利授权量每年均有较大幅度的增长,表现相当亮眼。从专利授权量近五年平均增长率分省平均值来看,相对来讲,长三角三省一市在专利授权量近五年平均增长率方面差异不是特别大。最高的是上海市,平均值为57.63%。第二名是安徽省,平均值为55.20%。第三名是江苏省,平均值为42.96%。第四名是浙江省,平均值为27.19%。特别值得注意的是,安徽省这个指标的平均值与上海市仅有微小差距,大幅度超过了江苏省和浙江省。可见,安徽省中小城市在科技创新方面追赶的速度非常快,展现出了强劲的发展潜力。

全部城市的论文发表数最大值是 1 111,最小值是 38,平均值是 295,中位数是 250。从论文发表数分省平均值来看,相对来讲,长三角三省一市在论文发表数方面差异不是特别大。最高的是江苏省,平均值为 405 篇。第二名是上海市,平均值为 388 篇。第三名是浙江省,平均值为 216 篇。第四名是安徽省,平均值为 127 篇。

(二)建议

科技创新企业发展,离不开风险投资的支持。科技创新企业有可能会面临较大的风险,也有可能会带来较高的收益。创新创业板能够为科技创新企业提供长期直接融资,同时最大限度地分散风险,满足科技创新企业发展的需求。创新创业板通过构建上市公司创新成长一站式综合服务平台,联结资本与产业,助力大批创新创业企业通过上市融资提升综合竞争实力。因此,建议各城市相关政府部门,积极创造条件帮助更多企业争取创新创业板上市,一方面扩大企业直接融资,改善其信息环境和治理水平,另一方面也有利于企业借助上市后资本市场的资金和品牌优势,进一步加速战略转型与发展,以此提高城市整体创新活力。

上海市 8 个非中心城区整体创新成果显著,在创新成果指数除论文发表数以外的 3 个指标上平均值都居三省一市第一名。但应注意内部发展的均衡问题。尤其是崇明区在科创上市企业数量上,应努力寻求突破。

江苏省中小城市在论文发表数这个指标上平均值位列三省一市第一名。在科技型企业数量和科创上市企业数量这两个指标上,与领先的上海市差距比较明显。可见,江苏省中小城市在创新方面改进的重点应放在科技企业的培育上。积极培育各种类型的科技型企业,同时争取更多的企业在创新创业板上市。

浙江省中小城市同样在科技型企业数量和科创上市企业数量这两个指标上,与领先的上海市差距比较明显。因此,浙江省中小城市也应该积极培育各种类型的科技型企业,同时争取更多的企业在创新创业板上市。另外,浙江省中小城市还有一个问题需要引起注意,专利授权量近五年平均增长率这个指标的平均值已明显低于上海市、安徽省和江苏省。众所周知,科学技术是第一生产力,而专利授权量是反映人才技术产出的一个重要指标。建议浙江省中小城市为人才的技术产出创造更好的条件,加大扶持力度,为城市创新未来的发展培养动力源。

安徽省中小城市在科技型企业数量、科创上市企业数量和论文发表数这三个指标上与上海市、江苏省和浙江省相差较大。但可喜的是,专利授权量近五年平均增长率超过了江苏省和浙江省,仅以微小差距低于上海市。对于安徽中小城市的建议是,抓住长三角一体化带来的战略机遇,在科学技术发展日新月异、科技产业更新换代的大背景下,充分发挥后发优势,激发创新活力,迎头赶上其他两省一市。

(作者:高昉)

第六章

长三角中小城市创新效益指数报告

一、长三角中小城市创新效益指标体系

当今技术发展飞速、竞争环境日益激烈,创新是保持竞争优势的关键,然而并非所有创新都能带来效益,只有被市场接纳、带来超出成本的产出的创新才是成功的创新。城市的创新绩效,是衡量城市创新效果的指标,其核心是实现价值创造。创新绩效是城市创新研究中的一个重要领域,一直备受学术界和企业界关注。

依据长三角中小城市数据可获取性,本报告创新效益的具体表征主要用全员劳动生产率、外商直接投资额、高新技术产业增加值占 GDP 比重、高新技术产业增加值增长率四个指标来表达。因此,最终形成的长三角中小城市创新效益指标体系见图 6—1。

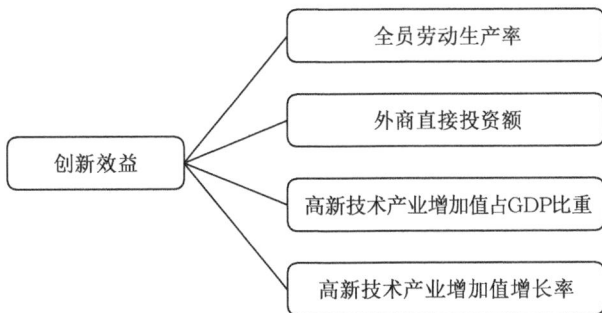

```
                    ┌─────────────────────────────────┐
                    │          全员劳动生产率          │
                    └─────────────────────────────────┘
                    ┌─────────────────────────────────┐
                    │          外商直接投资额          │
  ┌──────────┐      └─────────────────────────────────┘
  │ 创新效益 │      ┌─────────────────────────────────┐
  └──────────┘      │ 高新技术产业增加值占GDP比重      │
                    └─────────────────────────────────┘
                    ┌─────────────────────────────────┐
                    │      高新技术产业增加值增长率     │
                    └─────────────────────────────────┘
```

图 6—1 创新效益指标体系框架

二、长三角中小城市创新效益指数指标说明

(一)全员劳动生产率

指标说明:全员劳动生产率是指依据产品的价值量指标,计算平均每个从业

人员在单位时间内的产品生产量。全员劳动生产率是考核区域经济活动的重要指标,是区域生产技术水平、经营管理水平、职工技术熟练程度和劳动积极性的综合表现。

计算方法:全员劳动生产率=劳动生产总值/年全员从业人员数。

指标单位:万元/人。

指标性质:正向。

数据周期:2021年。

数据来源:各省市、县级市的统计年鉴、社会公报以及人口普查数据。

(二)外商直接投资额

指标说明:指的是区域2021年实际引用外资的到账金额。外商直接投资额的高低直接反映了区域创新效益的好坏。因此,采用外商直接投资额来表征中小城市在创新效益方面的体现。

计算方法:统计累加。

指标单位:亿元。

指标性质:正向。

数据周期:2021年。

数据来源:各省市、地级市和县级市统计年鉴、社会公报等。

(三)高新技术产业增加值占GDP比重

指标说明:高新技术产业是以高新技术为基础,从事一种或多种高新技术及其产品的研究、开发、生产和技术服务的企业集合。高新技术产业的关键技术开发难度系数非常大,一旦突破关键技术,其带来的经济效益和社会效益往往高于一般的产业。高新技术产业类型是技术和知识密集的产业类型,是属于已确定的高新技术领域,包括目前处于技术前沿的技术或工艺突破。目前,依据行业标准,高新技术产业主要是指生物技术、信息技术和新材料技术三大领域。本报告采用高新技术产业增加值占GDP比重来表征城市在创新领域中所产生的创新效益。

计算方法:高新技术产业增加值占GDP比重=高新技术产业增加值/GDP。

指标单位:%。

指标性质:正向。

数据周期:2021年。

数据来源:各省市、县级市统计年鉴、社会公报和政府网站。

(四)高新技术产业增加值增长率

指标说明:我们通过高新技术产业增加值的增长率来表征城市创新的活力

和发展趋势。

计算方法:2021 年高新技术产业增加值增长率＝(2021 年高新技术产业增加值－2020 年高新技术产业增加值)/2020 年高新技术产业增加值。

指标单位:%。

指标性质:正向。

数据周期:2021 年和 2020 年。

数据来源:各省市、县级市统计年鉴和国民经济、社会公报和政府网站。

三、长三角中小城市创新效益指数指标权重

本报告采用全员劳动生产率、外商直接投资额、高新技术产业增加值占GDP 比重、高新技术产业增加值增长率四个指标,来表征长三角中小城市创新效益指数,分别体现城市的创新活力动态发展趋势。采用主观赋权的方法为四个指标赋权。考虑到各个指标对长三角中小城市创新效益的影响程度,四个指标的赋权见表 6—1。

表 6—1　　　　　　　　　创新效益指标权重表

指　　标	权重	指　　标	权重
全员劳动生产率	0.3	外商直接投资额	0.3
高新技术产业增加值占 GDP 比重	0.3	高新技术产业增加值增长率	0.1

四、长三角中小城市创新效益指数排名分析

(一)长三角中小城市创新效益指数排名

基于全员劳动生产率、外商直接投资额、高新技术产业增加值占 GDP 比重、高新技术产业增加值增长率四个表征指标的数据,经过严格数据处理,再依据指标权重加权计算,最终获得创新效益指数。具体步骤如下:(1)数据前期预处理,然后进行标准化处理。(2)为指标权重赋值。(3)评估长三角中小城市创新效益指数。长三角中小城市创新效益指数排名见表 6—2。

表 6—2　　　　　　长三角中小城市创新效益指数前 30 名

省	地级市	县级市(区)	创新效益	排名
浙江	嘉兴	平湖市	64.26	1
浙江	嘉兴	嘉善县	59.70	2

省	地级市	县级市(区)	创新效益	排名
浙江	金华	义乌市	55.09	3
浙江	金华	兰溪市	45.51	4
浙江	宁波	慈溪市	37.49	5
上海		金山区	37.41	6
浙江	台州	玉环市	35.76	7
上海		嘉定区	35.72	8
江苏	苏州	昆山市	34.21	9
江苏	常州	溧阳市	33.77	10
浙江	杭州	建德市	32.47	11
安徽	阜阳	界首市	32.01	12
安徽	芜湖	无为市	31.44	13
浙江	温州	乐清市	31.24	14
江苏	苏州	张家港市	31.23	15
江苏	苏州	吴江区	30.62	16
上海		宝山区	30.38	17
江苏	无锡	宜兴市	30.20	18
江苏	无锡	江阴市	30.11	19
浙江	宁波	余姚市	30.04	20
安徽	安庆	桐城市	29.44	21
浙江	台州	临海市	29.39	22
浙江	台州	温岭市	27.91	23
江苏	泰州	泰兴市	27.14	24
江苏	泰州	靖江市	26.51	25
江苏	苏州	太仓市	26.41	26
浙江	嘉兴	桐乡市	26.18	27
江苏	镇江	扬中市	25.46	28
上海		闵行区	25.31	29
上海		青浦区	25.30	30

依据长三角中小城市创新效益指数,挤进前 15 名的有平湖市、嘉善县、义乌市、兰溪市、慈溪市、金山区、玉环市、嘉定区、昆山市、溧阳市、建德市、界首市、无为市、乐清市、张家港市(见图 6—2)。其中得分最高的是平湖市,为 64.26,主要体现在平湖市高新技术产业增加值遥遥领先于其他城市区域,分值为 314.8 亿元,占平湖市 GDP 总量的 34.69%,奠定了平湖市创新效益高的基础。第二名为嘉善县,得分为 59.7,具体表现在高新技术产业增加值较高,为 283.67 亿元,增长率为 21.6%,同时也充分体现了嘉善县在高科技技术方面的领先优势。第三名为义乌市,分值为 55.09,全员劳动力生产率排名第一,分值为 100.22,外商直接投资额为 11.82 亿元,排名前五,高新技术产业增加值增长率为 71.9%,排名第一。

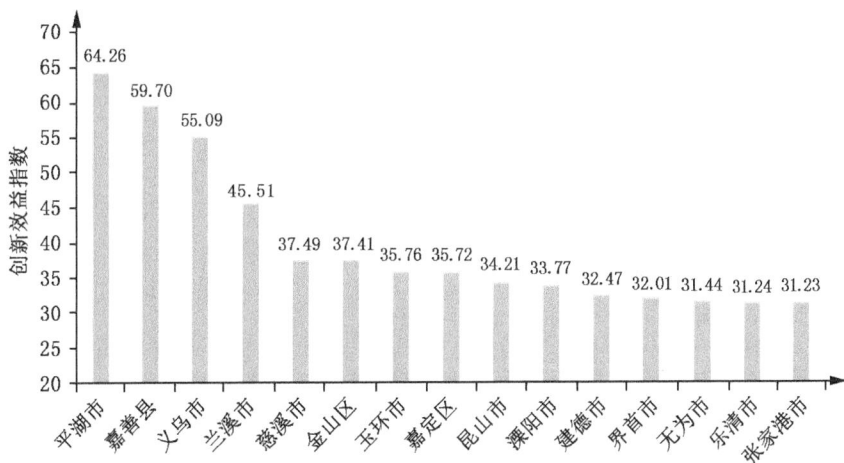

图 6—2　长三角中小城市创新效益指数前 15 名

从城市的创新效益指数整体布局来看,城市的创新效益差异显著,长三角 60 个中小城市创新效益指数均值为 25.23,分值差异显著,最高分达到 64.26,最低低至 3.97 分。其中有 8 个城市外商直接投资到账金额低于 1 亿元。总之,长三角中小城市创新效益有待进一步激发与挖掘。

依据长三角中小城市创新效益指数前 15 名来看,上海市的金山区、嘉定区进入前 15 名。浙江省的平湖市、嘉善县、义乌市、兰溪市、慈溪市、玉环市、建德市、乐清市进入前 15 名。江苏省的昆山市、张家港市、溧阳市进入前 15 名。安徽省的界首市、无为市进入前 15 名。

长三角中小城市创新效益指数前 30 名数据显示,上海金山区、嘉定区、宝山区、闵行区、青浦区入围前30名,占上海比重为62.5%。江苏省10个中小城市入围前30名,占比为45.45%。浙江省有12个中小城市入围前30名,占比为57.14.9%。安徽省有3个城市入围前30名,分别为界首市、无为市、桐城市,占比为33.33%。根据前30名的入围情况,可以看出上海、浙江省入围前30名的比重最大,在入围前30名的方面,表现突出。

(二)长三角中小城市创新效益指数分布态势

把长三角中小城市创新效益指数按优(≥35分)、良(40~30)、一般(30~20)、弱(≤15)四个等级划分,得到长三角中小城市创新效益指数的分布态势(见表6—3)。

表6—3　　　　　　　　　长三角中小城市创新效益指数分布态势

创新效益指数	创新效益指数等级划分	创新效益指数均值	城市个数	城市分布
≥35	优	46.37	8	上海:金山区、嘉定区 浙江:平湖市、嘉善县、义乌市、兰溪市、慈溪市、玉环市
35~25	良好	29.05	24	上海:宝山区、闵行区、青浦区 浙江:建德市、余姚市、乐清市、临海市、温岭市、桐乡市、东阳市、海宁市 江苏:昆山市、溧阳市、张家港市、吴江区、江阴市、宜兴市、泰兴市、靖江市、太仓市、扬中市 安徽:界首市、无为市、桐城市
25~15	一般	21.33	16	上海:松江区、奉贤区 浙江:诸暨市、永康市、江山市、嵊州市、瑞安市 江苏:海安市、仪征市、常熟市、启东市、高邮市、如皋市 安徽:天长市、潜山市、巢湖市
≤15	弱	8.73	12	上海:崇明区 浙江:龙港市、龙泉市 江苏:兴化市、新沂市、邳州市、丹阳市、东台市、句容市 安徽:广德市、宁国市、明光市

长三角60个中小城市创新效益指数在优、良、一般、弱四个等级上城市个数呈现正态分布态势(见图6—3)。四个等级的创新效益指数的城市中,8个城市创新效益指数为优,24个城市创新效益指数为良好,16个城市创新效益指数为

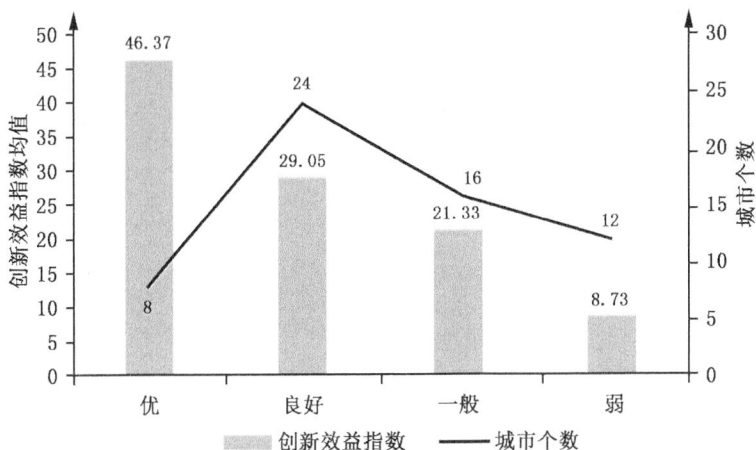

图6—3　长三角中小城市创新效益指数分布态势

一般,12个城市创新效益指数为弱。四个等级的创新效益均值分别对应为46.37、29.05、21.33、8.73。60个城市创新效益指数主要分布在良、一般的等级水平上,有40个城市,占总数比重为66.67%。

(三)三省一市创新效益指数对比分析

对三省一市的中小城市的创新效益指数求均值,得出三省一市创新效益指数排名为:浙江省(30.79)＞上海市(24.98)＞江苏省(22.08)＞安徽省(20.23)(见图6—4)。数据显示,浙江省21个中小城市创新效益指数显著高于其他三个省市。上海的八大非中心城区并没有想象中的那样在创新效益方面远高于其他地区。数据显示,浙江21个中小城市创新效益指数平均得分高于上海5.81分,上海8大非中心城区平均得分仅高于江苏省2.9分,江苏省平均得分仅高于安徽1.85。可见,上海和江苏在提升创新效益方面还有非常大的提升空间。

长三角60个中小城市(区)的平均得分为25.23分,得分并不高,整体水平有待进一步提升。在国家持续推动创新强国、科技创新强省的大背景之下,在不久的将来,长三角中小城市的创新效益会被有效激发出来,真正实现创新强省,创新强市。

对比三省一市,数据显示,浙江省在创新效益指数上表现最佳。浙江省表现优异主要体现在高新技术产业增加值占GDP比重上,其高新技术产业增加值占GDP比重均值达到18.08%。"十四五"时期浙江省以超常规举措补齐科技创新短板,全面实施创新驱动高质量发展。全省上下加快建成高水平创新型省份,加

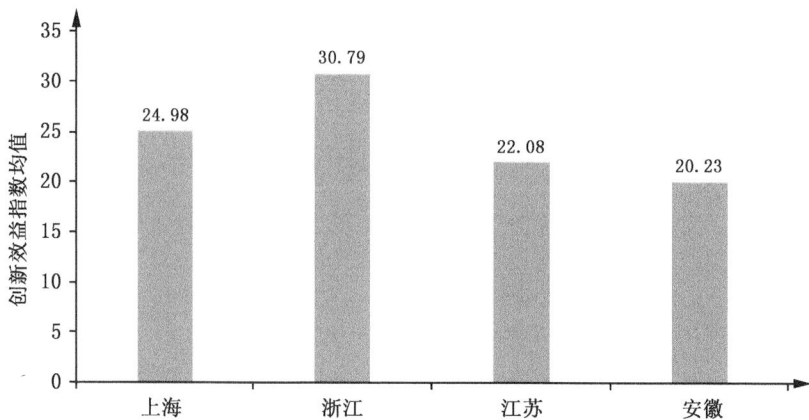

图6—4 三省一市创新效益指数对比分析

强创新策源地建设,将打造科技创新中小体系作为科技强省的重要战略举措。浙江省出台了一系列相关创新政策,包括《关于加强技术创新中小体系建设的实施意见》《浙江省技术创新中小建设工作指引》等。明确提出到2025年建成10~15家科技创新中心,要加快构建科技创新中心体系,为构建新发展格局提供强大技术支撑。2023年,6家升级技术创新中心在浙江省建设,成为浙江省产业基础高级化和产业链现代化、制造业全球化的基地,大大推动了科技创新与产业升级双联动。浙江省中小城市正在按照《浙江省技术创新中小建设工作指引》贯彻落实,稳步推进,努力实现产学研深度融合、协同攻关突破,努力实现创新强市。同时,浙江省率先探索科技成果"先用后转"机制模式,鼓励高校院所、医疗机构科技成果向欠发达地区企业和中小微企业先免费使用、后付费转换等举措。正是这一系列的创新举措,才使得浙江省中小城市的创新效益显著高于其他两省一市。

上海市平均得分为24.98分,创新效益效果较好,虽然低于浙江省中小城市均值5.81分,但高于江苏省中小城市均值2.9分,高于安徽省中小城市均值4.75。上海要打造国际创新中心,打造国际创新高地,不断出台一系列改革举措为科技创新放权松绑,以激发科技创新活力。首先,上海市科学技术委员会为推动科技政策落实落地,进一步对各类创新主体和人才"松绑""解绑",发布了《关于本市进一步放权松绑,激发科技创新活力的若干意见》。提升政策供给和创新服务能级,进一步转职能、补短板,更大力度激发各类创新主体活力,以关键点的突破引领科技体制改革向纵深推进。具体举措有:(1)扩大高校院所科研活动自主权。(2)激发企业科技创新的活力和动力。优化国有企业经营业绩考核机制,加大科技创新活动的支撑力度,增强科技型中小企业研发能力,实施科技领军企业培育工程,拓展企业科技创新融资渠道。(3)促进新型研发机构高质量发展。完善新型研发机构的设立和备案机制,建立健全分类支持机制,探索实行与新型研发机构主体身份相适应的管理机制。(4)激发科技人才创新活力。探索实施青年科技人才特殊晋升机制,加快吸引集聚全球顶尖人才来沪发展,健全科技人才分类评价机制。(5)优化完善科研管理。持续优化科研组织方式,减轻科研人员事务性负担,加大科研人员激励力度,持续优化科研项目绩效评价。

江苏省在三省一市的对标分析中,创新效益表现较弱,与安徽省相差不大。主要体现在全员劳动生产效率较低,外商直接投资额度较低。因此,江苏省应提高劳动产生效率,大力引入外资来发展本地经济。

安徽省能够在创新效益方面仅低于江苏省1.85分。这个成绩对于安徽的中小城市来说,表现非常好,表明安徽纳入长三角一体化区域后,非常重视高质量发展,重视创新强市的价值,持续推动安徽各市融入长三角一体化高质量发展。其主要取得的成效有:(1)人才培养能力显著增强。(2)着力加强人才队伍建设。(3)深入推进协同创新。并且持续坚持立德树人,着力培育时代新人。优化布局结构,提升高等教育竞争力。提高人才自主培养质量,服务产业创新发展。实施《深化高校学科专业结构改革,服务产业创新发展实施方案(2022—2025年)》,增设本专科专业点1 000个,改造升级800个,停招撤销1 400个。启动省级“双高”职业院校认定工作,稳步发展本科职业教育。(4)推进科研创新,增强服务创新驱动发展能力。到2025年,力争本科高校生均经费达到全国平均水平的80%,到2030年达到全国平均水平。出台高校人才队伍高质量发展支撑政策,积极引进国内重点大学高层次人才到省属高校担任校级领导或学科带头人。每年引进1 000名左右青年博士,遴选300名左右优秀博士到省属高校博士后科研流动站、工作站学习和工作。

五、长三角中小城市创新效益分指标排名分析

(一)全员劳动生产率

全员劳动生产率是指平均每一个从业人员在单位时间内的产品生产量。该指标是区域经营管理水平、生产技术水平、职工技术熟练程度和劳动积极性的综合表现,是考核区域经济活动的重要指标。我们通过城市全员劳动生产率可以看出一个城市创新效益的体现。对长三角60个中小城市全员劳动生产率对比数据可以得出,浙江省义乌市的全员劳动生产率最高,生产效率最好,达到

100.22万元/人,远远高于其他区域(见表6—4)。第二、三名为上海金山区和宝山区,全员劳动生产率分别为66.15万元/人和64.75万元/人。

表6—4　　　　　　　长三角中小城市全员劳动生产率分析

省(直辖市)	地级市	县级市(区)	全员劳动生产率(万元/人)	排名
浙江	金华	义乌市	100.22	1
上海		金山区	66.15	2
上海		嘉定区	64.75	3
浙江	杭州	建德市	62.59	4
上海		宝山区	55.57	5
浙江	衢州	江山市	53.38	6
浙江	金华	兰溪市	53.36	7
浙江	温州	乐清市	51.29	8
浙江	台州	玉环市	49.53	9
浙江	台州	温岭市	48.98	10
浙江	金华	东阳市	46.56	11
上海		松江区	44.32	12
浙江	金华	永康市	44.19	13
江苏	无锡	江阴市	44.08	14
上海		青浦区	42.46	15
上海		闵行区	41.05	16
浙江	绍兴	嵊州市	40.01	17
江苏	苏州	张家港市	37.70	18
浙江	台州	临海市	37.67	19
江苏	苏州	昆山市	36.82	20
浙江	绍兴	诸暨市	35.01	21
江苏	苏州	太仓市	32.14	22
安徽	滁州	天长市	31.35	23
江苏	扬州	仪征市	29.45	24
江苏	无锡	宜兴市	28.46	25

续表

省(直辖市)	地级市	县级市(区)	全员劳动生产率 (万元/人)	排名
江苏	镇江	扬中市	27.80	26
江苏	泰州	靖江市	27.73	27
江苏	苏州	常熟市	26.09	28
江苏	常州	溧阳市	24.13	29
上海		奉贤区	24.02	30

　　长三角60个中小城市全员劳动生产率排名前10的有义乌市、金山区、嘉定区、建德市、宝山区、江山市、兰溪市、乐清市、玉环市、温岭市(见图6—5)。上海市金山区、嘉定区、宝山区进入前10名。浙江省的义乌市、建德市、江山市、兰溪市、乐清市、玉环市和温岭市进入前10名。江苏和安徽没有县级市进入前10名。从上榜前10名的情况来看,浙江和上海全员劳动生产率显著高于江苏和安徽。数据显示,义乌市的全员劳动生产率最高,分值遥遥领先,高于第二名34.07万元/人,义乌主要通过第三产业服务业来提高全员劳动生产率。

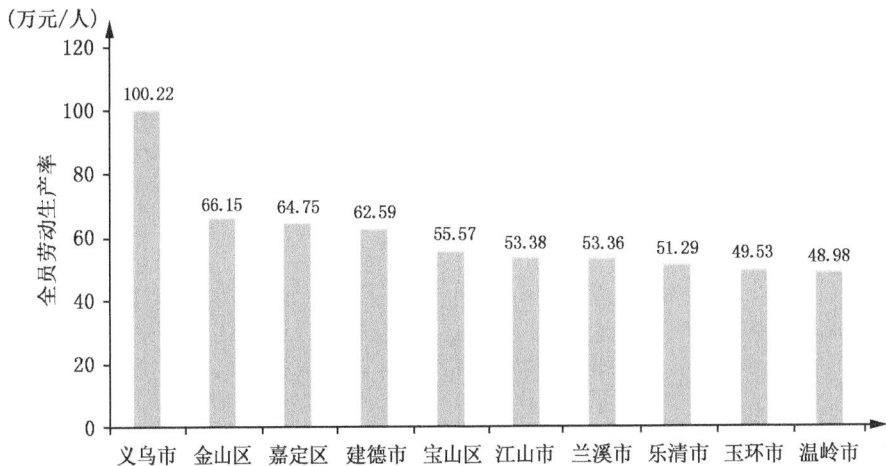

图6—5　长三角中小城市全员劳动生产率前10名

　　此外,分析了长三角中小城市三省一市的全员劳动生产率,结论表明上海市(43.65)＞浙江省(37.89)＞江苏省(25.22)＞安徽(18.87)(见图6—6)。上海市全员劳动生产率最高,其次为浙江省。上海和浙江显著高于江苏省和安徽省。上海市高于浙江省5.76万元/人,高于江苏省18.43万元/人,高于安徽省

24.78 万元/人;浙江省高于江苏省 12.67 万元/人,高于安徽省中小城市 19.02 万元/人。

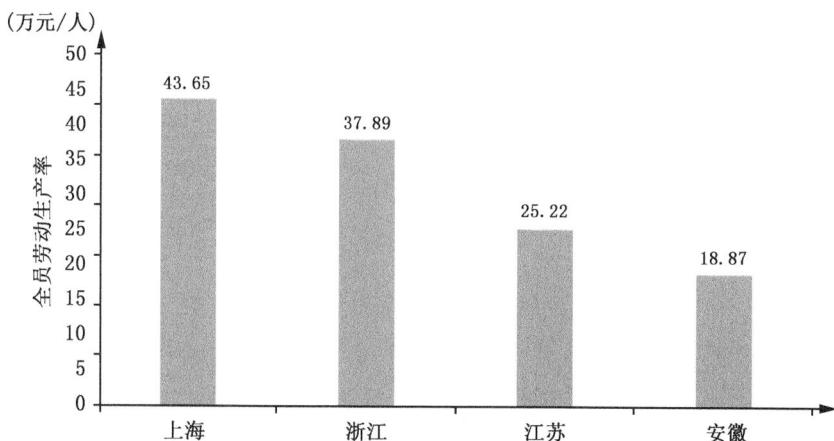

图 6—6 长三角中小城市三省一市全员劳动生产率(均值)对比分析

对比分析 60 个中小城市的创新效益指数与全员劳动生产率的三点分布状况,通过二者的散点图发现,全员劳动生产率越高的地方,创新效益指数越高,基本上呈现直线上升趋势(见图 6—7)。数据显示,全员劳动生产率越高,城市的创新效益越突出。

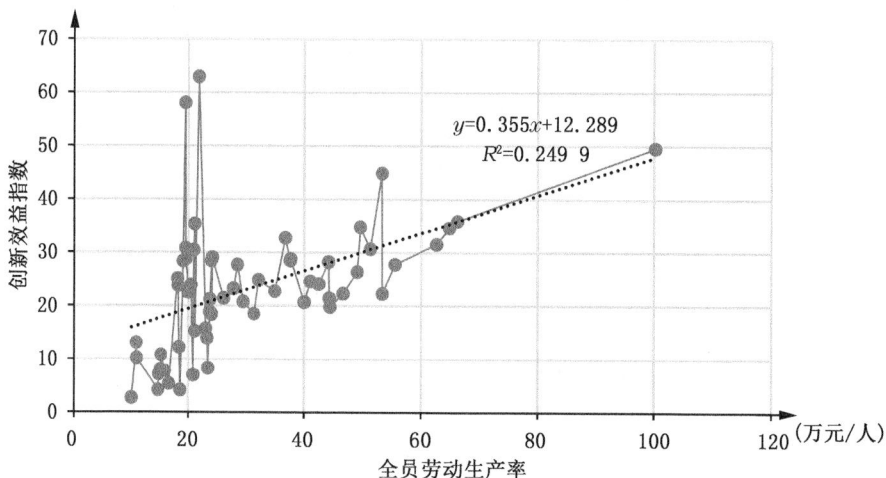

$$y=0.355x+12.289$$
$$R^2=0.249\ 9$$

图 6—7 全员劳动生产率与创新效益指数散点图

(二)外商直接投资额

外商直接投资额指的是区域 2021 年实际引用外资的到账金额。外商直接投资额在一定程度上反映了区域的创新创业营商环境,因为吸引外资越多,带来的创新效益越好。

平湖市 2021 年的外商直接投资额最高,高达 38.30 亿元,排名第一(见图 6—8)。排名第二的是安徽省无为市,外商直接投资额为 31.99 亿元,排名第三的是浙江省嘉善县,外商直接投资额为 31.46 亿元。平湖市、无为市和嘉善县三个城市外商直接投资额远高于其他城市。上海市闵行区外商直接投资额为 13.12 亿元,青浦区为 11.01 亿元,嘉定区为 11.00 亿元。上海应充分发挥区域优势,提高八大非中心城区的外商投资额。

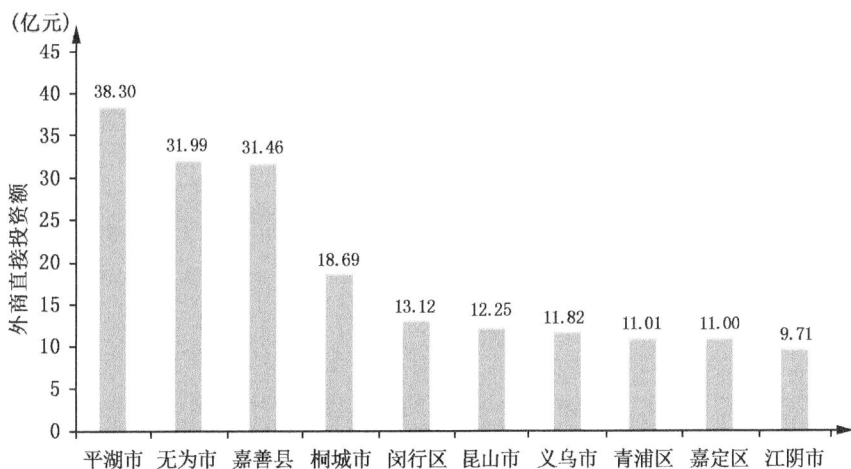

图 6—8 长三角中小城市外商直接投资额前 10 名

长三角 60 个中小城市中前 10 名分别为平湖市、无为市、嘉善县、桐城市、闵行区、昆山市、义乌市、青浦区、嘉定区、江阴市(见表 6—5)。上海市闵行区、青浦区、嘉定区进入前 10 名,浙江省平湖市、嘉善县、义乌市进入前 10 名。江苏省昆山市、江阴市进入前 10 名。安徽省无为市、桐城市进入前 10 名。从进入前 10 名的情况来看,三省一市的表现相差不大。

表6-5　　　　　　　　　　　　长三角中小城市外商直接投资额排名

省(直辖市)	地级市	县级市(区)	利用外资金额(亿元)	排名
浙江	嘉兴	平湖市	38.30	1
安徽	芜湖	无为市	31.99	2
浙江	嘉兴	嘉善县	31.46	3
安徽	安庆	桐城市	18.69	4
上海		闵行区	13.12	5
江苏	苏州	昆山市	12.25	6
浙江	金华	义乌市	11.82	7
上海		青浦区	11.01	8
上海		嘉定区	11.00	9
江苏	无锡	江阴市	9.71	10
浙江	绍兴	诸暨市	8.72	11
江苏	苏州	常熟市	7.59	12
浙江	台州	玉环市	6.38	13
上海		松江区	6.23	14
江苏	苏州	吴江区	5.97	15
上海		宝山区	5.70	16
江苏	苏州	张家港市	5.68	17
江苏	苏州	太仓市	5.65	18
浙江	宁波	慈溪市	5.07	19
江苏	无锡	宜兴市	4.90	20
江苏	泰州	泰兴市	4.27	21
江苏	南通	启东市	4.04	22
安徽	宣城	广德市	3.91	23
浙江	嘉兴	桐乡市	3.82	24
安徽	宣城	宁国市	3.80	25
江苏	常州	溧阳市	3.62	26
上海		金山区	3.53	27
江苏	泰州	靖江市	3.52	28
江苏	南通	海安市	3.30	29
江苏	徐州	邳州市	3.24	30

　　另外,我们计算了三省一市的外商直接投资额均值(见图6-9)。通过对比分析三省一市中小城市(区)的外商直接投资额,我们发现四者的排名为:安徽(7.17亿元)＞上海(6.91亿元)＞浙江(5.96亿元)＞江苏(4.09亿元)。安徽省9个中小城市在外商直接投资额方面遥遥领先。安徽省9个中小城市均值高于上海0.26亿元,高于浙江1.21亿元,高于江苏省3.08亿元。安徽在外商投资额方面值得长三角其他区域的中小城市借鉴。

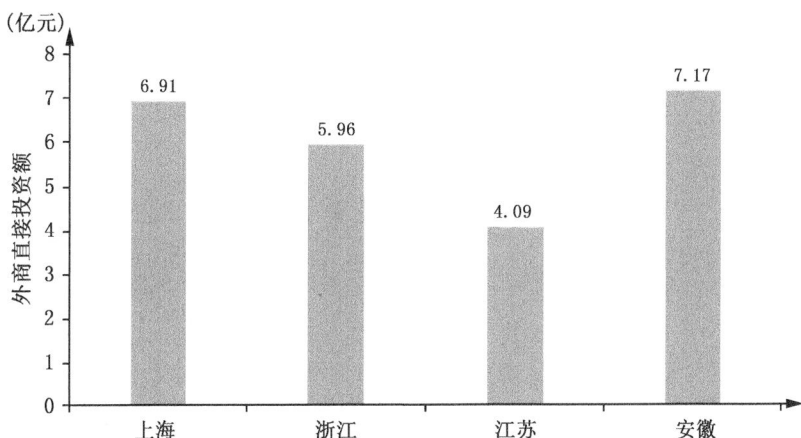

图6-9　长三角中小城市三省一市外商直接投资额(均值)对比分析

　　对比分析60个中小城市创新效益指数与外商直接投资额二者的分布状况,我们依据二者的散点图发现,外商直接投资额越高的城市,创新效益指数越高,呈直线分布态势。尤其在外商投资金额在0~10亿元的阶段,随着外商直接投资额增长,创新效益指数呈快速增长趋势。因此,长三角中小城市在招商引资方面,要加大力度,尤其是当前外商直接投资额度低于10亿元的城市,更要重视加大引入外资,提高城市创新活力,增加城市创新效益。这一类城市通过提高外商直接投资额来提升创新效益的空间很大。

(三)高新技术产业增加值占GDP比重

　　高新技术产业是以高新技术为基础,从事一种或多种高新技术及其产品的研究、开发、生产和技术服务的企业集合。高新技术产业的关键技术开发难度系数非常大,一旦突破关键技术,其所带来的经济效益和社会效益往往高于一般的产业。高新技术产业类型是技术和知识密集型产业类型,是属于已确定的高新技术领域,包括目前处于技术前沿的技术或工艺突破。目前,依据行业标准,高新技术产业主要是指生物技术、信息技术和新材料技术三大领域。因此本报告

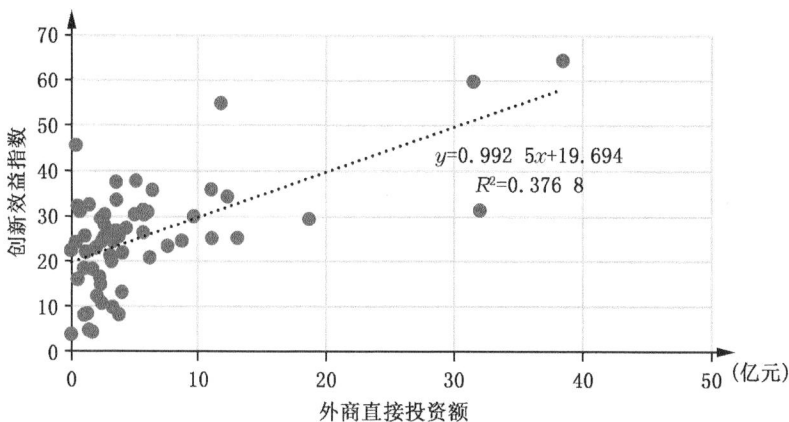

图 6—10　外商直接投资额与创新效益指数散点分布图

采用高新技术产业增加值占 GDP 比重来表征城市在创新领域中所产生的创新效益。

依据长三角中小城市高新技术产业增加值占 GDP 比重数据,长三角 60 个中小城市的均值为 14.5%。其中浙江省兰溪市的高新技术产业增加值占 GDP 比重最高,达到 36.2%,排名第二为嘉善县,高新技术产业增加值达 35.94%。排名第三为平湖市,为 34.69%。安徽省的界首市高新技术产业增加值占 GDP 比重高达 32.62%,排名第五。

依据长三角中小城市高新技术产业增加值占 GDP 比重,前 10 名的城市分别为:兰溪市、嘉善县、平湖市、慈溪市、界首市、余姚市、溧阳市、桐乡市、海宁市、潜山市(见图 6—11)。浙江省在高新技术产业增加值占 GDP 比重方面,具有明显的优势,其中兰溪市、嘉善县、平湖市、慈溪市、余姚市、桐乡市、海宁市挤进前 10 名,占浙江省 33.33%。江苏省只有溧阳市挤进前 10 名,安徽省界首市、潜山市挤进前 10 名,上海市八大非中心城区没有挤进前 10 名。

依据长三角中小城市高新技术产业增加值占 GDP 比重的数据,浙江有 13 个城市进入前 30 名(见表 6—6),占浙江省中小城市的比重为 61.90%。上海有 2 个城区进入前 30 名,占上海非中心城区的比重为 25%。江苏省有 12 个城市进入前 30 名,占江苏省中小城市的比重为 54.55%。安徽省有 3 个城市进入前 30 名,占安徽省中小城市的比重为 33.33%。从进入前 30 名的比重来看,浙江>江苏>安徽>上海。

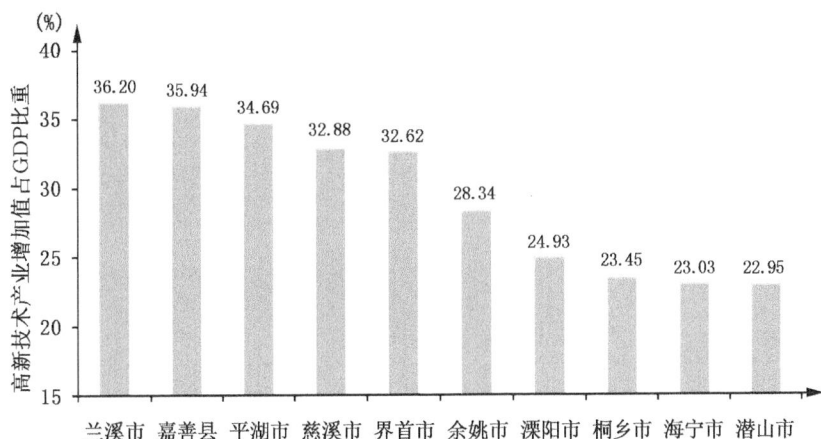

图 6—11　长三角中小城市高新技术产业增加值占 GDP 比重前 10 名

表 6—6　　　　　　长三角中小城市高新技术产业增加值占 GDP 比重

省（直辖市）	地级市	县级市（区）	高新技术产业增加值占 GDP 比重 （％）	排名
浙江	金华	兰溪市	36.20	1
浙江	嘉兴	嘉善县	35.94	2
浙江	嘉兴	平湖市	34.69	3
浙江	宁波	慈溪市	32.88	4
安徽	阜阳	界首市	32.62	5
浙江	宁波	余姚市	28.34	6
江苏	常州	溧阳市	24.93	7
浙江	嘉兴	桐乡市	23.45	8
浙江	嘉兴	海宁市	23.03	9
安徽	安庆	潜山市	22.95	10
江苏	苏州	吴江区	22.90	11
浙江	台州	临海市	21.36	12
江苏	无锡	宜兴市	21.15	13
浙江	台州	玉环市	20.36	14

续表

省(直辖市)	地级市	县级市(区)	高新技术产业增加值占GDP比重（%）	排名
浙江	温州	乐清市	20.24	15
江苏	泰州	泰兴市	20.21	16
江苏	镇江	扬中市	19.93	17
江苏	苏州	张家港市	18.18	18
上海		金山区	17.70	19
江苏	苏州	昆山市	17.42	20
江苏	泰州	靖江市	17.29	21
江苏	南通	海安市	16.70	22
浙江	杭州	建德市	16.23	23
江苏	苏州	太仓市	16.05	24
江苏	扬州	仪征市	14.84	25
浙江	台州	温岭市	14.14	26
浙江	温州	瑞安市	14.05	27
上海		奉贤区	13.89	28
江苏	南通	启东市	13.47	29
安徽	安庆	桐城市	13.44	30

另外,通过对比三省一市中小城市的高新技术产业增加值占 GDP 比重,我们发现三省一市在高新技术产业增加值占 GDP 比重指标的排名为:浙江＞江苏＞安徽＞上海(见图 6—12)。浙江省在高新技术产业增加值指标上表现突出,得分遥遥领先。这与浙江近些年持续重视科技创新、营造良好的创新环境、打造有利创新创业的生态有着重要关系。

此外,对比 60 个中小城市高新技术产业增加值占 GDP 比重与创新效益指数二者的分布状况,我们通过二者的散点图发现,高新技术产业增加值占 GDP 比重越高的城市,创新效益指数越好(见图 6—13)。二者的分布保持高度一致,创新效益指数随着高新技术产业增加值占 GDP 比重的增长直线上升。

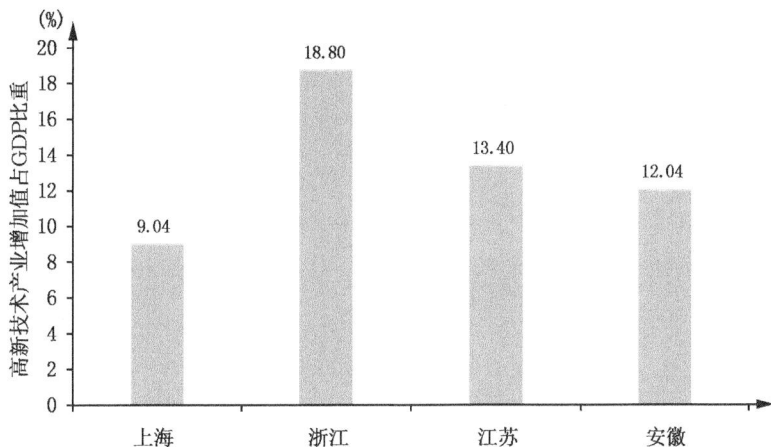

图 6－12　长三角中小城市三省一市高新技术产业增加值占 GDP 比重(均值)对比分析

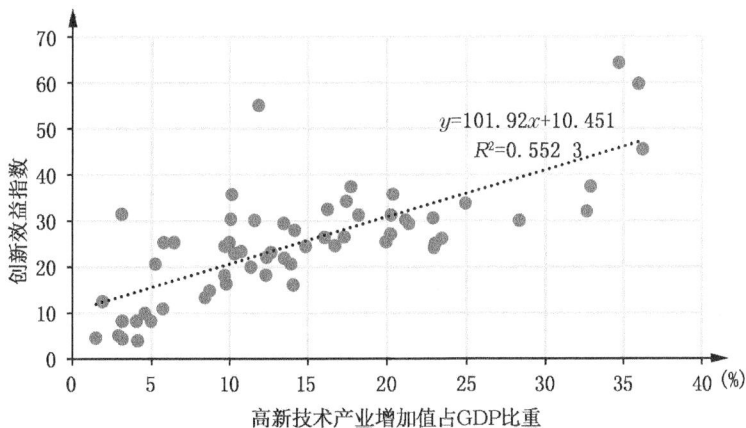

图 6－13　高新技术产业增加值占 GDP 比重与创新效益指数散点图

(四)高新技术产业增加值增长率

高新技术产业是中小城市(区)高质量发展的有力抓手,能够有力推动城市(区)产业转型。高新技术产业增加值增长率能够较好地反映城市创新创意的活力,是反映一个城市创新效益效果的有力指标。依据收集的 60 个城市的高新技术产业增加值增长率分析得出,安徽省巢湖市的高新技术产业增加值增长率最高,为 105.1%,第二名江苏省丹阳市为 73.07%,第三名浙江省义乌市为 71.9%。长三角中小城市高新技术产业增加值增长率前 10 名的分别为巢湖市、丹阳市、义乌市、溧阳市、兴化市、仪征市、海安市、靖江市、泰兴市、启东市(见图6—14)。

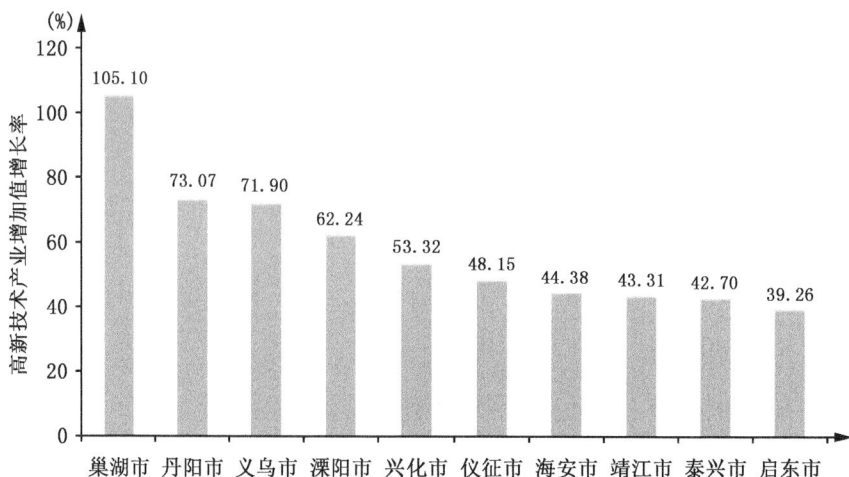

图 6—14　长三角中小城市高新技术产业增加值增长率前 10 名

长三角中小城市高新技术产业增加值增长率指标前 30 名数据(见表 6—7)显示,上海市宝山区、奉贤区挤进前 30 名,占上海 8 大非中小城区的比重为25%。江苏省有 20 个城市挤进前 30 名,占江苏省县级市的比重为 90.91%。浙江省有 6 个县级市挤进前 30 名,分别为义乌市、东阳市、慈溪市、永康市、诸暨市、嘉善县,占浙江省县级市的比重为 28.57%。安徽省巢湖市和潜山市挤进了前 30 名,占比安徽省县级市的比重为 22.22%。依据前 30 名的入围情况,可以看出江苏省表现最好,得分遥遥领先。安徽省近几年在高新技术产业增加值增长率方面表现突出。

表 6—7　　　　　　长三角中小城市高新技术产业增加值增长率

省(直辖市)	地级市	县级市(区)	高新技术产业增加值增长率 (%)	排名
安徽	合肥	巢湖市	105.10	1
江苏	镇江	丹阳市	73.07	2
浙江	金华	义乌市	71.90	3
江苏	常州	溧阳市	62.24	4
江苏	泰州	兴化市	53.32	5

续表

省（直辖市）	地级市	县级市（区）	高新技术产业增加值增长率（%）	排名
江苏	扬州	仪征市	48.15	6
江苏	南通	海安市	44.38	7
江苏	泰州	靖江市	43.31	8
江苏	泰州	泰兴市	42.70	9
江苏	南通	启东市	39.26	10
江苏	徐州	新沂市	39.10	11
浙江	金华	东阳市	39.02	12
江苏	盐城	东台市	38.09	13
上海		宝山区	34.38	14
江苏	扬州	高邮市	33.62	15
江苏	无锡	宜兴市	33.14	16
江苏	苏州	张家港市	32.20	17
江苏	南通	如皋市	31.74	18
江苏	徐州	邳州市	29.39	19
上海		奉贤区	29.17	20
江苏	镇江	扬中市	28.94	21
江苏	苏州	吴江区	28.53	22
浙江	宁波	慈溪市	27.70	23
浙江	金华	永康市	25.30	24
江苏	无锡	江阴市	24.86	25
浙江	绍兴	诸暨市	22.70	26
江苏	苏州	常熟市	22.44	27
浙江	嘉兴	嘉善县	21.60	28
安徽	安庆	潜山市	21.60	29
江苏	苏州	太仓市	20.46	30

　　三省一市的高新技术产业增加值增长率均值显示，三省一市的排名为：江苏（36.09%）＞安徽（25.75%）＞浙江（18.93%）＞上海（18.47%）（见图6—15）。

江苏省的表现突出,遥遥领先,而上海市的非中心城区表现欠佳。

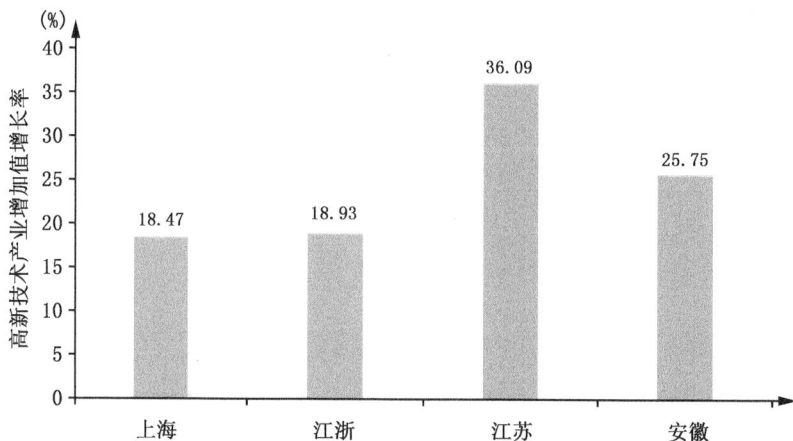

图6-15 长三角中小城市三省一市高新技术产业增加值增长率(均值)对比分析

通过对比高新技术产业增加值增长率与创新效益指数二者的分布散点图,我们发现二者分布并不是非常有规律(见图6-16)。和高新技术产业增加值占GDP的比重指标与创新效益的分布相比,高新技术产业增加值增长率与创新效益指数之间的分布大体一致,但没有呈现高度一致的分布趋势。这是因为高新技术产业增加值增长率体现的是一种未来的动态发展趋势,与目前中小城市创新效益分布存在不一致,但我们可以通过动态增长率发现哪些城市未来更具有创新活力。比如,巢湖市虽然其创新活力指数排名第36名,创新效益指数排名

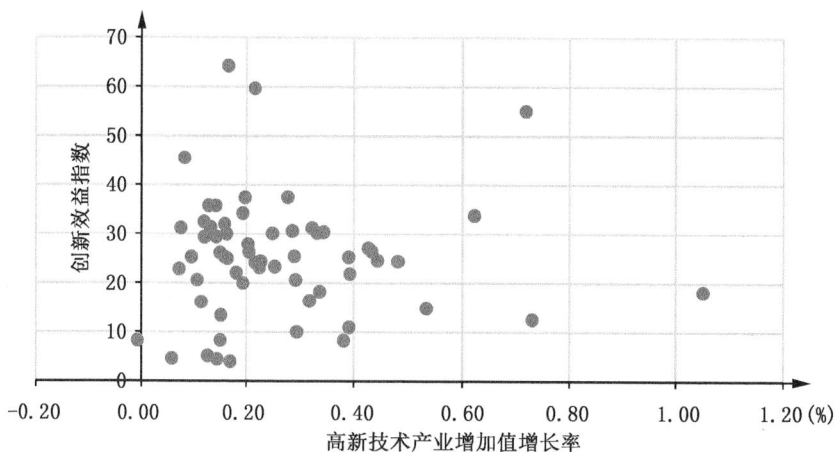

图6-16 长三角中小城市三省一市高新技术产业增加值增长率与创新效益指数散点图

46 名,但其高新技术产业增加值增长率为 105.1%。这就说明其未来还有非常大的发展空间,具有非常大的发展潜力。

六、长三角中小城市创新效益指数分报告结论与建议

基于创新效益指数的排名及其各分指数排名,结合长三角中小城市创新效益指数的分布态势,我们对长三角中小城市的创新效益状况进行总结,并提出相应的对策意见。

(一)结论

1. 长三角 60 个中小城市创新效益指数均值为 25.23,整体创新效益有待进一步开发与挖掘

长三角 60 个中小城市(区)外商直接投资到账总额为 334.9 亿元,60 个中小城市(区)平均才 5.58 亿元,其中有 9 个城市的外商直接投资额度少于 1 亿元,1 个城市 2021 年外商直接投资到账金额为 0,数据表明长三角中小城市在招商引资方面还有待进一步加强。

2. 60 个长三角中小城市间的创新效益指数差异显著,最高分与最低分相差 60.29 分

数据充分表明长三角中小城市间创新效益参差不齐。通过分指标分析,我们发现主要体现在全员劳动生产率、外商直接投资额、高新技术产业增加值增长率相差显著。全员劳动生产率城市间最大相差 90.25 万元/人;浙江省平湖市的外商直接投资额高达 38.30 亿元,而有 9 个城市外商直接投资额少于 1 亿元,1 个城市 2021 年外商直接投资额为 0;高新技术产业增加值增长率巢湖市为 105.1%,而有的城市为负增长。

3. 经过对比分析三省一市的创新效益指数

我们发现三省一市创新效益指数排名为:浙江省(30.79)>上海市(24.98)>江苏省(22.08)>安徽省(20.23)。浙江省在创新效益指数上表现最佳,主要是因为:(1)浙江省高新技术产业增加值占 GDP 比重表现突出,浙江省高新技术产业增加值占 GDP 比重均值达到 18.08%,显著高于江苏(13.4%)、安徽(12.04%)和上海(9.04%);(2)浙江省出台一系列创新政策,包括《关于加强技术创新中小体系建设的实施意见》《浙江省技术创新中小建设工作指引》等;(3)浙江省采取了一系列创新举措,比如,浙江省率先探索科技成果"先用后转"机制模式,鼓励高校院所、医疗机构科技成果向欠发达地区企业和中小微企业先免费使用、后付费转换等举措。

上海市创新效益指数平均得分为 24.98 分,创新效益效果较好,虽然低于浙

江省中小城市均值 5.81 分,但高于江苏省中小城市均值 2.9 分,高于安徽省中小城市均值 4.75。上海在打造国际创新中心,打造国际国内创新高地,不断出台改革举措为科技创新放权松绑,以激发科技创新活力。比如发布《关于本市进一步放权松绑,激发科技创新活力的若干意见》等政策实现对创新主体和人才"松绑""解绑",进一步激发各类创新主体活力。同时,上海市通过扩大高校院所科研活动自主权、激发新型研发机构高质量发展,激发科技人才创新活力以及优化完善科研管理等创新举措来打造国际创新中心。

通过三省一市的对标分析,我们发现江苏省的中小城市在创新效益表现参差不齐,除苏州市常熟市、张家港市、昆山市、太仓市、吴江区市以及无锡市下辖的江阴市和宜兴市表现突出之外,其他中小城市得分较低,导致整体创新效益指数表现较弱,与安徽省整体情况相差不大。这主要体现在全员劳动生产效率较低,外商直接投资额度较低。因此,江苏省应提高劳动产生效率,大力引入外资来发展本地经济。

安徽省在创新效益方面仅低于江苏省中小城市均值 1.85 分。安徽省中小城市在创新效益指数表现较好,主要是因为:(1)安徽省中小城市在外商直接投资额方面表现尤其突出,外商直接投资额度遥遥领先。安徽省 9 个中小城市均值大于上海 0.26 亿元,大于浙江 1.21 亿元,大于江苏省 3.08 亿元。安徽在外商投资额方面值得长三角中小城市其他区域借鉴。(2)安徽省高新技术产业增加值增长率指标表现较好,安徽省 9 个中小城市高新技术产业增加值增长率平均为 25.75%,高于上海郊区均值(18.47%)和浙江省中小城市均值(18.93)。高新技术产业增加值增长率代表的是未来的发展趋势,这说明安徽未来创新效益的发展潜力巨大。比如,巢湖市,虽然其创新活力指数排名第 36 名,创新效益指数排名第 46 名,但其高新技术产业增加值增长率为 105.1%,说明巢湖未来还有非常大的发展空间,具有很大的创新潜力。(3)安徽省非常重视创新人才的培育,人才队伍的建设。比如,安徽省明确指出到 2025 年,力争本科高校生均经费达到全国平均水平的 80%,到 2030 年达到全国平均水平。每年引进 1 000 名左右青年博士,遴选 300 名左右优秀博士到省属高校博士后科研流动站、工作站学习和工作。

4. 依据创新效益指数与四个分指数的散点图分析

长三角中小城市的全员劳动生产率越高,其创新效益指数越好;城市外商直接投资额度越大,其创新效益越好;高新技术产业增加值占 GDP 比重越高,城市的创新效益越好。创新效益指数与其四个指标在散点分布上呈现高度的一致。从创新效益指数以及其相关分指标数据看出,高新技术产业能够有效助力长三角中小城市产业转型,是目前高质量发展的有力抓手。

(二)建议

1. 上海市要加大高新技术产业开发

依据高新技术产业增加值占 GDP 比重数据,上海八大非中心城区的高新技术产业增加值占 GDP 的比重为 9.04%,显著低于其他省市。因此,建议上海持续增强高新技术产业开发,带动上海八大非中心城区的产业转型,实现区域高质量一体化发展,助力上海五大新城大发展的战略布局,成为国家高质量发展先行示范区。上海八大非中心城区必须充分利用上海的商贸优势、区位优势,加强科技应用,走出"低效创新""无效创新"的困境。

2. 江苏应加强营商环境的改造

依据长三角中小城市的外商直接投资额数据来分析,三省一市的外商直接投资额均值排名为:安徽(7.17 亿元)>上海(6.91 亿元)>浙江(5.96 亿元)>江苏(4.09 亿元)。江苏省在外商直接投资额方面表现较弱,江苏应持续加大营造良好的营商环境,大力招外商引外资,增大外部资金对本地高质量发展的支撑力度,实现江苏省中小城市高质量发展。

3. 加快地区产业结构转型,助推长三角中小城市高质量发展

研究发现高新技术产业能够有效推动地区产业转型,助力长三角中小城市高质量发展。依据高新技术产业增加值占 GDP 比重和高新技术产业增加值增长率两个指标数据,浙江高新技术产业增加值占 GDP 比重较高,但是增长率表现一般,因此,浙江省中小城市要继续保持现有高新产业技术的优势,还要重视未来的发展趋势;江苏和安徽虽然高新技术产业增加值占 GDP 比重表现一般,但是高新技术产业增加值增长率较高,体现出该区域高新技术产业发展具有很大的潜力,具有潜在的创新活力。

(作者:王桂林)

典型案例

浙江省慈溪市吹响建设更高水平创新型城市集结号

慈溪市是长江三角洲南翼环杭州湾地区沪、杭、甬三大都市经济金三角的中心。2008 年杭州湾跨海大桥的通车更是拉近了与上海的距离,一跃成为长三角南翼黄金节点城市。它也是浙江省文明城市、中国最具幸福感城市、中国大陆创新能力最强的县级城市。[①]

一、慈溪市创新活力指数分析

在长三角 60 个中小城市创新活力指数 2023 年度排名中,慈溪市取得了长三角三省一市第 10 名、浙江省第 2 名的优异成绩(见表 7-1)。

表 7-1　　　　　　　　　　慈溪市创新活力各指标排名

创新活力指数 (排名第 10)	创新环境 (排名第 10)	创新政策发布量(排名 23)
		星巴克咖啡馆数(排名 10)
		互联网宽带接入用户数(排名 8)
		卫生机构床位数(排名 18)
	创新资源 (排名第 9)	人均教育支出(排名 31)
		科学技术支出占 GDP 比重(排名 1)
		专任教师师生比(排名 38)
		省级以上高新产业园区数量(排名 43)
	创新成果 (排名第 11)	科技型企业数量(排名 4)
		科创上市企业数量(排名 12)
		专利授权量近五年平均增长率(排名 41)
		论文发表数(排名 39)
	创新效益 (排名第 5)	全员劳动率(排名 19)
		利用外资金额(排名 10)
		高新技术产业增加值增长率(排名 23)
		高新技术产业增加值占 GDP 比重(排名 4)

---

① 慈溪市(慈溪市)_360 百科[EB/OL]. (2016-08-17)[2023-6-14]. https://baike. so. com/doc/5407217-5645124. html.

(一)创新环境

慈溪市创新政策发布量为 2 项,星巴克咖啡馆数为 18 家,互联网宽带接入用户数为 82.76 万户,卫生机构床位数为 5 550 张。

慈溪市创新环境指数在长三角三省一市 60 个中小城市中排名第 10。

创新政策发布量排名并列第 23。

星巴克咖啡馆数排名并列第 10。

互联网宽带接入用户数排名第 8。

卫生机构床位数排名第 18。

可见,慈溪市创新环境相对较好,星巴克咖啡馆与互联网宽带接入用户数较多,创新政策发布量与卫生机构床位数方面还有提升空间。

(二)创新资源

慈溪市人均教育支出 2 294.2 元,科学技术支出占 GDP 比重为 1.57%,专任教师师生比为 8.73%,省级以上高新产业园区数量有 1 家。

慈溪市创新资源指数在长三角三省一市 60 个中小城市中排名第 9。

人均教育支出排名第 31。

科学技术支出占 GDP 比重排名第 1。

专任教师师生比排名第 38。

省级以上高新产业园区数量并列排名第 43。

可见,慈溪市创新资源较好,尤其科学技术支出占 GDP 比重最为优秀,人均教育支出、专任教师师生比和省级以上高新产业园区数量方面亟待提升。

(三)创新成果

慈溪市科技型企业有 3 097 家,科创上市企业有 7 家,专利授权量近五年平均增长率为 23.32%,论文发表数有 230 篇。

慈溪市创新成果指数在长三角三省一市 60 个中小城市中排名第 11。

科技型企业数量排名第 4。

科创上市企业数量排名第 12。

专利授权量近五年平均增长率排名第 41。

论文发表数排名第 34。

可见,慈溪市创新成果较为丰硕,其中科技型企业发展最为可观,专利授权量增长率和论文发表数有待大幅度提升,应增强专利和科研方面的能力。

(四)创新效益

慈溪市全员劳动率为 21.11 万元/人,利用外资金额为 5.07 亿元,高新技术产业增加值增长率为 0.28%,高新技术产值增加值占 GDP 比重为 32.88%。

慈溪市创新效益指数在长三角三省一市 60 个中小城市中排名第 5。

全员劳动率排名第 39。

利用外资金额排名第 19。

高新技术产业增加值增长率排名第 23。

高新技术产值增加值占 GDP 比重排名第 4。

可见,慈溪市创新效益排名属于头部城市,其中高新技术产值增加值占 GDP 比重表现优秀,利用外资金额和高新技术产业增加值增长率表现中等偏上,全员劳动率有待提升。

二、慈溪市创新政策探索

从慈溪市在整个长三角中小城市中的表现来看,它在创新活力方面的成就有目共睹,当然这与当地政府不断探索创新机制分不开。

《慈溪市科技创新发展"十四五"规划》主要战略任务和举措共包括四个方面。一是着力实施以上林科创走廊为核心的硬核科技工程,构建硬核科技创新平台。二是着力实施以科技企业倍增为重点的精兵科技工程,培育创新型企业集群。三是着力实施以科技赋能品质生活为导向的民生科技工程,提高人民群众科技获得感。四是着力实施以高新微园区为特色的双创科技工程,强化科技成果转移转化。[①]

《2022 年慈溪市推进产业高质量发展的政策意见》主要体现在八个方面:(1)聚焦树强扶优,培育优质高成长企业队伍;(2)聚焦数字赋能,加快数字经济"一号工程";(3)聚焦创新驱动,激发产业高质量发展新动力;(4)聚焦素质提升,提升中小企业发展新活力;(5)聚焦绿色低碳,推进"腾笼换鸟"产业治理;(6)聚焦构建现代商贸服务体系,支撑双循环发展新格局;(7)聚焦招大引强,厚植高质量发展新动能;(8)聚焦建设现代金融体系,支持实体经济高质量发展。[②]

《慈溪创新"双城＋双网＋双效"制造业人才招引模式》主要包括三个方面:一是精选"双城",结合本地"3＋3"现代产业体系特点,在产业结构相似、人才资源充沛的广州、东莞两地人才市场开设招聘专区。二是巧借"双网",依托两地主

---

① 慈溪市人民政府办公室关于印发慈溪市科技创新发展"十四五"规划的通知[EB/OL].(2021－09－01)[2023－6－14].http://www.cixi.gov.cn/art/2021/9/8/art_1229039850_1693734.html.

② 解读:《慈溪市人民政府办公室关于印发 2022 年慈溪市推进产业高质量发展政策意见的通知》[EB/OL].(2022－06－24)[2023－6－14].http://www.cixi.gov.cn/art/2022/6/24/art_1229144459_1744065.html.

流招聘网站智通人才网、南方人才网及其微信公众号加大宣传力度,以城市推介、人才政策、名企亮相为主题,提前进行为期 1 个月的 H5 页面、网站专栏、微信群发等集中推送,并开辟线上报名通道,让企业先行开展人才简历甄选邀约,提高现场对接成功率。三是提升"双效",在收获人才来慈溪就业的同时,进一步打响慈溪城市品牌和企业雇主品牌,形成以才引才的良性互动。①

近年来慈溪市政府高度重视创新工作,大力实施"创新强市"的战略,还先后出台了《关于加快慈溪产业高质量发展的四十条意见》《慈溪市高层次创新型人才安家补助实施办法》《慈溪市培育发展众创空间促进大众创业创新的实施意见》等一系列站位高、力度大、优惠项目多的创新鼓励政策,并且已取得显著成效。

三、慈溪市对其他城市的借鉴意义

慈溪市跻身全国县域创新第一方阵,具有丰富的宝贵经验,可为其他城市的创新发展提供借鉴。

(一)加大研发投入,增强创新动能

加大全社会的研发投入。全面执行国家研发费用税前加计扣除政策,深入落实企业研发投入后补助,不断推广"企业研究开发项目信息管理系统",持续提升企业研发投入质量效益,推动企业研发机构扩面晋级。同时,积极引导企业加大研发投入,对研发投入达到一定要求的企业,给予增量投入一定比例的补助。

大力支持企业研发机构的建设。对新设置研发机构并纳入科技统计监测的企业,给予每家 3 万元补助。同时,加快现有企业研发机构晋位升级。全力支持龙头企业牵头建设技术创新中心,梯次布局一批重点实验室和高水平技术创新中心等。

(二)打造硬核实力,强化企业梯队

高新技术企业是区域经济转型升级的排头兵和主力军,慈溪市高新技术企业规模在宁波领跑。进一步强化以高新技术企业为核心的科技企业梯队,稳步完善"高企培育企业—科技型中小企业—高新技术企业—科技独角兽企业"培育链条,提升产业创新能力。首先,建立高新技术培育企业"后备库"。筛选高新技术培育企业,集中推送至科技型中小企业服务站,孵化培育期最长为 3 年,孵化培育期间给予每家最高 5 万元的特别创新券支持。其次,拓展科技型中小企业

---

① 慈溪创新"双城+双网+双效"制造业人才招引模式[EB/OL]. (2019-07-01)[2023-6-14]. http://www.cixi.gov.cn/art/2019/7/1/art_1229041760_46661514.html.

培育路径。对认定为国家科技型中小企业并首次申报高新技术企业的,给予一次性 5 万元补助。再次,实施高新技术企业"倍增"计划。在做好高新技术企业申报辅导服务工作的同时,在新型电商企业、农业种业企业、制造业分离发展企业等领域,培育一批高新技术企业。完善高新技术企业奖补政策及税收优惠。最后,健全"科技独角兽"培育机制。每年动态筛选认定约 20 家,按每家 3 万元的额度安排经费,给予个性化服务。

(三)重塑科技服务链,加强产业协同

聚焦"3＋3＋X"主导产业技术补链强链,重塑科技服务链。围绕慈溪市产业需求,积极发展研究开发、创业孵化、知识产权、检验检测、科技中介等重点领域服务业,打造高质量的创新资源集成地。

扶持企业核心技术攻关,推动产业链与创新链紧密结合,鼓励战略性新兴产业领域的科技型中小企业开展核心技术攻关,鼓励企业与高校院所联合攻关,对先进性、创新性研发项目,给予每项最高奖励 10 万元。以"3＋3＋X"主导产业领域为重点,组织实施市级"揭榜挂帅",给予每项最高奖励 100 万元。

(四)聚焦资源共享,创造平台矩阵

聚焦"123"千百亿级产业集群,努力打造创新平台矩阵,不断探索建立"共享实验室、产业研究院、检验检测平台、产业创新服务综合体"四类创新支撑体系。

扎实推进生物医药研究院、中科院两平台等产业技术研究院建设,充分为企业赋能。同时,打造高水平创新综合体,制定实施产业创新服务综合体暨企业创新联合体建设三年行动计划,在重点产业领域,由龙头企业牵头,与上下游供应链企业、科研院所、高校建立产学研协同攻关机制,提升创新链组织化水平。

同时,营造有利于知识产权创造的良好氛围。服务企业做好科研项目成果登记,促进科技成果应用与转化。将有效专利指标作为科研项目申报立项、中期检查、项目验收的重要考核内容,对知识产权工作成效显著的企业给予相应表彰。

(作者:兰晓敏)

案例二

上海市松江区创新活力案例

松江区位于上海市西南部、黄浦江上游。松江区历史文化悠久,有着"上海之根"的美称。截至 2021 年年底,松江区常住人口为 193.88 万人。2022 年全区实现地区生产总值 1 750.12 亿元,全年实现财政总收入 533.13 亿元。松江区近年来在科技创新发展方面具有一定的特色和亮点,产生了比较大的影响力。

2019 年 5 月 30 日,长三角 G60 科创走廊纳入《长江三角洲区域一体化发展规划纲要》,松江区被上海市委、市政府增列为建设具有全球影响力科技创新中心的重要承载区。区域创新能级实现战略性提升。

2021 年,长三角 G60 科创走廊被纳入国家和上海市"十四五"规划纲要;"松江 G60 科创走廊数字经济创新型产业集群"成为全国数字经济领域首个纳入国家试点(培育)的创新型产业集群。

2022 年,《科技创新与产业发展深度融合的鲜活样本——长三角 G60 科创走廊策源地实践与启示》在《习近平经济思想研究》创刊号上刊载,作为地方高质量发展先进经验向全国推广。松江成功入选全国首批国家知识产权强市建设试点城区,获评国家级服务型制造示范城市、全国科技管理系统先进集体。

一、松江区围绕 G60 科创走廊的科技创新重要成果

党的二十大报告指出,促进区域协调发展,深入实施区域协调发展战略。长三角 G60 科创走廊以建设中国制造迈向中国创造的先进走廊、科技和制度创新双轮驱动的先试走廊、产城融合发展的先行走廊为发展目标,打造具有国际影响力的科创走廊和我国重要创新策源地,既是习近平新时代中国特色社会主义思想的生动实践,又是全面建设中国式现代化的鲜活案例。

(一)松江创新驱动经济高质量发展

近年来,松江把推进产业链、创新链融合发展作为创新驱动发展的重要路径,聚焦人工智能、生物医药、集成电路等"6+X"战略性新兴产业,以"6+X"战略性新兴产业为支撑,松江经济高质量发展成色更足、动能更强、赛道更多。270

家企业被新认定为上海市"专精特新"企业,同比增长119%,增量创历年同期新高,国家级、市级"专精特新"企业总数达732家,位列全市第二。人工智能、新能源汽车、工业互联网、卫星互联网、商密和信创产业等新兴技术加快投产应用。2021年,战略性新兴产业占规上工业产值比重跃升至66.9%。中科院G60脑智科创基地落户在松江佘山,2021年1月三期项目开工建设,同时国家重大实验室上海脑科学与类脑研究中心落地(作为临港国家实验室的重要组成部分)。松江"G60星链"产业基地启动建设。

(二)建设产业协同创新中心,以产业一体化协同构建集群优势

长三角G60科创走廊积极探索通过产业协同增进产业间合作,充分发挥区域内各产业的潜力,避免重复投资建设等问题,使各城市的比较优势得到充分发挥,最大化区域内总产出。积极探索研发总部在上海、生产制造在当地的一体化发展新模式,已建立浙江国资分中心、衢州分中心、安吉分中心、丽水分中心、温州分中心、余杭分中心、德清分中心、金华市、芜湖市、宣城市、湖州市11个在沪G60产业协同创新中心(见表8—1)。

表8—1　　　　2022年长三角G60科创走廊产业协同创新中心情况

	产业协同创新中心	所在地
1	金华市产业协同创新中心	上海临港松江科技城
2	芜湖市产业协同创新中心	上海临港松江科技城
3	宣城市产业协同创新中心	上海临港松江科技城
4	湖州市产业协同创新中心	松江区洞泾镇(科大智能)
5	浙江省产业协同创新中心国资分中心	松江区洞泾镇
6	浙江省产业协同创新中心衢州分中心	松江区洞泾镇
7	浙江省产业协同创新中心安吉分中心	松江区洞泾镇
8	浙江省产业协同创新中心丽水分中心	松江区洞泾镇
9	浙江省产业协同创新中心温州分中心	松江区洞泾镇
10	浙江省产业协同创新中心余杭分中心	松江区洞泾镇
11	浙江省产业协同创新中心德清分中心	松江区洞泾镇

资料来源:G60联席办提供,赛迪整理,2022年10月。

二、松江区创新活力指数分析

根据前述章节中的模型和数据,松江区的创新活力指数得分为39.58,在60

个长三角中小城市的排名第11,在上海非中心城区排名第4(见表8—2)。这表明在长三角范围内,松江区整体创新活力水平比较高。

表8—2 松江区创新活力指数得分与排名

得分	长三角中小城市排名	上海非中心城区排名	分指数	得分	长三角中小城市排名	上海非中心城区排名
39.58	11	4	创新环境指数	47.67	12	4
			创新资源指数	36.43	25	8
			创新成果指数	50.53	5	3
			创新效益指数	20.64	43	7

接下来具体分析一下松江区在创新活力指数4个维度上的表现。其表现最好的是创新成果指数,在长三角中小城市排名第5,在上海非中心城区排名第3。创新成果指数由以下4个具体指标构成:科技型企业数量、科创上市企业数量、专利授权量近五年平均增长率、论文发表数。松江区科技型企业数量为3 056家(该指标长三角60个中小城市中排名第1的上海市闵行区为4 200家),科创上市企业数量为15家(该指标长三角60个中小城市中排名第1的江苏省昆山市为22家),论文发表数为482篇(该指标长三角60个中小城市中排名第1的江苏省常熟市为1 111篇),专利授权量近五年平均增长率为45.57%(该指标长三角60个中小城市中排名第1的上海市崇明区为228.87%)。

表现比较好的是创新环境指数,在长三角中小城市排名第12,在上海非中心城区排名第4。创新环境指数由以下4个具体指标构成:创新政策发布量、星巴克咖啡馆数量、互联网宽带接入用户数、卫生机构床位数。松江区创新政策发布量为5项(该指标长三角60个中小城市中排名第1的上海市崇明区为9项),星巴克咖啡馆数量为20家(该指标松江区在长三角60个中小城市中与上海市闵行区、宝山区、嘉定区、青浦区,江苏省常熟市、张家港市、昆山市、太仓市、苏州市吴江区,以及浙江省义乌市并列第1),互联网宽带接入用户数为39.72万户(该指标长三角60个中小城市中排名第1的苏州市吴江区为131.02万户),卫生机构床位数为3 991张(该指标长三角60个中小城市中排名第1的江苏省常熟市为10 557张)。综上,松江区在互联网宽带接入用户数和卫生机构床位数这两个指标上还有较大的提升空间。

表现比较一般的是创新资源指数,在长三角中小城市排名第25,在上海非中心城区排名第8。创新资源指数由以下4个具体指标构成:人均教育支出、科学技术支出占 GDP 比重、专任教师师生比、省级以上高新产业园区数量。松江区人均教育支出为 2 420.05 元/人（该指标长三角 60 个中小城市中排名第 1 的上海市金山区为 3 746.76 元/人），科学技术支出占 GDP 比重为 0.56%（该指标长三角 60 个中小城市中排名第 1 的浙江省慈溪市为 1.57%），专任教师师生比为 9.37%（该指标长三角 60 个中小城市中排名第 1 的浙江省玉环市为 13.26%），省级以上高新产业园区数量为 2 家（该指标长三角 60 个中小城市中排名第 1 的上海市闵行区、嘉定区、金山区、奉贤区为 4 家）。综上，松江区在人均教育支出、科学技术支出占 GDP 比重、专任教师师生比、省级以上高新产业园区数量这 4 个指标上还有较大的提升空间。

表现相对落后的是创新效益指数，在长三角中小城市排名第 43，在上海非中心城区排名第 7。创新效益指数由以下 4 个具体指标构成：全员劳动生产率、外商直接投资额、高新技术产业增加值增长率、高新技术产业增加值占 GDP 比重。松江区全员劳动生产率为 44.32 万元/人（该指标长三角 60 个中小城市中排名第 1 的浙江省义乌市为 100.22 万元/人），外商直接投资额为 6.23 亿元（该指标长三角 60 个中小城市中排名第 1 的浙江省平湖市为 38.30 亿元），高新技术产业增加值增长率为 10.63%（该指标长三角 60 个中小城市中排名第 1 的安徽省巢湖市为 105.10%），高新技术产业增加值占 GDP 比重为 5.23%（该指标长三角 60 个中小城市中排名第 1 的浙江省兰溪市为 36.20%）。综上，松江区在全员劳动生产率、外商直接投资额、高新技术产业增加值增长率、高新技术产业增加值占 GDP 比重这 4 个指标上还有较大的提升空间，尤其是在外商直接投资额、高新技术产业增加值增长率、高新技术产业增加值占 GDP 比重这 3 个指标上，与先进城市相比差距较大。

三、松江区科技创新发展的启示与借鉴

近几年，松江区科技创新取得了长足的进步，创新平台建设实现集聚式发展。以创新链、产业链为纽带，聚合产学研资源，跨区域合作共建联合实验室、技术中心，实现科技创新平台迅速形成集聚态势。自主创新能力实现持续性增强。创新主体规模实现跨越式增长。创新创业环境实现系统性改善。众多国内知名品牌孵化载体相继入驻，涉及"互联网+"、人工智能、数字影视、新材料等新兴前沿行业。科学普及工作取得全方位成效。深化"互联网+科普"行动，推动传统科普向现代科普转型升级。区域创新能级实现战略性提升。长三角 G60 科创走廊建设阶段性成效显著，创新策源优势突出，产业集群动力强劲，一体化功能进一步强化，创新生态优化完备，协同开放格局基本建立，为长三角一体化做出

了众多示范性的探索,为我国区域协调发展提供了众多实践经验。

松江区科技创新也面临着一些挑战。第一,前沿科技资源存量较少,关键核心技术创新能力不足。第二,创新主体能级存在差距,重点领域领军企业规模不大。第三,创新孵化载体空间不足,科技成果转化生态需要提升。当前,世界科学技术发展进入空前密集活跃期,新一轮科技革命和产业变革正在重构全球创新版图,重塑全球经济结构。国家对高质量发展提出了新要求,目前正处于从进入创新型国家行列迈向创新型国家前列的重要阶段。上海科创中心建设进入加速期,科技创新与制度创新双轮驱动,自主创新与开放创新相得益彰,创新功能与城市功能一体建设。松江也在转换发展新动能。

松江区"十四五"科技创新发展的目标是:(1)创新格局更加完善。(2)创新能力明显增强。全区科技创新综合实力显著提升。(3)创新绩效显著提升。(4)创新环境更加优化。为实现以上目标,松江区"十四五"科技创新发展确定了以下重点任务:(1)深化区域协同创新,建成具有国际影响力的长三角G60科创走廊。区域联动共同打造世界级产业集群,协同创新提升核心技术原始创新能力,加强科创走廊一流营商环境建设,加速科创走廊创新要素国际化。(2)加速推进高端科技资源集聚,打造核心技术创新策源基地。支持高校院所科技成果转化,健全产学研用协同创新机制,激活中小科技企业创新活力,强化重点领域前沿技术突破。(3)提升关键领域核心技术水平,打造产业高质量发展新动能。培育以人工智能为引领的数字经济生态,壮大基于工业互联网的智能制造产业链,推进高端生物医药产业集聚式发展。(4)持续壮大科技创新企业群体,驱动经济结构加速创新转型。实施科技型小微企业"雏鹰"计划,实施高新技术企业"双提升"计划,实施创新型科技企业"领军"计划。(5)大力加强孵化服务平台建设,健全科技创新创业生态体系。优化创新创业社会化服务体系,建设国际一流的创新创业平台,支持"龙头企业+孵化"载体建设。(6)持续改善科技人才发展环境,打造高端创新人才集聚高地。打造国内外高端人才集聚发展的创新平台,建立更具竞争力和吸引力的人才集聚机制,健全市场化和社会化的人才管理服务模式。(7)加强科学普及,弘扬创新文化,着力提升全体公民科学素质。提升科普基础设施服务能力,培育品牌科学普及活动,丰富科学普及形式和内容,拓展科学普及传播渠道。实施上述重点任务的保障措施为:(1)加强统筹推进,发挥长三角G60科创走廊协同创新平台优势。(2)强化制度供给,有效激发全社会的科技创新活力。(3)优化科技投入,构建多元化的大科技创新投入机制。(4)弘扬创新文化,大力营造崇尚科技创新的社会氛围。(5)加强跟踪监测,做好规划实施阶段评估和动态修复。

参考文献

[1]2021年上海市松江区国民经济和社会发展统计公报[EB/OL].松江统计.(2022－06－06)[2023－06－21].https://mp.weixin.qq.com/s? __biz＝MzU1NTA0MDA1OQ＝＝&mid＝2247492045&idx＝1&sn＝46203ef505f924086325b75b4a5e7c08&chksm＝fbd8cd99ccaf448f4170be6848851a4cd3ea299e6856de043d91d6b309c27f4794f5606a437c&scene＝27.

[2]上海市松江区统计局,国家统计局松江调查队.2022年上海市松江区国民经济和社会发展统计公报[R].2023－04－03.

[3]上海市松江区人民政府.松江区科技创新"十四五"规划[EB/OL].(2022－01－26)[2023－06－21].https://www.songjiang.gov.cn/govxxgk/SHSJ1/2022－01－26/02f8b6ed－2c29－4222－92c8－8d8ef8f554a2.html.

[4]《长三角G60科创走廊建设方案》2022年阶段性评估报告[R].工信部赛迪研究院,2022.

（作者：高昉）

案例三

安徽省巢湖市科技创新赋能经济高质量发展

巢湖市位于安徽省中部,由合肥、巢湖、肥东、肥西、庐江二市三县环抱,南北宽 21 千米,东西长 55 千米,湖岸线周长 176 千米,平均水深 2.89 米,容积 20.7 亿立方米,面积 780 平方千米。市域总面积为 2 046 平方千米,常住人口为 73 万人,管辖区有 5 个街道、12 个镇、179 个村。具有"鱼米之乡"之美誉。巢湖市人文璀璨,历史悠久。

巢湖区位优越,交通便捷。境内有安徽组织干部学院、合肥城市学院、巢湖学院、合肥师范学院、合肥职业技术学院等多所高校,是全国拥有高校最多的县级市。目前,已构建居巢经济开发区"一区多园"的发展格局,形成以绿色食品等为代表的传统优势产业和以光学电子、新型功能材料、镁基轻合金等为代表的战略性新兴产业多业并举的产业体系。巢湖前景广阔,潜力巨大。2022 年,全市地区生产总值完成 548.3 亿元,增长 4.0%,县域经济总量位居全省第 9;一般公共预算收入 26.2 亿元,增长 2.6%;社会消费品零售总额增长 2.8%;规模以上工业增加值增长 17.6%。土地节约集约利用、重大决策部署督查落实获省政府激励表彰。跻身国家首批创新型县(市),蝉联投资潜力、绿色发展全国百强县(市)。

一、巢湖市创新活力在安徽省中小城市中的表现与优势

在长三角中小城市创新活力指数 2023 年度排名中,巢湖市取得了长三角中小城市第 36 名、安徽省第 1 名的好成绩(见表 9—1)。

巢湖市的创新活力指数得分为 21.08,在安徽省 9 个县级市中排名第 1。创新活力指数包括创新环境指数、创新资源指数、创新成果指数、创新效益指数四个维度,在安徽省 9 个县级市中分别排名为 2、3、1、6。数据表明,巢湖市创新成果突出,创新环境和资源良好,目前创新效益尚未完全发挥出来,有待进一步挖掘。

表 9-1   巢湖市创新活力各指标在安徽省县级市中排名

目标层	领域层	指标层
城市创新活力指数(排名第1)	创新环境指数(排名第2)	人才政策发布量(排名第3)
		星巴克咖啡馆数量(并列排名第1)
		互联网宽带接入用户数(排名第2)
		卫生机构床位数(排名第2)
	创新资源指数(排名第3)	省级以上高新产业园区数量(排名第1)
		科学技术支出占GDP比重(排名第8)
		人均教育支出(排名第5)
		专任教师师生比(排名第6)
	创新成果指数(排名第1)	专利授权量近五年平均增长率(排名第2)
		科创上市企业数量(排名第5)
		论文发表数(排名第1)
		科技型企业数量(家)(排名第2)
	创新效益指数(排名第6)	全员劳动生产率(排名第9)
		外商直接投资额(排名第7)
		高新技术产业增加值占GDP的比重(排名第5)
		高新技术产业增加值增长率(排名第1)

(一)创新环境指数

创新环境指数得分为 22.77 分,在安徽省县级市中排名第 2。创新环境指数包括人才政策发布量、星巴克咖啡馆数量、互联网宽带接入用户数和卫生机构床位数。巢湖市人才政策发布量为 2 项,在安徽省 9 个县级市里排名第 3。星巴克咖啡馆数量为 1,排名第 1。互联网宽带接入用户数为 30.57 万户,排名第 2。卫生机构床位数为 4 977 张,排名第 2。

(二)创新资源指数

巢湖市创新资源指数得分为 21.3 分,在安徽省 9 个县级市中排名第 3。创新资源指数包括人均教育支出、科学技术支出占 GDP 比重、专任教师师生比和省级以上高新产业园区数量。巢湖市人均教育支出为 1 840.92 元/人,排名第 5。科学技术支出占 GDP 比重为 21.28%,排名第 8。专任教师师生比为 8.47%,排名为第 6。巢湖有 2 个省级以上高新产业园区数量,排名第 1。

(三)创新成果指数

巢湖市创新成果指数得分为 22.36 分,在安徽省 9 个县级市中排名第 1。创新成果指数包括专利授权量近五年平均增长率、科技型企业数量、科创上市企业数量和论文发表数量。巢湖市专利授权量近五年平均增长率为 80.77%,排名第 2。科技型企业数量为 218 家,在安徽省 9 个县级市中排名第 2。巢湖市在论文发表数量上为 579 篇,排名第 1。巢湖目前没有科创上市企业。

(四)创新效益指数

巢湖市创新效益指数得分为 18.17 分,在安徽省 9 个县级市中排名第 6。创新效益指数包括全员劳动生产率、外商直接投资额、高新技术产业增加值增长率和高新技术产业增加值占 GDP 比重。巢湖市全员劳动生产率为 10.88 万元/人,在安徽省 9 个县级市排名靠后。外商直接投资额为 1 亿元,在安徽省县级市排名靠后。巢湖市高新技术产业增加值增长率为 105.1%,在整个长三角中小城市排名第 1。巢湖市高新技术产业增加值占 GDP 比重为 9.65%,在安徽省 9 个县级市中排名为第 5。

二、巢湖市科技创新政策

巢湖市以创新型县(市)建设为抓手,牢固树立"科技即产业"的理念,围绕主导产业抓创新,围绕龙头企业抓创新,不断强化企业主体地位,创新资源加快集聚,全面优化创新环境,创新主体大幅增长,2022 年顺利通过科技部验收,成为全国首批创新型县(市)。

(一)完善机制强"培土"

建立创新体制。先后成立创新型县(市)建设领导小组、市委科技创新委员会,市委、市政府主要负责同志常态化听取专题汇报,协调解决科技创新工作存在的困难和问题。印发《巢湖市建设国家创新型县(市)工作要点》,形成分工明确、体系健全的"大科技"工作格局。

强化责任机制。明确国家创新型县(市)建设目标任务和责任单位,定期开展创新型县(市)建设监测评估,及时掌握各项指标进展情况,保障各指标顺利推进。

(二)搭建平台强"育苗"

打造双创平台。探索校地合作模式,在全省率先与中国科学技术大学建设"孵化+产业"的双创平台,采取政府引导、企业为主、市场化运作、科研院校智力支持、社会资本参与的多元合作模式,建成中科先进制造创新产业园和中科大学生创新创业基地,统筹推进科技研发和成果转化一体化发展。

搭建研发平台。坚持围绕创新链布局产业链,围绕产业链部署创新链、实施产业链关键技术重大专项行动,加强"卡脖子"技术联合攻关,支持皖维、云海、欧菲光、富煌等行业龙头骨干企业创新平台建设。

(三)打通渠道强"浇灌"

招引人才团队。坚持人才是"第一资源"战略,先后出台"产才协同""人才八项"等政策,进一步完善人才扶持政策、拓宽人才引进渠道、提升人才服务水平和强化人才培养激励。

提供金融服务。制定《巢湖市新型金融服务平台建设方案》,从券商、基金、银行业金融机构、市属国有企业等借调选派管理专家入驻平台,同时设立约1亿元科技创新专项资金、5亿元调转促产业引导扶持基金和4.52亿元产业投资基金,科技成果转化引导基金,重点服务巢湖市主导产业和新兴产业企业。

(四)促进转换强"嫁接"

推动"产学研用"。建设关键核心技术攻坚平台,加强产学研合作研发活动,规范研发经费归集填报。邀请中科院、中科大、合工大等高校专家来巢指导,就企业发展过程中存在的技术痛点、难点进行深入的交流分析,为企业发展纾困解难深化合作。

促进成果落地。高效推进安徽科技大市场巢湖市场的运作,吸引集聚省内外高端技术转移要素,推动创新要素和产业要素集聚、嫁接、融合,积极开展科技成果路演展示对接活动。

三、巢湖市科技创新成效

巢湖市在一系列创新政策的激励下取得了很大的成效。

(一)创新能级大幅跃升

2022年巢湖市高新技术产业增加值增幅连续三年在合肥市排名前列,全市战略性新兴产业产值、高新技术产业增加值均增长50%以上,国家高新技术企业108家,科技型中小企业入库数178家,技术合同交易额5.4亿元;新增国家级专精特新"小巨人"企业3家,实现"零的突破"。

(二)创新资源不断集聚

2022年,巢湖市培育和引进各类高层次人才245余人,其中地方级领军人才140余人。2022年全市累计发放"4321"新型政银担贷款约18亿元,同比增长128%;"续贷过桥"本年周转金额3.48亿元,支持小微企业91户;"税融通"业务累放贷款9.3亿元,同比增长48.1%。

(三)创新生态持续优化

依托中国科大英才创新创业基地和中科先进智造产业园两大平台,推进创新人才引培和创新企业孵化,现有省级众创空间1家、省级孵化器1家、合肥市级众创空间4家。建成省级以上各类研发平台28个(国家级4个),博士后科研工作站4家,省级科技特派员工作站5家,合肥市技术创新中心1家。

(四)创新氛围日益浓厚

利用"双创活动周""科技活动周"等节点,组织举办全市首届科普视频讲解大赛、科普大讲堂等活动,通过合作交流、成果展示、政策宣讲、信息发布等形式,营造良好的"双创"社会氛围,为全市"工业立市"目标提供强力支撑。

四、巢湖市未来科技创新发展方向

巢湖市近年来,全力加强国家创新型县市建设和打造创新创业平台、加强科技成果转移转化、助力企业做大做强等方面取得了较大成绩。巢湖市企业要进一步增强科技创新意识,加大科研投入,加大人才引进力度,继续为全市经济社会发展注入科技创新动力。

1.巢湖市在推进产业转型升级、推动科技创新发展等工作中已经取得一定的成绩。未来巢湖市科技局继续精准帮助企业招引高层次人才团队,对接企业需求,加快推进关键共性技术、推进前沿引领技术攻关,让更多科技成果转化为现实生产力,形成更高附加值的产业链条,具有更强竞争力、推动巢湖市科技创新再上新台阶。

2.企业要在突破"卡脖子"技术攻关上下足功夫,推动企业继续推进产学研合作,积极链接全市科技创新资源,提升产业链产品制造能力和国际竞争力。

(作者:王桂林)

附 录

　　　　　　　　　　　　　　长三角中小城市创新活力指数得分

省（直辖市）	地级市	县级市（区、县）	创新环境指数	创新资源指数	创新成果指数	创新效益指数
上海		闵行区	62.86	52.07	60.78	25.31
上海		宝山区	60.55	36.92	32.53	30.38
上海		嘉定区	80.44	62.93	51.57	35.72
上海		松江区	47.67	36.43	50.53	20.64
上海		金山区	47.25	65.85	32.48	37.41
上海		青浦区	34.08	47.28	28.52	25.30
上海		奉贤区	36.16	58.17	36.72	20.66
上海		崇明区	33.90	83.50	34.80	4.43
江苏	无锡	江阴市	64.15	36.86	43.96	30.11
江苏	无锡	宜兴市	52.43	34.66	28.84	30.20
江苏	徐州	新沂市	17.68	27.11	19.22	10.98
江苏	徐州	邳州市	33.26	26.57	21.89	10.03
江苏	常州	溧阳市	26.95	32.54	17.27	33.77
江苏	苏州	常熟市	79.08	42.44	50.60	23.15
江苏	苏州	张家港市	79.27	51.23	44.52	31.23
江苏	苏州	昆山市	78.22	57.40	74.28	34.21
江苏	苏州	太仓市	43.37	59.82	28.05	26.41
江苏	苏州	吴江区	78.53	62.76	39.00	30.62
江苏	南通	启东市	32.92	28.42	12.40	21.89
江苏	南通	如皋市	36.77	32.87	21.16	16.36
江苏	南通	海安市	30.76	39.58	18.05	24.59
江苏	盐城	东台市	29.82	17.73	14.90	8.29

续表

省 （直辖市）	地级市	县级市 （区、县）	创新环境 指数	创新资源 指数	创新成果 指数	创新效益 指数
江苏	扬州	仪征市	12.90	15.39	8.65	24.46
江苏	扬州	高邮市	22.11	27.78	9.62	18.24
江苏	镇江	丹阳市	23.63	25.67	12.66	12.55
江苏	镇江	扬中市	5.60	41.76	7.30	25.46
江苏	镇江	句容市	17.60	17.70	5.91	4.61
江苏	泰州	兴化市	27.41	13.11	11.77	14.86
江苏	泰州	靖江市	23.34	29.41	12.27	26.51
江苏	泰州	泰兴市	31.32	36.61	15.80	27.14
浙江	杭州	建德市	16.27	33.26	12.48	32.47
浙江	宁波	余姚市	34.27	30.46	31.29	30.04
浙江	宁波	慈溪市	54.69	51.78	33.40	37.49
浙江	温州	瑞安市	26.93	28.06	22.78	16.11
浙江	温州	乐清市	33.34	38.89	30.92	31.24
浙江	温州	龙港市	9.01	18.17	13.98	8.28
浙江	嘉兴	海宁市	33.90	43.74	19.10	25.03
浙江	嘉兴	平湖市	16.50	44.55	14.29	64.26
浙江	嘉兴	桐乡市	31.16	41.87	15.68	26.18
浙江	嘉兴	嘉善县	27.67	44.90	19.34	59.70
浙江	绍兴	诸暨市	37.11	32.71	20.68	24.47
浙江	绍兴	嵊州市	19.73	48.28	10.63	22.09
浙江	金华	兰溪市	14.46	12.74	8.54	45.51
浙江	金华	义乌市	58.75	35.84	26.80	55.09
浙江	金华	东阳市	28.88	29.36	18.42	25.29
浙江	金华	永康市	23.34	27.20	13.80	23.37
浙江	衢州	江山市	14.82	30.55	7.09	22.88
浙江	台州	玉环市	14.99	23.37	14.43	35.76
浙江	台州	温岭市	39.54	22.87	20.04	27.91

省 （直辖市）	地级市	县级市 （区、县）	创新环境 指数	创新资源 指数	创新成果 指数	创新效益 指数
浙江	台州	临海市	33.13	29.38	16.57	29.39
浙江	丽水	龙泉市	5.44	35.21	5.41	3.97
安徽	合肥	巢湖市	22.77	21.30	22.36	18.17
安徽	阜阳	界首市	17.56	14.48	5.82	32.01
安徽	滁州	天长市	17.59	20.77	11.73	19.99
安徽	滁州	明光市	10.90	12.40	8.97	5.12
安徽	芜湖	无为市	23.20	12.21	5.04	31.44
安徽	宣城	宁国市	12.36	29.06	4.62	8.29
安徽	宣城	广德市	20.93	12.75	9.62	13.38
安徽	安庆	桐城市	16.79	44.97	6.08	29.44
安徽	安庆	潜山市	8.64	21.03	8.98	24.19

附表 2　　　　　　　长三角中小城市创新环境指数各指标原始数据

省 （直辖市）	地级市	县级市 （区）	创新政策 发布量 （项）	星巴克 咖啡馆数量 （家）	互联网宽带 接入用户数 （万户）	卫生机构 床位数 （张）
上海		闵行区	3	20	106.845 1	4 874
上海		宝山区	2	20	88	6 365
上海		嘉定区	2	20	118.6	10 274
上海		松江区	5	20	39.72	3 991
上海		金山区	5	16	37.47	5 320
上海		青浦区	2	20	30.93	2 481
上海		奉贤区	1	12	44.35	5 343
上海		崇明区	9	2	24.273 2	3 743
江苏	无锡	江阴市	0	15	98.717 5	9 683
江苏	无锡	宜兴市	3	10	73.944 6	7 388
江苏	徐州	新沂市	0	2	31.57	4 367
江苏	徐州	邳州市	0	1	51.57	8 070

续表

省（直辖市）	地级市	县级市（区）	创新政策发布量（项）	星巴克咖啡馆数量（家）	互联网宽带接入用户数（万户）	卫生机构床位数（张）
江苏	常州	溧阳市	2	5	40.45	4 236
江苏	苏州	常熟市	5	20	83.191	10 557
江苏	苏州	张家港市	7	18	77.692 7	10 278
江苏	苏州	昆山市	3	20	124.965	8 336
江苏	苏州	太仓市	5	12	45.383 5	4 721
江苏	苏州	吴江区	3	20	131.02	7 949
江苏	南通	启东市	3	5	49.14	4 737
江苏	南通	如皋市	1	6	52.67	6 790
江苏	南通	海安市	1	2	49.22	6 425
江苏	盐城	东台市	2	4	37.1	5 747
江苏	扬州	仪征市	0	1	32.26	3 101
江苏	扬州	高邮市	2	3	34.483 7	3 807
江苏	镇江	丹阳市	1	4	43.36	3 972
江苏	镇江	扬中市	0	2	16.95	1 674
江苏	镇江	句容市	2	4	30.17	2 389
江苏	泰州	兴化市	0	3	46.2	5 988
江苏	泰州	靖江市	1	3	31.5	5 154
江苏	泰州	泰兴市	5	4	20	5 469
浙江	杭州	建德市	2	6	18.01	2 301
浙江	宁波	余姚市	2	10	67.66	2 786
浙江	宁波	慈溪市	2	18	82.76	5 550
浙江	温州	瑞安市	1	3	64.25	3 666
浙江	温州	乐清市	0	9	65.52	4 405
浙江	温州	龙港市	1	2	23.53	1 525
浙江	嘉兴	海宁市	3	11	37.1	4 100
浙江	嘉兴	平湖市	3	4	16.18	2 451
浙江	嘉兴	桐乡市	2	12	38.66	3 488

续表

省（直辖市）	地级市	县级市（区）	创新政策发布量（项）	星巴克咖啡馆数量（家）	互联网宽带接入用户数（万户）	卫生机构床位数（张）
浙江	嘉兴	嘉善县	5	6	24.65	3 284
浙江	绍兴	诸暨市	2	9	53.15	5 188
浙江	绍兴	嵊州市	2	4	29.42	3 133
浙江	金华	兰溪市	4	2	13.06	1 979
浙江	金华	义乌市	4	20	59.18	6 689
浙江	金华	东阳市	4	5	28.49	4 394
浙江	金华	永康市	3	4	29.22	3 594
浙江	衢州	江山市	3	2	17.39	2 458
浙江	台州	玉环市	2	3	29.8	1 904
浙江	台州	温岭市	2	9	55.22	5 799
浙江	台州	临海市	1	6	45.39	6 212
浙江	丽水	龙泉市	2	1	11.74	940
安徽	合肥	巢湖市	2	1	30.57	4 977
安徽	阜阳	界首市	3	0	21.7	3 630
安徽	滁州	天长市	1	1	28.5	4 196
安徽	滁州	明光市	1	0	14.5	3 500
安徽	芜湖	无为市	2	0	27.4	5 689
安徽	宣城	宁国市	2	0	21	2 730
安徽	宣城	广德市	2	0	41.56	3 819
安徽	安庆	桐城市	3	0	21.218 8	3 421
安徽	安庆	潜山市	2	0	16.949 6	1 866

附表 3　　长三角中小城市创新资源指数各指标原始数据

省（直辖市）	地级市	县级市（区）	人均教育支出（元/人）	科学技术支出占 GDP 比重（%）	专任教师师生比（%）	省级以上高新产业园区数量（家）
上海		闵行区	2 621.24	0.37	8.75	4
上海		宝山区	2 344.34	0.62	8.96	2

续表

省 （直辖市）	地级市	县级市 （区）	人均教育 支出 （元/人）	科学技术 支出占GDP 比重（％）	专任教师 师生比 （％）	省级以上 高新产业园区 数量（家）
上海		嘉定区	2 258.97	0.86	9.11	4
上海		松江区	2 420.05	0.56	9.37	2
上海		金山区	3 746.76	0.42	11.07	4
上海		青浦区	2 501.73	0.49	10.63	3
上海		奉贤区	2 822.24	0.42	10.90	4
上海		崇明区	3 577.26	1.43	12.40	3
江苏	无锡	江阴市	2 464.94	0.21	8.98	3
江苏	无锡	宜兴市	2 989.01	0.29	9.86	2
江苏	徐州	新沂市	2 317.62	0.34	7.48	2
江苏	徐州	邳州市	2 045.08	0.36	8.21	2
江苏	常州	溧阳市	2 884.23	0.26	9.59	2
江苏	苏州	常熟市	2 422.08	0.80	9.03	2
江苏	苏州	张家港市	2 528.67	0.77	8.21	3
江苏	苏州	昆山市	3 152.83	0.84	7.64	3
江苏	苏州	太仓市	3 429.86	1.19	8.31	2
江苏	苏州	吴江区	2 685.40	1.08	9.55	3
江苏	南通	启东市	2 308.13	0.21	10.77	2
江苏	南通	如皋市	2 538.73	0.38	9.58	2
江苏	南通	海安市	2 356.30	0.53	12.27	2
江苏	盐城	东台市	1 539.90	0.37	11.70	1
江苏	扬州	仪征市	2 232.57	0.17	9.90	1
江苏	扬州	高邮市	2 260.46	0.21	10.57	2
江苏	镇江	丹阳市	2 523.93	0.14	9.10	2
江苏	镇江	扬中市	3 050.30	0.55	9.60	2
江苏	镇江	句容市	2 262.86	0.21	10.59	1
江苏	泰州	兴化市	1 367.83	0.39	9.09	1
江苏	泰州	靖江市	2 294.27	0.20	11.69	2

续表

省（直辖市）	地级市	县级市（区）	人均教育支出（元/人）	科学技术支出占GDP比重（%）	专任教师师生比（%）	省级以上高新产业园区数量（家）
江苏	泰州	泰兴市	1 691.83	0.27	11.79	3
浙江	杭州	建德市	2 576.58	0.71	10.30	1
浙江	宁波	余姚市	2 073.78	0.50	8.26	2
浙江	宁波	慈溪市	2 294.20	1.57	8.73	1
浙江	温州	瑞安市	2 012.06	0.43	8.21	2
浙江	温州	乐清市	2 264.34	0.40	7.89	3
浙江	温州	龙港市	1 768.23	0.54	7.55	1
浙江	嘉兴	海宁市	2 453.16	0.48	8.75	3
浙江	嘉兴	平湖市	2 942.21	0.71	9.17	2
浙江	嘉兴	桐乡市	2 302.12	0.45	8.78	3
浙江	嘉兴	嘉善县	2 904.40	0.80	8.00	2
浙江	绍兴	诸暨市	2 303.51	0.08	9.31	3
浙江	绍兴	嵊州市	2 211.57	0.98	10.85	2
浙江	金华	兰溪市	2 335.24	0.12	8.43	1
浙江	金华	义乌市	1 822.18	0.42	7.97	3
浙江	金华	东阳市	2 259.81	0.42	7.98	2
浙江	金华	永康市	1 969.76	0.42	8.08	2
浙江	衢州	江山市	2 102.82	0.84	8.67	1
浙江	台州	玉环市	2 168.21	0.30	13.26	1
浙江	台州	温岭市	1 791.58	0.38	6.83	2
浙江	台州	临海市	2 239.03	0.49	6.77	2
浙江	丽水	龙泉市	3 186.37	0.75	7.60	1
安徽	合肥	巢湖市	1 840.92	0.21	8.47	2
安徽	阜阳	界首市	1 241.54	0.62	6.42	1
安徽	滁州	天长市	2 235.61	0.40	9.33	1
安徽	滁州	明光市	1 608.13	0.35	8.06	1
安徽	芜湖	无为市	2 015.07	0.17	8.94	1

续表

省（直辖市）	地级市	县级市（区）	人均教育支出（元/人）	科学技术支出占GDP比重（%）	专任教师师生比（%）	省级以上高新产业园区数量（家）
安徽	宣城	宁国市	1 832.27	0.82	9.48	1
安徽	宣城	广德市	1 610.90	0.38	7.72	1
安徽	安庆	桐城市	2 205.73	1.25	10.56	1
安徽	安庆	潜山市	2 213.58	0.41	9.50	1

附表4 长三角中小城市创新成果指数各指标原始数据

省（直辖市）	地级市	县级市（区）	科技型企业数量（家）	科创上市企业数量（家）	专利授权量近五年平均增长率（%）	论文发表数（篇）
上海		闵行区	4 200	21	28.30	412
上海		宝山区	2 427	6	22.87	418
上海		嘉定区	3 288	15	34.10	520
上海		松江区	3 056	15	45.57	482
上海		金山区	1 481	11	36.89	353
上海		青浦区	1 313	11	15.80	325
上海		奉贤区	2 233	10	48.67	333
上海		崇明区	825	0	228.87	264
江苏	无锡	江阴市	1 479	10	34.46	906
江苏	无锡	宜兴市	1 366	4	39.45	556
江苏	徐州	新沂市	587	1	105.09	186
江苏	徐州	邳州市	366	1	126.55	258
江苏	常州	溧阳市	551	2	56.01	292
江苏	苏州	常熟市	1 609	9	54.82	1 111
江苏	苏州	张家港市	1 389	15	37.37	696
江苏	苏州	昆山市	3 812	22	54.66	921
江苏	苏州	太仓市	1 831	3	60.63	351
江苏	苏州	吴江区	2 017	13	56.49	304
江苏	南通	启东市	414	2	17.76	297

续表

省（直辖市）	地级市	县级市（区）	科技型企业数量（家）	科创上市企业数量（家）	专利授权量近五年平均增长率(%)	论文发表数（篇）
江苏	南通	如皋市	720	3	27.05	501
江苏	南通	海安市	669	1	13.87	540
江苏	盐城	东台市	456	0	52.46	329
江苏	扬州	仪征市	352	0	15.32	261
江苏	扬州	高邮市	483	0	31.93	191
江苏	镇江	丹阳市	505	3	18.31	233
江苏	镇江	扬中市	375	3	9.96	76
江苏	镇江	句容市	227	1	−1.11	204
江苏	泰州	兴化市	416	1	42.44	203
江苏	泰州	靖江市	623	1	29.30	232
江苏	泰州	泰兴市	510	1	62.28	259
浙江	杭州	建德市	611	1	42.54	182
浙江	宁波	余姚市	2 195	7	30.07	343
浙江	宁波	慈溪市	3 097	7	23.32	230
浙江	温州	瑞安市	2 129	4	25.17	164
浙江	温州	乐清市	2 896	7	28.66	151
浙江	温州	龙港市	721	0	87.12	59
浙江	嘉兴	海宁市	1 447	4	18.24	216
浙江	嘉兴	平湖市	1 357	0	18.24	228
浙江	嘉兴	桐乡市	1 450	0	22.35	244
浙江	嘉兴	嘉善县	1 364	4	34.88	170
浙江	绍兴	诸暨市	2 093	1	5.10	323
浙江	绍兴	嵊州市	1 039	2	10.08	94
浙江	金华	兰溪市	542	0	26.21	156
浙江	金华	义乌市	1 558	1	45.40	537
浙江	金华	东阳市	782	4	35.78	278
浙江	金华	永康市	1 086	0	21.15	264

续表

省 （直辖市）	地级市	县级市 （区）	科技型 企业数量 （家）	科创上市 企业数量 （家）	专利授权量 近五年平均 增长率（%）	论文发表数 （篇）
浙江	衢州	江山市	546	0	7.08	182
浙江	台州	玉环市	1 276	3	15.62	121
浙江	台州	温岭市	1 933	2	12.07	256
浙江	台州	临海市	998	2	41.57	213
浙江	丽水	龙泉市	258	0	20.37	123
安徽	合肥	巢湖市	218	0	80.77	579
安徽	阜阳	界首市	209	0	37.10	75
安徽	滁州	天长市	296	0	85.32	81
安徽	滁州	明光市	99	1	68.43	44
安徽	芜湖	无为市	143	0	39.84	46
安徽	宣城	宁国市	176	1	17.08	77
安徽	宣城	广德市	158	1	72.41	38
安徽	安庆	桐城市	128	0	35.90	113
安徽	安庆	潜山市	77	1	59.90	90

附表 5   长三角中小城市创新效益指数各指标原始数据

省 （直辖市）	地级市	县级市 （区）	全员劳动率 （万元/人）	外商直接 投资额 （亿元）	高新技术 产业增加值 增长率（%）	高新技术产业 增加值占 GDP 比重（%）
上海		闵行区	41.05	13.12	9.52	5.77
上海		宝山区	55.57	5.70	34.38	10.05
上海		嘉定区	64.75	11.00	14.14	10.11
上海		松江区	44.32	6.23	10.63	5.23
上海		金山区	66.15	3.53	19.71	17.70
上海		青浦区	42.46	11.01	15.83	6.44
上海		奉贤区	24.02	3.08	29.17	13.89
上海		崇明区	10.84	1.60	14.38	3.12
江苏	无锡	江阴市	44.08	9.71	24.86	11.57

省（直辖市）	地级市	县级市（区）	全员劳动率（万元/人）	外商直接投资额（亿元）	高新技术产业增加值增长率（%）	高新技术产业增加值占GDP比重（%）
江苏	无锡	宜兴市	28.46	4.90	33.14	21.15
江苏	徐州	新沂市	15.12	2.31	39.10	5.72
江苏	徐州	邳州市	15.87	3.24	29.39	4.55
江苏	常州	溧阳市	24.13	3.62	62.24	24.93
江苏	苏州	常熟市	26.09	7.59	22.44	12.63
江苏	苏州	张家港市	37.70	5.68	32.20	18.18
江苏	苏州	昆山市	36.82	12.25	19.29	17.42
江苏	苏州	太仓市	32.14	5.65	20.46	16.05
江苏	苏州	吴江区	23.97	5.97	28.53	22.90
江苏	南通	启东市	23.70	4.04	39.26	13.47
江苏	南通	如皋市	23.25	2.15	31.74	9.77
江苏	南通	海安市	23.73	3.30	44.38	16.70
江苏	盐城	东台市	16.62	1.23	38.09	3.11
江苏	扬州	仪征市	29.45	2.30	48.15	14.84
江苏	扬州	高邮市	23.00	1.65	33.62	12.30
江苏	镇江	丹阳市	20.86	2.02	73.07	1.87
江苏	镇江	扬中市	27.80	0.99	28.94	19.93
江苏	镇江	句容市	18.63	1.42	5.80	1.44
江苏	泰州	兴化市	15.23	2.23	53.32	8.69
江苏	泰州	靖江市	27.73	3.52	43.31	17.29
江苏	泰州	泰兴市	20.47	4.27	42.70	20.21
浙江	杭州	建德市	62.59	1.30	11.90	16.23
浙江	宁波	余姚市	19.60	2.57	16.20	28.34
浙江	宁波	慈溪市	21.11	5.07	27.70	32.88
浙江	温州	瑞安市	21.13	0.47	11.40	14.05
浙江	温州	乐清市	51.29	0.64	7.50	20.24
浙江	温州	龙港市	23.40	1.00	−0.80	4.95

省 （直辖市）	地级市	县级市 （区）	全员劳动率 （万元/人）	外商直接 投资额 （亿元）	高新技术 产业增加值 增长率（％）	高新技术产业 增加值占 GDP 比重（％）
浙江	嘉兴	海宁市	18.22	2.62	16.30	23.03
浙江	嘉兴	平湖市	21.81	38.30	16.50	34.69
浙江	嘉兴	桐乡市	18.13	3.82	14.90	23.45
浙江	嘉兴	嘉善县	19.50	31.46	21.60	35.94
浙江	绍兴	诸暨市	35.01	8.72	22.70	9.67
浙江	绍兴	嵊州市	40.01	1.18	18.00	12.34
浙江	金华	兰溪市	53.36	0.30	8.20	36.20
浙江	金华	义乌市	100.22	11.82	71.90	11.83
浙江	金华	东阳市	46.56	2.58	39.02	9.96
浙江	金华	永康市	44.19	1.94	25.30	10.72
浙江	衢州	江山市	53.38	0.08	7.20	10.29
浙江	台州	玉环市	49.53	6.38	12.80	20.36
浙江	台州	温岭市	48.98	2.55	20.30	14.14
浙江	台州	临海市	37.67	2.28	12.00	21.36
浙江	丽水	龙泉市	9.97	0.00	16.90	4.10
安徽	合肥	巢湖市	10.88	1.00	105.10	9.65
安徽	阜阳	界首市	19.54	0.46	15.80	32.62
安徽	滁州	天长市	31.35	3.13	19.30	11.33
安徽	滁州	明光市	14.70	1.32	12.60	2.89
安徽	芜湖	无为市	20.96	31.99	13.10	3.09
安徽	宣城	宁国市	14.78	3.80	15.00	4.02
安徽	宣城	广德市	18.43	3.91	15.10	8.41
安徽	安庆	桐城市	19.11	18.69	14.19	13.44
安徽	安庆	潜山市	20.04	0.22	21.60	22.95